Ronny Blaschke

Spielfeld der Herrenmenschen

Kolonialismus und Rassismus im Fußball

RONNY BLASCHKE

SPIELFELD DER HERRENMENSCHEN

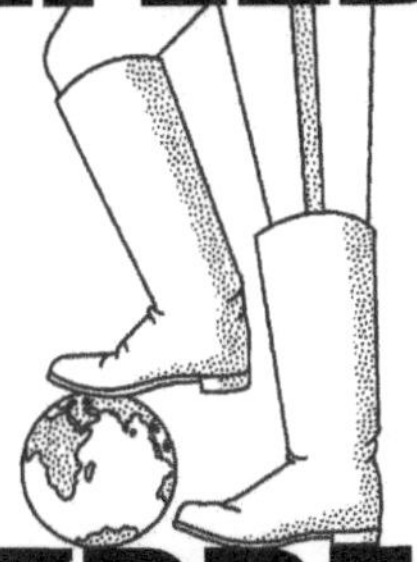

Kolonialismus und Rassismus im Fußball

VERLAG DIE WERKSTATT

Ronny Blaschke, geboren 1981 in Rostock, studierte Sport- und Politikwissenschaft in Rostock. Als Journalist und Autor befasst er sich mit politischen Themen im Sport, vor allem für den Deutschlandfunk, die Süddeutsche Zeitung und die Frankfurter Rundschau. Die Recherchen für seine Bücher lässt Blaschke in Vorträge und Workshops einfließen. Für seine Arbeit wurde er mehrfach ausgezeichnet.
www.ronnyblaschke.de | mail@ronnyblaschke.de

Bibliografische Information der Deutschen Nationalbibliothek:
Die Deutsche Nationalbibliothek verzeichnet diese Publikation in der Deutschen Nationalbibliografie; detaillierte bibliografische Daten sind im Internet über http://dnb.d-nb.de abrufbar.

Auch als E-Book erhältlich: 978-3-7307-0700-5

2. Auflage 2024

Siekerwall 21, D-33602 Bielefeld
www.werkstatt-verlag.de

Umschlaggestaltung: Lukas Niehaus
Druck: CPI, Leck
Satz und Gestaltung: Die Werkstatt Medien-Produktion GmbH, Göttingen
Fotos: Stadtarchiv Nieder-Olm (S. 12), alle anderen: Ronny Blaschke

ISBN 978-3-7307-0686-2

INHALT

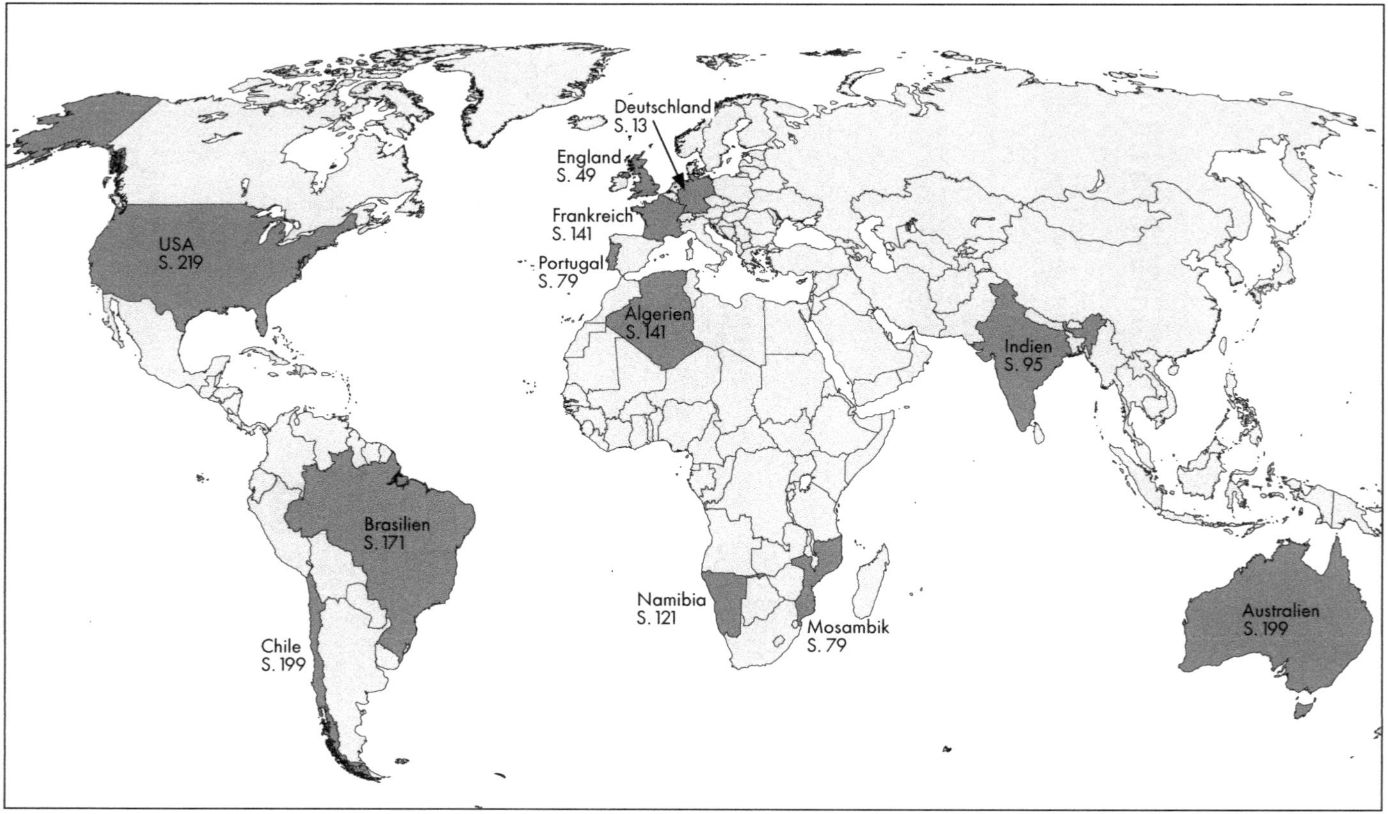

USA
S. 219
Deutschland
S. 13
England
S. 49
Frankreich
S. 141
Portugal
S. 79
Algerien
S. 141
Indien
S. 95
Brasilien
S. 171
Chile
S. 199
Namibia
S. 121
Mosambik
S. 79
Australien
S. 199

EINLEITUNG

DAS SYSTEM IST DER SKANDAL, NICHT DER EINZELFALL

Das Spiel im Estadio Mestalla von Valencia gerät außer Kontrolle. Zum wiederholten Mal wird Vinícius Júnior von Fans rassistisch beleidigt. Der Spieler von Real Madrid steht mit aufgerissenen Augen an der Seitenlinie und deutet auf die Tribüne, wo die mutmaßlichen Täter sitzen. Das heimische Publikum verhöhnt Vinícius Júnior weiter. Gegnerische Spieler eilen herbei und geben ihm zu verstehen, er solle aus einer Kleinigkeit kein Drama machen. Der Schiedsrichter wirkt überfordert und lässt weiterspielen. In den Wochen danach, im Frühjahr 2023, wird Vinícius Júnior abermals diskriminiert, bedroht, eingeschüchtert.

Der brasilianische Nationalspieler setzt sich zur Wehr und bezeichnet Spanien in den sozialen Medien als „Land der Rassisten". Immer wieder fordert er härtere Strafen gegen Täter und eine bessere Prävention. Vinícius Júnior erfährt in jenen Wochen auch viel Unterstützung und Solidarität. Internationale Medien greifen das Thema auf. Politiker*innen laden zu Gesprächsrunden ein. Und der Weltfußballverband FIFA kündigt neue Maßnahmen an. Für einige Wochen steht Rassismus im Fußball im Fokus einer großen Öffentlichkeit. Für einige Wochen, doch dann kehrt Ruhe ein. Wieder einmal.

Es ist ein Muster, das sich seit den 1990er-Jahren wiederholt. Schwarze Fußballer stehen als Opfer für einige Tage oder Wochen im Zentrum von „Rassismus-Skandalen", wie es Boulevardmedien gern formulieren. Funktionäre sprechen von „Schande", von „so genannten Fans" und von „gesellschaftlichen Problemen", die der Fußball „ausbaden" müsse. Als hätten wir es mit einer losen Folge von Einzelfällen zu tun, ohne historischen Kontext. Tatsächlich aber wird auch die Fußballindustrie von rassistischen Strukturen zusammengehalten. Das System ist der Skandal, und nicht der einzelne Vorfall.

Auch in Spanien wird das nach den Angriffen gegen Vinícius Júnior deutlich. Javier Tebas, Präsident der spanischen Liga, macht aus dem Opfer einen Täter, indem er sagt, dass Vinícius Júnior sich besser informieren solle, bevor er den Fußball verleumde. Tebas könne es nicht zulassen, dass der Ruf eines Wettbewerbs geschädigt werde, „der ein Symbol der Vereinigung zwischen den Völkern" sei. An anderer Stelle wird Tebas von Journalisten gefragt, ob in der Geschäftsstelle von La Liga Schwarze Mitarbeitende tätig sind. Tebas lacht, druckst, zögert. Er sagt, dass er auf die Hautfarbe nicht achten und Schwarze Menschen nicht zählen würde. Auch das ein bekanntes Muster: Funktionäre wie Tebas wollen sich „farbenblind" und bewusst tolerant geben. Tatsächlich überdecken sie ihre Ignoranz und Inkompetenz.

Für ein tieferes Verständnis von rassistischen Strukturen müssen wir uns intensiver mit dem Kolonialismus befassen. Spätestens seit dem Mord an George Floyd 2020 in den USA und dem Erstarken von Black Lives Matter haben Netzwerke in mehreren Regionen der Welt Debatten angestoßen. Sie erinnern auch daran, wie die europäischen Kolonialmächte ab dem 16. Jahrhundert viele Millionen Menschen versklavten, ihre Kulturschätze raubten und ihnen ihre Religion aufzwangen. Politiker*innen in London oder Paris geben inzwischen dem öffentlichen Druck nach und befassen sich mit den Gewaltherrschaften, die in ihren Ländern noch nicht allzu lange zurückliegen. Berühmte Museen in Berlin oder Amsterdam erwägen Maßnahmen, die vor zehn Jahren noch unrealistisch erschienen: die Rückgabe gestohlener Objekte in die Herkunftsländer.

„Spielfeld der Herrenmenschen" soll diese Diskussion fortführen und nimmt dafür die wohl einflussreichste Alltagskultur unserer Zeit in den Blick. Denn auch die globale Verbreitung des Fußballs wäre ohne den Kolonialismus undenkbar gewesen. Über Generationen wurden romantisierende Beschreibungen des Sports weitergetragen. England gilt bis heute als ehrbares „Mutterland des Fußballs". Französische Funktionäre wie Jules Rimet, einst FIFA-Präsident und Initiator der Weltmeisterschaft, wollten mit Hilfe des Fußballs die „Verständigung zwischen den Völkern" stärken. Eine Phrase, die etliche Sportfunktionäre noch heute nutzen.

Hinter dieser idealisierenden Fassade stoßen wir auf Gewalt, Ausbeutung, Überlegenheitsdenken. Dieses Buch beschreibt anhand von Reportagen in früheren Kolonien, wie sehr Menschen unter dem Siegeszug des Fußballs gelitten haben. In Indien etwa wollten britische Kolonialherren im 19. Jahrhundert ihre „Untertanen" durch Sport „zivilisieren". In Algerien ließen französische Soldaten lange nur wenige Muslime mitspielen, um Neid zwischen den Einheimischen zu provozieren. In Mosambik rekrutierten portugiesische Behörden Schwarze Männer für ihre Armee und ihre Fußballklubs, um im internationalen Vergleich als freundlicheres Kolonialreich durchzugehen. Und in Namibia konnten sich Vereine der deutschsprachigen Minderheit besser entwickeln, weil die Schwarze Mehrheit über Jahrzehnte unterdrückt worden war.

Die Kolonialisten folgten der damaligen Wissenschaft und glaubten an die Idee von „Menschenrassen". In ihren Augen waren Schwarze Menschen intellektuell unterlegen und körperlich überlegen. Dieses Buch analysiert im Detail, wie sehr die kolonialen Praktiken aus jener Zeit den Fußball noch heute prägen: Schwarze Fußballer sind als Spielgestalter, denen man Weitsicht und Intelligenz nachsagt, häufig unterrepräsentiert. Auf Positionen, die mit Kraft und Körperlichkeit verknüpft werden, sind sie überrepräsentiert. Neokoloniale Denkmuster finden wir in Fangesängen, Fernsehkommentaren und sogar in Videospielen.

Es ist wichtig, den lauten Rassismus in den Stadien zu thematisieren. Aber es ist auch wichtig, über die lautlose Ausgrenzung zu sprechen. In Deutschland hat mehr als ein Viertel der Menschen eine Einwanderungsgeschichte. Doch dieser Anteil ist in Fankurven, Sportredaktionen und Schiedsgerichten niedriger und geht zum Teil gegen null. Auf der Entscheidungsebene erhalten nicht-weiße Trainer*innen, Funktionär*innen oder Schiedsrichter*innen selten eine Chance. Wie müssten sich Verbandswesen, Marketing und Berichterstattung wandeln, damit der Fußball die europäischen Einwanderungsgesellschaften spiegelt?

Seit etwa 150 Jahren wird die Geschichte des Fußballs von weißen Männern geschrieben. Auch der Autor dieses Buches ist weiß und muss sich nicht vor rassistischen Kommentaren und musternden Blicken fürchten. Die neun vorliegenden Kapitel sollen nüchtern und differenziert über Ursachen von Rassismus im Fußball aufklären. Das Buch basiert auf Recherchen in neun Ländern auf fünf Kontinenten, mit mehr als 120 Interviews in den Jahren 2020 bis 2023. Ein globaler Fokus ist notwendig, um die Hierarchie zwischen den Erdteilen, die auch nach dem Kolonialismus fortdauert, im Fußball besser zu erfassen.

Rassistische Sprache und Bilder sollen in diesem Buch nicht reproduziert werden, aber auch die Kontexte und Schilderungen der Betroffenen können auf Leser*innen verstörend wirken. Das Adjektiv Schwarz wird durchgängig großgeschrieben. Denn es geht dabei nicht um eine tatsächliche Hautfarbe, sondern um eine politische Kategorie. Gemeint sind Menschen, die aufgrund ihres Aussehens von anderen markiert und abgewertet werden.

Im Zentrum des Buches stehen jene Menschen, die sich mit Mut und Expertise gegen Diskriminierung stellen: In England vernetzen sich Schwarze Schiedsrichter, um gemeinsam eine stärkere Stimme zu haben. In Brasilien produzieren Reporter*innen einen Podcast für afrobrasilianische Themen im Sport. In den USA streiten Trainer*innen für eine größere Beteiligung von Latinos in Verbänden. Und in Lateinamerika wollen indigene Gruppen nicht mehr für die Symbolik von mehrheitlich weißen Sportklubs herhalten. Die Biografien all dieser Menschen stehen für ein kreatives, konstruktives Engagement gegen Rassismus, das sogar Spaß machen darf.

In Deutschland konzentrierten sich Medien seit den 1990er-Jahren immer wieder auf die extreme Rechte: auf die NPD, auf Hooligans oder den rechten Flügel der AfD. Darüber hinaus sollten wir noch mehr auf rassistische Einstellungen in der Gesellschaft schauen, durch die sich Rechtsextreme ja auch legitimiert fühlen. Die Friedrich-Ebert-Stiftung veröffentlichte 2023 abermals mit der Universität Bielefeld die so genannte „Mitte-Studie“ zu menschenfeindlichen Einstellungen in Deutschland. Demnach war rund ein Drittel der Befragten der Meinung, dass Geflüchtete nur ins Land kämen, um das Sozialsystem auszunutzen. 16 Prozent stimmten folgender Aussage zu: „Die Bundesrepublik ist durch die vielen Ausländer in einem gefährlichen Maß überfremdet.“

Die Ergebnisse der Studie legen auch nahe, dass befragte Mitglieder von Fußballvereinen häufiger rassistisch eingestellt sind als Mitglieder anderer Sportvereine und auch häufiger als Befragte ohne Sportmitgliedschaft. Was sind die Ursachen? Männlichkeitskult und Freund-Feind-Denken? Enthemmungen in der anonymen Fankurve und das Bekenntnis zu Kampfkraft, Ehre, Heimat? Dieses Buch sucht nach Antworten und zieht eine Linie bis in die Kolonialzeit.

Die Diskussion dürfte weiter an Fahrt gewinnen. Aktivist*innen wollen ihre Umgebung „dekolonisieren". Sie stoßen Denkmäler von historischen Figuren um, die einst von Rassismus profitiert haben. Sie streiten für die Umbenennung von Straßennamen und werben für mehr Sensibilität im Schulunterricht. Der Fußball, der seit Jahrzehnten eine gesellschaftliche Sonderrolle beansprucht, benötigt ebenfalls eine „Dekolonisierung". Wie könnte dieser Prozess aussehen? Dieses Buch stellt Argumente bereit. #DecolonizeFootball: unter diesem Hashtag sollen Ideen in sozialen Medien gesammelt werden. Die Debatte ist eröffnet.

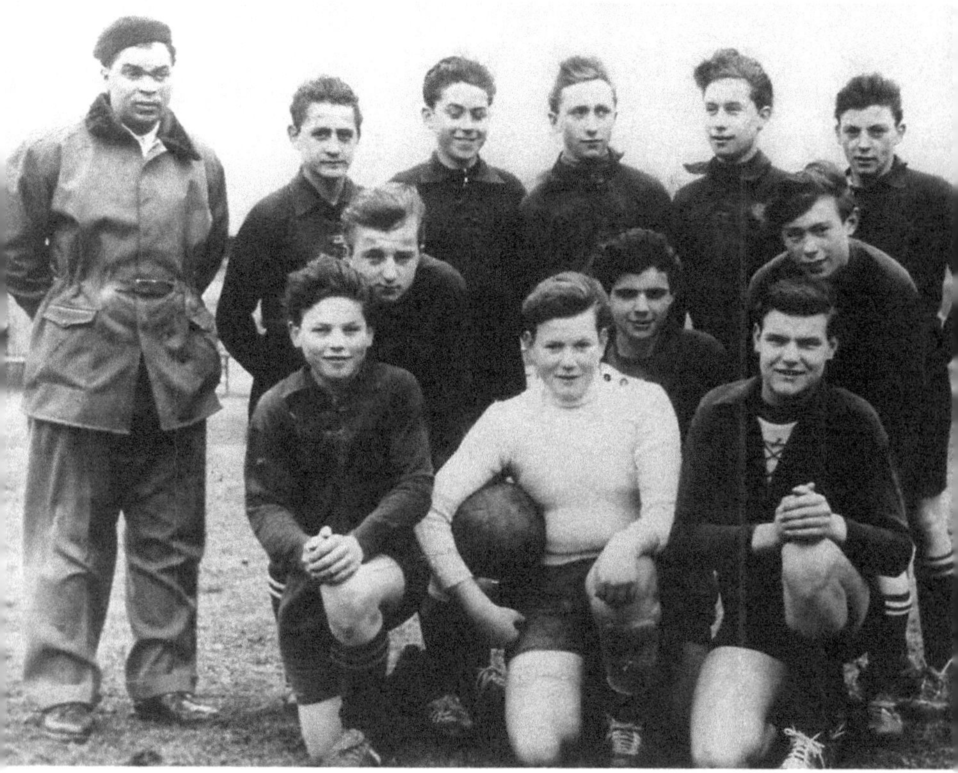

Vorbild in der Gemeinde: Der Fußballer Heinz Kerz (links) wurde von den Nazis verhaftet und zwangssterilisiert. Als Trainer setzte er sich nach dem Krieg noch viele Jahre für den Nachwuchs in Nieder-Olm sein.

KAPITEL 1

EXOTISCHE TROMMELN FÜR DAS TOR DES MONATS

Viele Fans und Funktionäre halten Rassismus erst für ein Problem, wenn es zu Angriffen oder Affenlauten kommt. Doch gerade der Fußball zeigt, dass sich Diskriminierung auch versteckt äußern kann. Hartnäckig halten sich Stereotype, wonach Schwarze und weiße Spieler unterschiedliche Veranlagungen haben. Diese Mikroaggressionen können bei Betroffenen langfristig zu Depressionen führen. Wie lässt sich das rassistische Machtgefälle überwinden? Und wie lässt sich Diversität bis in Spitzenämter ausweiten? Ein Blick in die Geschichte des deutschen Fußballs – und in die Gegenwart.

Ein alternatives Kunstzentrum in Pforzheim, im Südwesten Deutschlands. Der Boden ist mit einem grünen, grasähnlichen Teppich ausgelegt. An den rissigen Wänden hängen Fotos und Biografien von Gastarbeitern, die in Katar gestorben sind. Im Treppenhaus baumeln Trikots mit politischen Botschaften, daneben werden Kurzfilme gezeigt. In der Mitte des größten Raumes wurden Paletten zu einer kleinen Tribüne aufgetürmt. Darauf sind alte Stadionsitzschalen montiert. Der Raum ist gut gefüllt. Es ist ein Publikum, das sich für Kunst und Politik interessiert. Das Thema des Abends ist davon nicht allzu weit entfernt: Es geht um die gesellschaftliche Bedeutung des Fußballs.

Shary Reeves scheint sich wohlzufühlen. Die ehemalige Bundesligaspielerin sitzt mit drei anderen Podiumsgästen vor einem kleinen Fußballtor aus Holz. Die Themen, die sie in die Diskussion einbringt, sind vielfältig: Die Beziehungen von Diego Maradona zur italienischen Mafia. Die Besuche der Bundeskanzlerin in der Umkleidekabine. Das rasante Offensivspiel in der Champions League.

Die Veranstaltung dauert fast 40 Minuten, als die Moderatorin sie auf das Thema Rassismus anspricht. Das wirkt im ersten Moment etwas unvermittelt, aber Reeves kann damit gut leben. Sie hat sich längst einen Namen als Journalistin und Schauspielerin gemacht, bekannt wurde sie vor allem als TV-Moderatorin des Jugendformats „Wissen macht Ah!". Und ja, zu ihrer Biografie gehört auch der Fußball. Die Tore und der Zusammenhalt, aber auch die Anfeindungen und die Ausgrenzung.

Shary Reeves möchte nicht auf ihre Rassismus-Erfahrungen reduziert werden, sie will das Thema aber auch nicht ausklammern. Mit ihren Schilderungen wirbt sie für einen breiteren Blick auf das Thema, über Betroffenheit, Mitleid und Empörung hinaus. Ihr geht es auch um die Frage, wer welche Chancen erhält und in machtvolle Positionen vordringt, kurzum: wer mitmachen darf. In Fußball, Medien oder Kultur. An diesem Abend in Pforzheim ist Reeves die einzige Schwarze Frau im Raum.

In ihrer Jugend hatte es nicht allzu viele Orte gegeben, an denen sich Shary Reeves willkommen fühlte. Die Tochter eines Philosophie-Professors aus Kenia und einer Krankenschwester aus Tansania wuchs bei Pflegeeltern in Köln auf. Einige Familien in der Nachbarschaft untersagten ihren Kindern den Kontakt zu Schwarzen Gleichaltrigen. Auch auf dem Internat fühlte sich Reeves als Schülerin an den Rand gedrängt. Sie wunderte sich, warum in Filmen und Serien niemand so aussah wie sie. Sie glaubte, dass Schwarze Menschen nicht schauspielern konnten. In ihren schlimmsten Momenten hoffte sie, dass sie sich mit Kernseife weißwaschen könne.

„Ich musste irgendwohin flüchten und mir eine Ersatzfamilie suchen", sagt Reeves und kommt auf den Fußball zu sprechen. Gegen den Willen ihrer Mutter schloss sie sich in Köln schon als Kind dem Verein Borussia Kalk an. Reeves freundete sich mit Spielerinnen an, die ebenfalls aus schwierigen Lebenslagen kamen. Sie unterstützten sich gegenseitig. Vielleicht war das einer der Gründe, warum es Reeves – trotz ihrer Rassismus-Erfahrungen – in die erste Liga schaffte.

Wenn in Veranstaltungen Rassismus im Fußball zur Sprache kommt, dann geht es oft um Neonazis oder Affenlaute in Fankurven, also um die auffälligen Ausprägungen. Shary Reeves geht in Pforzheim auch auf „Mikroaggressionen" ein, auf jene Angriffe, die für Außenstehende nicht wahrnehmbar sind, die Betroffene aber nachhaltig prägen können.

Auf den Sportplätzen war Reeves meist die einzige Schwarze Spielerin. Sie bemühte sich, die Reaktionen des Publikums auf ihre Anwesenheit nicht wahrzunehmen, die abfälligen oder verängstigten Blicke, die Neugier auf eine „exotische“ Spielerin. Es kam vor, dass Gegnerinnen sie auf dem Feld mit leisen, herablassenden Kommentaren provozierten. Einmal hielt sie es nicht mehr aus und rempelte zurück. Der Schiedsrichter, der danebenstand und alles gehört haben musste, stellte nur eine Spielerin vom Platz: Shary Reeves.

Es ist das eine, diese Vorfälle zu benennen, zu dokumentieren, zu verurteilen. Doch es ist auch wichtig, über die psychologischen Konsequenzen für die Betroffenen nachzudenken. Ein halbes Jahr nach der Diskussion in Pforzheim treffe ich Reeves für ein Interview in ihrer Heimatstadt Köln. Sie erzählt mir, wie rassistische Stereotype Schwarze Menschen in die Rolle der Außenseiter drängen. Und wie sie dann mitunter bemüht sind, diese Stereotype mit ihrem Verhalten nicht zu bestätigen, bewusst oder unbewusst.

Studien legen nahe, dass Rassismus-Erfahrungen bei Opfern zu Stress-Symptomen führen können, zu Verspannung, Erschöpfung, Depressionen. „Das macht einen extrem müde“, sagt Reeves über die ständige Sorge, im nächsten Moment erniedrigt werden zu können. Die meisten Diskriminierungen seien von der Seitenlinie gekommen, von Zuschauenden und Eltern anderer Spielerinnen. „Ich habe das lange unterdrückt und versucht, mit guten Leistungen dagegenzuhalten.“ Auch das komme laut Psycholog*innen häufig vor: Menschen, die von Rassismus betroffen sind, schenken eigenen Bedürfnissen und Gefühlen wenig Beachtung. Das kann die Leistungsfähigkeit mindern.

Shary Reeves drang in den Kreis der Jugendnationalteams vor und spielte Anfang der Neunzigerjahre für den SC Bad Neuenahr in der Bundesliga. Mehrfach wurde sie zu Lehrgängen des A-Nationalteams eingeladen. Einmal warf ihr der damalige Bundestrainer Gero Bisanz die Worte entgegen: „Du wirst sowieso nie in der Bundesliga spielen, du hast ja nicht mal einen deutschen Pass.“ Reeves ist in Deutschland aufgewachsen, aber immer wieder wurde ihr „Deutsch-Sein“ an Bedingungen geknüpft. Irgendwann wollte sie sich das nicht mehr antun und verzichtete auf weitere Lehrgänge beim DFB.

Als Spielerin mit Anfang, Mitte zwanzig kam es für Reeves nicht in Frage, öffentlich über Rassismus zu sprechen. Es existierten noch keine Anlaufstellen und Kampagnen im Fußball. Nun, mit Mitte fünfzig, geht sie umso mehr in die Offensive. Sie spricht in Fernsehdokus wie „Schwarze Adler", in Podcasts oder in Podiumsrunden. Und sie möchte auf interessante Biografien hinweisen, zum Beispiel auf die ihres Vaters: Joseph Major Nyasani lernte zehn Sprachen und schrieb seine Dissertation in Philosophie auf Latein, was in Köln nur wenige Wissenschaftler geschafft hatten. „Darauf kann man sehr stolz sein", sagt Reeves. „Und trotzdem hängt an der Uni noch immer kein Bild von ihm."

Rassismus ist im Fußball besonders verwurzelt

Heute lebt in Deutschland rund eine Million Menschen afrikanischer Herkunft, das geht aus Recherchen der „Initiative Schwarzer Menschen in Deutschland" hervor, einem 1986 gegründeten Verein. Sie bilden keine homogene Gruppe, ihre Erfahrungen sind verschieden, manchmal widersprüchlich. In einem Punkt aber gibt es Gemeinsamkeiten: 76 Prozent der Menschen afrikanischer Herkunft in Deutschland erleben im Alltag Rassismus. Das ergab die Umfrage „Being Black in the EU". Unter den 13 Ländern, in denen Menschen befragt wurden, schnitt Deutschland in vielen Bereichen am schlechtesten ab, teilte die Agentur der EU für Grundrechte im Oktober 2023 mit.

Viele Menschen in Deutschland haben trotz allem eine einseitige Vorstellung von antischwarzem Rassismus. Sie reduzieren das Thema auf gewaltsame Übergriffe, auf Beschimpfungen und Hetze in sozialen Medien. Sie glauben, dass Rassismus von einer kleinen, extremistischen Minderheit ausgeht. Von einer Minderheit, mit der sie nichts zu tun haben. Der Fußball jedoch verdeutlicht, dass rassistische Einstellungen tief in der Gesellschaft verankert sind. Häufig äußert sich Rassismus subtil und versteckt. Aber wie genau? Und was sind die historischen Ursachen?

Rassistische Denkmuster existieren seit Jahrtausenden, vor allem aber seit dem Kolonialismus. Ab dem 18. Jahrhundert diskutierten europäische Philosophen über universelle Menschenrechte. Zu ihrer christlich geprägten „Aufklärung“ passte es nicht, Menschen wie Aussätzige zu behandeln. Daher entwickelten Mediziner, Ethnologen und Geografen eine Hierarchie der „Menschenrassen“.

Immanuel Kant sah die „größte Vollkommenheit“ in der „weißen Rasse“. Angeblich waren Weiße mit ihrer intellektuellen und charakterlichen Überlegenheit nicht auf körperliche Fähigkeiten angewiesen. Unten in der Hierarchie: die von Natur aus „kräftigen“ und „leidensfähigen“ Schwarzen, die sich ihre Existenz mit körperlicher Arbeit sichern sollten. So rechtfertigten die europäischen Kolonialmächte die Versklavung und Ausbeutung Afrikas.

Diese Rangordnung wurde bis weit ins 20. Jahrhundert hinein kaum angezweifelt. Doch mittlerweile ist durch Studien längst nachgewiesen: Physische Unterschiede wie „Hautfarbe“, Haare oder Körpergröße haben keinerlei Auswirkung auf Intelligenz, Begabungen, Emotionen. Es gibt keine Menschenrassen – und trotzdem hält sich bei vielen die Annahme, dass ethnische Gruppen unterschiedliche Veranlagungen haben, unterschiedliche Stärken und Schwächen. Der Mythos der „weißen Vorherrschaft“ prägt bis heute Machtgefälle und Körperbilder, sagt Tina Nobis: „Wir nehmen bisweilen gar nicht mehr wahr, dass es sich dabei um rassistisches Wissen handelt. Dieses Wissen prägt Strukturen und ist auch in unsere Institutionen diffundiert.“

Am Berliner Institut für empirische Integrations- und Migrationsforschung, kurz BIM, haben sich Tina Nobis und ihre Kolleg*innen mit den Folgen für den Fußball befasst. 2022 veröffentlichten sie Forschungsergebnisse über „Stacking“. Dieser Ansatz sucht nach Befunden für eine vorurteilsbehaftete Zusammensetzung von Mannschaften. Einige ihrer Ergebnisse für die 1. und 2. Bundesliga: Auf den Spielpositionen im zentralen und defensiven Mittelfeld waren überproportional häufig weiße Spieler vertreten, also auf Positionen, die allgemein mit Führungsqualitäten, Spielintelligenz und Weitsicht verknüpft werden. Im Sturm und auf den laufintensiven Außenbahnen waren überproportional häufig Schwarze Spieler vertreten. Es sind Positionen, die eher mit Kraft, Ausdauer und Temperament verbunden werden. Und von den 123 Torhütern war kein einziger Schwarz.

Diese Befunde wurden unter anderem von Spiegel Online und „Sport Inside“ im WDR aufgegriffen. In den sozialen Netzwerken beider Medienhäuser äußerten sich einige Kommentator*innen kritisch zur Studie, denn sie sahen darin anscheinend einen Rassismus-Vorwurf gegen ihre Lieblingsklubs. „Wir würden nie behaupten, dass der Trainer X oder der Manager Y rassistisch ist", sagt Tina Nobis. „Aber rassistische Zuschreibungen spielen offenbar eine Rolle dabei, welche Spieler bereits im Nachwuchsbereich für bestimmte Positionen ausgebildet werden. Wir gehen davon aus, dass es sich meist um unbewusste Stereotype handelt, die sich seit Jahrhunderten in unser Denken eingeschrieben haben."

Die „Mitte-Studie" der Friedrich-Ebert-Stiftung zu rechtsextremen und demokratiegefährdenden Einstellungen in Deutschland kommt zu ähnlichen Befunden. Für diese repräsentative Studie, an der die Universität Bielefeld maßgeblich beteiligt war, waren Anfang 2023 etwa 2.000 Menschen befragt worden, zum Teil auch mit einem Fokus auf Fußball. Ein Ergebnis: Rassistische Einstellungen sind im Umfeld von Fußballvereinen offenbar stärker ausgeprägt als in anderen Bereichen der deutschen Gesellschaft.

„Die Weißen sind zu Recht führend in der Welt": Dieser Aussage stimmten unter Befragten mit einer Fußballvereinsmitgliedschaft 16 Prozent zu. Bei Befragten ohne Sportmitgliedschaft waren es nur 8,5 Prozent. „Schwarze Menschen sind im Sport besonders talentiert": 49,2 Prozent der befragten Fußballmitglieder stimmten zu. Bei Befragten ohne Sportbezug waren es zehn Prozent weniger.

„Außerhalb des Sports haben Schwarze Menschen aus gutem Grund weniger Erfolg": 17,2 Prozent der befragten Mitglieder aus dem Fußball stimmten zu. Bei fußballfernen Befragten: 6,9 Prozent. Diese Zahlen legen nahe, dass der Fußball neokoloniale Denkmuster besonders stark transportiert.

Wie konnte es so weit kommen? Jahrzehntelang waren rassistische Stereotype im Sport nicht diskutiert worden, doch das änderte sich 2020 nach dem Mord an George Floyd und dem Aufbruch von Black Lives Matter. Seither lösen Kommentare von prominenten Fußballgrößen intensive Debatten aus. Im November 2020 verknüpfte der ehemalige Nationalspieler Steffen Freund in der Sendung „Doppelpass" die sportlichen Probleme beim FC Schalke 04 mit der Herkunft einiger Spieler. Freund sagte: „Nabil Bentaleb kenne ich persönlich, Tottenham Hotspur, war dort Spieler, ist dort groß geworden, unglaublich viel Talent, einer der besten Spieler dann auch. Und im Endeffekt bei Schalke gelandet, aber ist französisch-algerischer Herkunft, Charakter."

Über den marokkanischen Nationalspieler Amine Harit fügte Freund hinzu: „Auch er kann das natürlich nicht mit diesen Wurzeln. Also: Falsche Spieler gekauft – nicht von der individuellen Klasse her." Steffen Freund setzte die nordafrikanische Herkunft offenbar mit Disziplinlosigkeit gleich. Weiße Spieler wie Stefan Effenberg, Mario Basler oder Max Kruse mussten sich bei Vergehen nie für ihre Herkunft rechtfertigen, sondern wurden oft als „authentisch" und „unangepasst" beschrieben.

Doch Stereotype verbergen sich nicht nur in Kritik. Im April 2021 bewertete Friedhelm Funkel als Trainer des 1. FC Köln die Leistung von zwei Schwarzen Spielern des Gegners Bayer Leverkusen, von Leon Bailey und Moussa Diaby. Funkel sagte: „Sie haben eine enorme Schnelligkeit durch ihre, äh, ja, den ein oder anderen Ausdruck darf man ja nicht mehr sagen. Durch ihre Spieler, die halt so schnell sind." Funkel vermutete bei Bailey und Diaby offensichtlich athletische Vorteile. Auf die Kritik an seinen Aussagen reagierte er später mit Verwunderung. „Und das hat mich auch ein Stück weit traurig gemacht", sagte er. „Wenn ich da missverstanden worden bin, tut es mir leid." Missverstanden? Das klang so, als habe die Verantwortung nicht nur bei Funkel gelegen, sondern auch beim Publikum.

Schwarze Läufer, weiße Spielmacher – Mythen im Sport

Seit Jahrzehnten gehören zum Spitzensport biologistische Vorstellungen, die von Verbänden, Medien oder Forschung lange nicht erkannt wurden. In den USA und Großbritannien sind dazu aufschlussreiche Studien erschienen. Besonders aufgefallen in der Recherche ist mir das Buch „Skin Deep". Darin analysiert der südafrikanische Historiker und Politikwissenschaftler Gavin Evans den wissenschaftlichen Rassismus der vergangenen drei Jahrhunderte. Evans, der auch als Journalist für die BBC arbeitet, berücksichtigt unter anderem Erkenntnisse aus der Biologie, Genetik, Neurologie und Archäologie. Mit diesem breiten Ansatz nimmt er in „Skin Deep" auch Stereotype im Sport auseinander.

In unserem Videointerview möchte Evans gleich zu Beginn etwas klarstellen: „Die physiologischen Unterschiede werden im Sport viel zu stark betont. Bei der Analyse von Spitzenleistungen sollten wir mehr auf soziale und kulturelle Hintergründe schauen." Innerhalb einer Bevölkerungsgruppe sind Unterschiede wesentlich größer als zwischen verschiedenen Gruppen. Ob Menschen in Ostafrika, Westasien oder Osteuropa: In jeder Bevölkerungsgruppe finden sich schnelle und langsame, kräftige und schwächere, große und kleine Menschen. Evans sagt: „Die Genetik allein ist für sportlichen Erfolg nie ausschlaggebend. Wir müssen viel mehr Faktoren einbeziehen."

Ich spreche ihn auf Mythen im Spitzensport an. Warum etwa dominieren seit den 1990er-Jahren Läufer aus Ostafrika die mittleren und langen Distanzen? Evans spricht nicht von Muskelfasern oder leichten Knochen, sondern von der Umgebung. Einige kenianische Läufer lebten im Hochland, wo sie beim Ausdauertraining einen Vorteil hatten. Zudem erhofften sie sich in der Leichtathletik, die keine teure Ausrüstung verlangt, einen Weg aus der Armut. So begründeten Läufer in Kenia oder Äthiopien eine Tradition und motivierten Jugendliche für ihren Sport. Mehr Konkurrenten trieben sich zu besseren Leistungen an. So entstand eine „kritische Masse", wie es Evans formuliert.

Eine solche „kritische Masse" hatte es in den Achtzigerjahren auch in Großbritannien gegeben, im damals führenden Land der Mittelstreckenläufer. „In England hat aber niemand nach genetischen Vorteilen von weißen Menschen gesucht", sagt Evans. Das Aufkommen von Trendsportarten, die Dominanz des Fußballs, die Schwächung des Schulsports und die zunehmende Konzentration auf soziale Medien sind nur einige Gründe, warum die Laufkultur in Großbritannien einen Rückschlag erlitt.

Mythos Nummer zwei: Bei der Verschleppung von Sklaven aus Westafrika in die Karibik haben nur die Stärksten überlebt. So wuchs später angeblich auch im kleinen Inselstaat Jamaika die Wahrscheinlichkeit, dass die Nachfahren der Sklaven durch Genetik überproportional kraftvoll und schnell seien. Sprinter wie der achtmalige Olympiasieger Usain Bolt schienen dieses Vorurteil zu bestätigen. „Doch so funktioniert natürliche Selektion nicht", sagt Gavin Evans. Die Weitergabe von Erbanlagen dauert tausende Jahre – die Versklavung westafrikanischer Menschen aber begann im 16. Jahrhundert.

Mythos Nummer drei: In den USA können Afroamerikaner*innen aus genetischen Gründen angeblich schlechter schwimmen als ihre weißen Mitbürger*innen. Dafür sollen sie eine bessere Sprungkraft haben und schneller in der Basketballliga NBA landen. „Über Jahrzehnte wurde Afroamerikaner*innen der Zugang zu Stränden, Schwimmhallen und zu einem angemessenen Sportunterricht verwehrt", wendet Evans ein. Wegen dieser Traumata zögern Schwarze Eltern mitunter noch heute, ihre Kinder zum Schwimmunterricht zu schicken. Und das in einem Land, in dem sie seit 400 Jahren schlechter gestellt sind als die weiße Bevölkerungsmehrheit.

In der NBA sind rund 80 Prozent der Spieler Schwarz. „Basketball gehört für viele Afroamerikaner*innen zu einer Popkultur, mit der sie seit der Kindheit sozialisiert werden", sagt Evans. Zu dieser urbanen Kultur gehören Streetball und schwerreiche Vorbilder wie Magic Johnson, Michael Jordan oder LeBron James. Dazu gehören Rapmusik, Kleidungsstile und Hollywood-Komödien wie „White Men Can't Jump". Aber Genetik? Mitnichten. Die Olympiasieger im Hochsprung etwa waren mit wenigen Ausnahmen weiß.

Sportmedien verbreiten Klischees

Im besten Fall erkennen Medien Stereotype im Sport und klären darüber auf. Doch seit langem tragen sie auch zu deren Verbreitung bei. Ich selbst habe in einigen Zeitungsredaktionen in den Nullerjahren mehrfach das N-Wort für interne Abläufe gehört. Ein Beispiel: Bei Fußballspielen an späten Abenden, etwa in der Champions League, gerieten Reporter wegen des nahenden Redaktionsschlusses unter Zeitdruck. Schließlich sollte in der Ausgabe des nächsten Tages ein Spielbericht enthalten sein. So kam es zur Arbeitsteilung: Ein Reporter saß im Stadion auf der Pressetribüne und gab per Telefon Torschützen und taktische Informationen in die Redaktion durch. Dort saß ein Kollege am Schreibtisch und verfasste einen Spielbericht. In der Autorenzeile des Artikels wurde in der Regel nur der Journalist im Stadion erwähnt. Oft hieß es intern: Das Spiel wurde gen…t. Warum das N-Wort? Weil es einen Kollegen gab, der einen weniger angenehmen Job hatte, um den anderen glänzen zu lassen.

Kaum jemand der meist männlichen weißen Redakteure hinterfragte diese Wortwahl. Ein Phänomen, das wir auch aus anderen Kontexten rund um das N-Wort kennen, etwa mit Blick auf die Literatur von Astrid Lindgren. „Das N-Wort an sich ist machtgeladen“, schreibt die Kommunikationswissenschaftlerin Natasha A. Kelly. „Dabei ist es egal, ob Schwarze Menschen anwesend sind oder nicht, die Sprachhandlung kann als rassistisch wahrgenommen werden.“

Seit den 1990er-Jahren veröffentlichen Sportmedien Beiträge über offenen Rassismus in den Stadien, über Bananen, Affenlaute, Schmähgesänge. In Artikeln und Dokus dominieren die Schilderungen von Betroffenen. Das ist wichtig, kann aber auch den Anschein erwecken, als hätten wir es mit einer losen Abfolge von Einzelfällen zu tun. „Wir dürfen nicht nur auf Skandale schauen“, sagt der Journalist Philipp Awounou, der unter anderem für Spiegel Online über US-Sport berichtet. „Wir sollten uns mehr mit den Strukturen befassen. Denn sie bilden das Fundament, auf dem sich der offene Rassismus später äußert.“

Mit diesen Strukturen musste sich Awounou früher befassen, als ihm lieb war. Er ist in der Nähe von Karlsruhe aufgewachsen und studierte an der Deutschen Sporthochschule in Köln. In praktischen Übungen und Prüfungen war er oft schneller und kraftvoller als seine Mitstudierenden. „Das habe ich auch nicht anders erwartet, dass Sie so schnell sind“, kommentierte einmal ein Dozent seine Leistungen und knüpfte damit offenbar eine Verbindung zum Vater Awounous, der aus dem westafrikanischen Land Benin stammt. „Ich habe das mit einem Lächeln genommen“, sagt Philipp Awounou. „Damals war ich nicht so weit, um mich mit dem Dozenten anzulegen. Eine solche Konfrontation ist immer auch ein Risiko und eine Anstrengung.“

Awounou hat drastischere Fälle von Rassismus erlebt. Doch in unserem Interview vermittelt er den Eindruck, dass er sich mit Schilderungen als Opfer zurückhalten möchte. Er hat sich als Journalist mit einer Themenvielfalt einen Namen gemacht, hat Artikel über die NBA und American Football geschrieben, aber auch eine Dokumentation über Bodybuilding gedreht. Er ist auch Experte für Rassismus im Sport. Nicht weil er selbst betroffen ist, sondern weil er sich mit Artikeln,

Büchern und Studien auf dem Laufenden hält. Und weil er den Austausch mit Expertinnen und Experten sucht.

Als Reporter hat Philipp Awounou fast alle Stadien der Bundesliga kennengelernt. In mehr als 90 Prozent der Spiele, sagt er, sei er der einzige nicht-weiße Journalist in den Presseräumen gewesen: „Wir haben es im Sportjournalismus mit einer homogenen männlich-weißen Kultur zu tun, die womöglich noch einseitiger ist als in anderen journalistischen Genres. Diese Kultur begünstigt die Reproduktion von versteckten rassistischen Bildern."

Eine Studie aus der Saison 2019/20 erhärtet diese Annahme. Forschende aus Dänemark und Großbritannien analysierten die TV-Kommentare bei 80 Spielen in England, Spanien, Italien und Frankreich. Einige Ergebnisse: Wenn Kommentator*innen über Intelligenz und Arbeitsmoral sprachen, richteten sich mehr als 60 Prozent ihres Lobes an „Spieler mit hellerer Hautfarbe". Beim Thema Kraft war es dagegen 6,59-mal wahrscheinlicher, dass sie über einen „Spieler mit dunklerer Hautfarbe" sprachen, beim Thema Schnelligkeit war es 3,38-mal wahrscheinlicher. Mit dieser Voreingenommenheit befördern die Kommentator*innen das Vorurteil, dass Schwarze Fußballer „von Natur aus sportlich oder mit gottgegebener Athletik ausgestattet" seien, heißt es in der Studie. Und dass sie sich für Erfolg weniger anstrengen müssen.

Stereotype wie diese sind weniger offensichtlich als Affenlaute in der Kurve und lassen sich schwerer skandalisieren. Das gilt auch für andere Bereiche der Fußball-Öffentlichkeit: Vor der WM 2010 in Südafrika ließ ein Sportartikelhersteller in einem animierten Spot den kamerunischen Spieler Samuel Eto'o mit nacktem Oberkörper gegen einen Löwen kämpfen. Ein Beispiel von vielen für die entmenschlichende Darstellung Schwarzer Athlet*innen als tierähnliche Kämpfertypen. Bereits während der Kolonialzeit hatten Wissenschaftler für ihre „Rassenlehre" Tiervergleiche gezogen, um eine Distanz zwischen weißen und Schwarzen Menschen zu schaffen.

Für die Aufklärung über strukturellen Rassismus im Fußball werden weitere Studien nötig sein, die sich mit Medien, Sponsoring und Merchandising befassen. Die britischen Wissenschaftler Paul Ian Campbell und Marcus Maloney haben sich beispielsweise mit der Videospielserie Fifa von Electronic Arts beschäftigt. Seit der ersten Auflage des Spiels

1993 können Nutzer*innen in die digitale Rolle ihrer Idole schlüpfen. Auf seiner Webseite wirbt der Entwickler EA mit „authentischeren Fußball-Animationen als je zuvor“. Programmierer*innen bemühen sich, das Aussehen und die Fähigkeiten von Kylian Mbappé, Lionel Messi oder Toni Kroos möglichst genau auf deren digitale Versionen zu übertragen.

Paul Campbell von der University of Leicester und Marcus Maloney von der Coventry University haben die Datenerfassung für das Spiel von 2020 analysiert. Jeder Fußballer wurde demnach in 29 Kompetenzbereichen benotet, zum Beispiel für Weitwürfe, Sprungkraft oder für Stärke. Diese Noten wurden zu einer Punktzahl addiert, von 1 bis 99. Campbell und Maloney schauten sich die 100 besten Spieler an. Es zeigte sich, dass Schwarze Spieler bei den „körperlichen Kompetenzen“ meist einen höheren Punkteschnitt erzielten als weiße Spieler. Das galt unter anderen für: Sprintgeschwindigkeit (79,15 zu 71,63 Punkte), Sprungkraft (78,19 zu 71,24) oder Aggressivität (74,04 zu 71,5).

Dagegen erzielten weiße Digitalspieler höhere Durchschnittswerte für technische und kognitive Fähigkeiten. Zum Beispiel, wenn es darum ging, „einen Ball zu kreuzen“ (72,29 zu 71,35 Punkte), Freistöße präzise auszuführen (67,98 zu 64,53) oder einen Pass präzise zu spielen (74,53 zu 71,04). „Unsere Ergebnisse zeigen subtile Wege, wie Stereotype verstärkt werden“, schreiben Paul Campbell und Marcus Maloney auf der Website „The Conversation“ über ihre Studie. „Es besteht die Gefahr, dass Kindern tatsächlich beigebracht wird, dass Schwarze und weiße Athleten bedeutungsvoll anders sind – durch den scheinbar unschuldigen und banalen Akt des Spielens.“

Ohne Anspruch auf Bürgerrechte

Für solche Ausprägungen des strukturellen Rassismus fehlen auch in der deutschen Gesellschaft die Sensibilität und das historische Wissen. Nur wenigen dürften bekannt sein, dass Schwarze Menschen seit mehr als 400 Jahren im deutschsprachigen Raum leben. So lehrte der ghanaische Philosoph Anton Wilhelm Amo im 18. Jahrhundert an den Universitäten in Halle, Wittenberg und Jena. Während des Kolonialismus an der Schwelle zum 20. Jahrhundert lebten mehrere hundert Afrikaner*innen aus den „Schutzgebieten“ im Deutschen Reich. In der Regel hatten sie keinen Anspruch auf volle Bürgerrechte. Sozialversicherung oder Arbeitslosengeld wurden ihnen verwehrt.

Das Dossier „Schwarz in Deutschland“, veröffentlicht von der Heinrich-Böll-Stiftung 2023, hebt die Forschung auf ein neues Niveau. In einem der Beiträge beschreibt die Historikerin Katharina Oguntoye frühere Lebensrealitäten: Schwarze Menschen wurden körperlich angegriffen, zur Sterilisation gedrängt, im Alltag schikaniert. In Hamburg veranstaltete der Tierhändler Carl Hagenbeck sogenannte „Völkerschauen“. Dort mussten außereuropäische Menschen aus fernen Regionen vor Publikum tanzen, brüllen, Keulen schwingen. Unter dem Titel „Kanaken der Südsee“ war dieser Menschenzoo auch auf dem Münchner Oktoberfest zu Gast.

Ein Teilnehmer, der zu den „Völkerschauen“ gedrängt wurde, war Willy Karembeu. Der Urgroßvater des französischen Fußball-Weltmeisters von 1998, Christian Karembeu, war 1931 unter falschen Vorwänden aus dem südpazifischen Neukaledonien nach Paris gelockt worden, zusammen mit Dutzenden Kindern, Frauen und Männern aus dem Volk der Kanak. Viele von ihnen wurden später in Hamburg als „Die letzten Kannibalen der Südsee“ vorgeführt.

Alles in allem wissen wir über den Alltag afrodeutscher Menschen bis Mitte des 20. Jahrhunderts wenig. Lange wurden Quellen über ihre Biografien nicht archiviert oder absichtlich zerstört. Welche Rolle spielte etwa der Fußball? Gründeten Schwarze Spieler eigene Teams? Hegten sie Sympathien für Traditionsklubs? Noch fehlt eine umfassende Forschung. Allerdings zeigen die wenigen Namen, die heute noch bekannt sind, dass wir in der Geschichte gute Argumente für den Antirassismus der Gegenwart finden können.

Zwangssterilisation, KZ und Todesmarsch

Ein Besuch in Nieder-Olm, einer Gemeinde mit 10.000 Einwohner*innen in der Nähe von Mainz. Im Alten Rathaus hat Stadtarchivarin Anuschka Weisener auf einem Tisch historische Fotos ausgebreitet. Auf einem Bild stehen sechs Jugendliche am Rand eines Schwimmbades und lächeln. Auf einem anderen blicken junge Fußballer zuversichtlich in die Kamera. Das erste Motiv stammt aus den frühen 1930er-Jahren, das zweite wohl aus den Fünfzigern. Auf beiden zu sehen: der Schwarze

Fußballer, Trainer und Schwimmlehrer Heinz Kerz. „Es ist bemerkenswert, dass Heinz Kerz nach dem Krieg wieder nach Nieder-Olm zurückgekehrt ist“, sagt Weisener. „Obwohl man ihn vernichten wollte.“

Doch zum besseren Verständnis sollte man die Geschichte von Anfang an erzählen. Nach dem Ersten Weltkrieg besetzten die Siegermächte große Teile des Rheinlandes, unter ihnen waren französische Soldaten, die aus afrikanischen Kolonien stammten. Im Deutschen Reich empörten sich Politiker gegen diese „Schwarze Schmach“. Eine Satirezeitschrift zeigte einen Gorilla mit französischer Militärmütze, der eine weiße Frauenstatue trägt. In „Mein Kampf“ schrieb Hitler, dass die Stationierung Schwarzer Soldaten eine Strategie der „Juden“ sei, um durch die „zwangsläufig eintretende Bastardisierung die ihnen verhaßte weiße Rasse zu zerstören, von ihrer kulturellen und politischen Höhe zu stürzen und selber zu ihren Herren aufzusteigen“. Rassismus und Antisemitismus gingen einher.

Viele der mehr als 500 Kinder, die von französischen Soldaten und deutschen Frauen gezeugt wurden, erlebten früh Rassismus. Das dürfte auch Heinz Kerz, geboren 1920, so ergangen sein. Archivarin Anuschka Weisener möchte aber auch herausstellen, dass Kerz in Nieder-Olm gut integriert war. Im Fußball schoss er als Mittelstürmer viele Tore, Zuschauer bezeichneten ihn als „Schwarzen Bomber“. Mit Freundinnen und Freunden ging er häufig ins Schwimmbad.

Nach der Machtübernahme der Nazis wurde Heinz Kerz aus dem Fußballverein ausgeschlossen. 1937, im Alter von 17, wurde er in ein Krankenhaus nach Darmstadt gebracht und unter Zwang sterilisiert. Mehr als 400 Schwarze Menschen mussten nach einem „Führerbefehl“ diesen Eingriff über sich ergehen lassen. Später wurde Kerz ohne Anklage verhaftet und für zwei Jahre im KZ Dachau interniert. Er musste Zwangsarbeit leisten und wurde 1945 auf einen der „Todesmärsche“ geschickt. Kerz überlebte, doch rund 2000 Menschen afrikanischer Herkunft wurden in den Konzentrationslagern ermordet.

Nach dem Krieg baute sich Heinz Kerz in Nieder-Olm ein neues Leben auf, berichtet Anuschka Weisener: „Er schaute augenscheinlich ohne Groll auf diejenigen, die ihn einst erniedrigt und vertrieben haben.“ Kerz engagierte sich als Trainer im Fußballverein und brachte Kindern das Schwimmen bei. Er saß für die SPD im Gemeinderat und freute sich jedes Jahr auf den Karneval. In der Gemeinde tuschelte man über seine kinderlose Ehe, doch öffentlich wollte Kerz nicht über die Zwangssterilisation sprechen.

Weisener deutet auf ein weiteres Foto aus dem Jahr 1980. Darauf zu sehen: Heinz Kerz, inzwischen 60, wie er vom Bürgermeister in den vorzeitigen Ruhestand verabschiedet wurde. Seit der KZ-Haft hatte er unter Herzproblemen gelitten, doch auf dem Bild wirkte er zufrieden und präsentierte stolz seine Ehrenurkunde. Nur ein halbes Jahr später starb Heinz Kerz an einem Herzinfarkt.

Es mussten einige Jahrzehnte vergehen, bis sich die Nieder-Olmer wieder an ihren beliebten Fußballtrainer erinnerten. Eine große Sporthalle trägt inzwischen seinen Namen. Und immer mal wieder diskutieren Schüler*innen im Geschichtsunterricht über Heinz Kerz. Zum Holocaust-Gedenktag 2023 hielt Anuschka Weisener einen Vortrag über Kerz. Der Andrang war so groß, dass sie die Veranstaltung in den großen Ratssaal verlegen musste. Weisener ist selbst als Übungsleiterin im Sport tätig. Sie fände es toll, wenn noch mehr Vereine mit Empathie auf die Geschichte blicken würden.

Isolierte Vertragsarbeiter*innen in der DDR

Der deutsche Fußball hat in den vergangenen zwei Jahrzehnten immerhin einen Wandel vollzogen. Fans, Vereinsarchivar*innen und Historiker*innen erforschten die Biografien von verfolgten jüdischen Spielern, Trainern und Funktionären. Münchner Ultras würdigten in Choreografien den einstigen Präsidenten des FC Bayern, Kurt Landauer. Der DFB widmete eine jährliche Auszeichnung dem Nationalspieler Julius Hirsch, der in Auschwitz ermordet wurde. Und der „Kicker" erinnert inzwischen stolz an seinen einstigen Gründer Walther Bensemann. Es ließen sich Dutzende Beispiele nennen.

Nach Jahrzehnten der Verdrängung ist die Erinnerungskultur nun verankert. Fans besuchen Gedenkstätten, Jugendspieler nehmen an Workshops gegen Antisemitismus teil. Funktionäre wie Geschäftsführer Hans-Joachim Watzke von Borussia Dortmund reisen nach Israel. Doch mit diesem vielschichtigen Geschichtsbewusstsein sollten wir uns nicht zufriedengeben. Es gibt nämlich noch mehr Schichten, die wir freilegen müssen. Die Geschichte des deutschen Fußballs ist auch eine Geschichte des Rassismus. Und über allem steht die Frage: Wer durfte mitspielen und wer musste draußen bleiben?

In der DDR herrschte schon in den frühen 1960er-Jahren ein Mangel an Rohstoffen, modernen Maschinen und vor allem: an Arbeitskräften. Mehr als drei Millionen Menschen waren in die Bundesrepublik geflohen oder übergesiedelt. Die DDR-Regierung wollte ihre Planwirtschaft am Laufen halten und warb Vertragsarbeiter*innen aus sozialistischen „Bruderstaaten“ an, unter anderem aus Polen, Ungarn, Mosambik, Vietnam, Angola und Kuba.

Die Folgen sind noch heute zu spüren, wie ein Besuch am Stadtrand von Leipzig zeigt. Für gewöhnlich trägt hier der SV Lokomotive Engelsdorf seine Heimspiele aus. Doch an diesem Sonntag findet ein anderes Ereignis statt: das Fußballturnier der vietnamesischen Vereine in Deutschland. Am Spielfeldrand ist eine Bühne aufgebaut, darüber baumeln die deutsche und die vietnamesische Flagge. Frauen in roten Kleidern, in der Landesfarbe Vietnams, posieren für Fotos. In langen Reihen stellen sich die zwölf Mannschaften auf. Sie sind unter anderem aus Berlin und Zwickau angereist, aus Chemnitz und Dresden, aus Halle und Weimar. Nur das Team aus Göttingen stammt nicht aus den ostdeutschen Bundesländern.

Vor dem Turnier in Leipzig wird die vietnamesische Hymne gespielt. Einer der Organisatoren, Hoang Van Thanh, wirkt gerührt. Er trägt ein weißes Hemd und ein blaues, festliches Sakko. Hoang Van Thanh kam 1988 in die DDR, als einer von 60.000 vietnamesischen Vertragsarbeiter*innen. Er wurde für eine Metallfabrik im Leipziger Stadtteil Mockau eingeteilt. Integrations- oder Sprachkurse wurden ihm in der DDR nicht angeboten. „In unserer Heimat gab es nach dem Vietnam-Krieg große Herausforderungen“, sagt Hoang Van Thanh. „Wir wollten uns in der DDR eine neue Existenz aufbauen. Wir wollten von niemandem abhängig sein. Daher haben wir uns unauffällig verhalten. Die vietnamesische Gemeinschaft hat uns Kraft gegeben.“

Eines der Lieblingsthemen dieser Gemeinschaft war in der DDR: Fußball. Zwischen Ostsee und Erzgebirge formierten sich 16 Mannschaften vietnamesischer Vertragsarbeiter. Im Spielbetrieb der DDR waren sie nicht willkommen, deshalb organisierten sie eigene Turniere. Hoang Van Thanh, damals Anfang 20, kümmerte sich um Plätze, Reisebusse und Trikots. Die Vietnamesische Botschaft verbreitete die Informationen in ihren Rundschreiben. Hoang Van Thanh erinnert sich: „Unser Alltag war nicht leicht. Aber im Fußball konnten wir unsere Gemeinschaft leben. Beim Fußball fühlten wir uns sicher."

Die marode DDR-Wirtschaft war in den 1980er-Jahren auf rund 90.000 Vertragsarbeiter*innen angewiesen. Die Arbeiter*innen, die oft für gesundheitsgefährdende Aufgaben eingeteilt wurden, mussten häufig ihre Pässe abgeben und Anteile ihres Lohnes an die heimischen Regierungen abführen. In der Regel wurden sie in engen Wohnheimen untergebracht, sagt der Historiker Patrice Poutrus, der sich seit langem mit dem Thema befasst: „Es wurde ihnen nur so viel Deutsch beigebracht, wie es nötig war. Es war auch nicht vorgesehen, dass es partnerschaftliche Beziehungen zu Deutschen gab." Im Extremfall wurden Vertragsarbeiterinnen zu Abtreibungen gedrängt. Und wenn sie sich weigerten, dann drohte man ihnen mit der Abschiebung.

In der DDR-Propaganda galt die Vertragsarbeit als solidarische Hilfe für die „Bruderstaaten". Tatsächlich aber sollten Kontrollen in den Wohnheimen und die Staatssicherheit einen intensiven Kontakt zwischen Vertragsarbeiter*innen und DDR-Bürger*innen erschweren. Selbst Ehepaare hatten keinen Anspruch auf gemeinsame Zimmer. Da religiöse Praktiken in der sozialistischen DDR verpönt waren, zogen sich etwa Vietnames*innen für buddhistische Rituale ins Private zurück. Von rassistischen Angriffen, die vor allem Afrikaner*innen in Gaststätten oder Diskos erlebten, durfte in Medien keine Rede sein.

Auch im Fußball wurden Vertragsarbeiter*innen an den Rand gedrängt, schreibt die Migrationsexpertin Sylvia Gössel im Sammelband „Der Ball ist bunt". Sie durften in der DDR keine eigenen Sportvereine gründen, aber theoretisch in bestehenden Mannschaften mitwirken. Von gut funktionierenden Beispielen ist heute aber kaum etwas bekannt. Die Forschung steht da erst am Anfang.

Nach dem Mauerfall verloren Zehntausende Vertragsarbeiter*innen ihre Anstellungen und Unterkünfte. Viele von ihnen gingen zurück in ihre Herkunftsländer. Die vietnamesische Regierung sträubte sich gegen die Rücknahme und hoffte weiter auf Geldüberweisungen aus Deutschland. 20.000 Menschen blieben nach dem Beitritt der DDR in der Bundesrepublik. Jahrelang standen sie unter dem Druck, ausgewiesen zu werden. Viele wurden Opfer von Rassismus. Ein Sinnbild dafür: 1992 die Angriffe in Rostock-Lichtenhagen.

Der langjährige Fußballer Hoang Van Thanh scheint in Leipzig nicht im Detail über die Neunzigerjahre sprechen zu wollen, über die „Baseballschläger-Jahre". Stattdessen möchte er das Gespräch ins Positive wenden, vielleicht auch zum eigenen Schutz. Immer wieder erwähnt er Fleiß, Arbeitsmoral, Anpassungsfähigkeit. Hoang Van Thanh baute sich ein Textilunternehmen auf. Er entschuldigt sich dafür, dass sein Deutsch auch heute noch schlecht sei. Er hatte in den Neunzigern Sprachkurse in der Volkshochschule gebucht, für mehrere Tausend D-Mark. „Aber wir konnten nicht regelmäßig teilnehmen. Wir mussten arbeiten und wollten unser eigenes Geld verdienen. Niemand sollte denken, dass wir krumme Geschäfte machen oder dass man uns etwas schenkt." Hoang Van Thanh organisierte weiterhin Fußballwettbewerbe, allerdings nun mit weniger Mannschaften.

Beim bundesweiten Turnier 2023 in Leipzig will die vietnamesische Gemeinschaft die Fußballtradition weiter stärken. Am Rand auf einer Holzbank sitzt Bao Linh Huynh, Mitte 30, aufgewachsen in Dresden. Bao Linh Huynh engagiert sie sich für den Verein der Vietnamesen in Leipzig. Sie möchte, dass ihre Gemeinschaft, anders als früher, mehr an die Öffentlichkeit geht, mit Kulturveranstaltungen oder Fußballturnieren. Das würde dann auch nach innen wirken, sagt sie: „Im Fußball kann die zweite Generation zusammenkommen und sich mit der vietnamesischen Sprache auseinandersetzen. Diejenigen, die in Deutschland aufgewachsen sind, können dann sehen, dass Vietnam mehr ist als ein Urlaubsort. Dass dort ihre Wurzeln liegen."

Kraftraubende Karriere

Historische Perspektiven wie diese von nicht-weißen Menschen sind im Fußball noch selten. Im Leistungssport wurde die Geschichte von weißen Männern geschrieben. Lange hielt sich überdies die Wahrnehmung, dass Rassismus im Fußball mit rechten Hooligans in der Bundesrepublik Ende der 1980er-Jahre aufkam. Doch diese Gewissheit bröckelt. 2021 veröffentliche der Journalist Alexander Heflik eine Biografie über Erwin Kostedde. Der Sohn eines afroamerikanischen Soldaten spielte ab den späten 1960er-Jahren unter anderem für Standard

Lüttich, Kickers Offenbach und Borussia Dortmund. 1974 und 1975 lief Kostedde dreimal für das deutsche Nationalteam auf – als erster Schwarzer überhaupt.

In seiner Biografie schildert Kostedde eine kraftraubende Karriere. In Gesprächen mit Spielern, Fans und Journalisten fühlte er sich wie ein Gegenstand, sie schauten auf ihn herab. Ob er ohne Rassismus mehr Länderspiele bestritten hätte? Einige Jahre später gewann Jimmy Hartwig, ebenfalls Sohn eines afroamerikanischen Soldaten, mit dem Hamburger SV dreimal die deutsche Meisterschaft. Dass er trotz seiner starken Leistungen nur zwei A-Länderspiele bestritt, behauptete Hartwig später in Interviews, soll auch an der ablehnenden Haltung des Bundestrainers Jupp Derwall gelegen haben. Eine kritische Öffentlichkeit, die diesem Verdacht hätte nachgehen können, existierte damals nicht.

Es ist höchste Zeit, den strukturellen Rassismus jener Jahre aufzuarbeiten. Und die Amazon-Dokumentation „Schwarze Adler" von 2021 liefert dafür wichtige Ansätze. Der Filmemacher Torsten Körner lässt darin frühere Nationalspieler*innen wie die erwähnten Kostedde und Hartwig, aber auch Gerald Asamoah, Steffi Jones oder Cacau zu Wort kommen. Und er fängt mit Archivszenen den rassistischen Tonfall ein, den viele Fußballfans noch heute als Folklore verharmlosen.

Beispiel 1: Im Juni 1975 wird ein spektakuläres Solo von Beverly Ranger zum Tor des Monats gewählt. Ranger, aufgewachsen in der jamaikanischen Hauptstadt Kingston, spielt damals für den Bonner SC. Vor der Fernsehpräsentation spielt die ARD ein Lied des Schweizer Schlagersängers Vico Torriani ein, darin heißt es: „Schön und kaffeebraun sind alle Frau'n in Kingston-Town." Das Tor von Ranger wird mit Trommelrhythmen unterlegt.

Beispiel 2: 1986 bricht Anthony Baffoe bei den Stuttgarter Kickers zu einer beachtlichen Karriere auf. In einem Fernsehinterview fragt ihn der Moderator: „Sie sehen ein bisschen dunkler aus als andere Leute. Das liegt sicherlich nicht an unserem schönen Wetter hier. Wo sind Sie geboren?" Baffoe antwortet: „Ich bin in Bad Godesberg geboren, aber meine Eltern kommen aus Ghana." Moderator: „Warum sind Sie gerade hier in Bonn geboren worden?" Baffoe: „Weil meine Eltern mich hier gemacht haben." Großes Gelächter im Studio.

„Wir wollen kein Freiwild sein"

Für Spieler afrikanischer Herkunft war es in den 1990er-Jahren kaum möglich, die Rassisten direkt zu konfrontieren. Es war utopisch, dass eine Mannschaft bei Affenlauten aus Protest das Spielfeld verlässt. „Einige Trainer und Mitspieler haben mir gesagt, dass ich die Anfeindungen einfach abschütteln solle", sagt der frühere Profi Pablo Thiam. „Ich sollte mit guten Leistungen zeigen, dass ich über den Dingen stehe." Schwarze Spieler, so wünschten es sich offenbar die Klubs, sollten ihre Schockerlebnisse mit sich selbst ausmachen.

Pablo Thiam, Sohn eines Diplomaten aus dem westafrikanischen Guinea, kam Ende der Siebzigerjahre als Kind mit seiner Familie in die Bundeshauptstadt Bonn. Auf der Straße oder in Einkaufszentren wurde er angestarrt und angefasst, und immer wieder musste er Sätze hören wie: „Wo kommst du her?" Oder: „Du sprichst aber gut Deutsch." Anfangs dachte sich Thiam wenig dabei, womöglich seien neue Gesichter ein bisschen aufregend für die Einheimischen. Doch dann drang er als Talent immer weiter in die emotional aufgeladene Welt des Fußballs vor.

Thiam erinnert sich an eine Reise Anfang der Neunzigerjahre mit dem 1. FC Köln, seinem ersten Klub als Profi. Es war die Zeit, in der die Regierung von Bundeskanzler Kohl ein schärferes Asylrecht voranbrachte. Es war die Zeit, in der Rechtsextreme mit mörderischer Gewalt auf Einwanderer*innen losgingen, in Hoyerswerda, Rostock oder Solingen. Thiam bestritt mit Köln auch Testspiele in Sachsen, er wurde angefeindet. Einmal wollten Schläger in Bomberjacken ihn vor einer Disko abfangen. Diese Erfahrungen haben Thiam so schockiert, dass er Jahre später ein Angebot von Hertha BSC ablehnte. Er wollte nicht nach Berlin, er wollte nicht in den Osten Deutschlands.

Damals, mit Anfang zwanzig, stand Thiam am Beginn seiner Karriere, seine politischen Ansichten waren noch nicht gefestigt wie heute. „Als junger Spieler wollte ich niemanden mit dem Thema Rassismus behelligen. Es hätte uns eh niemand zugehört, es gab noch keine Anlaufstellen und Kampagnen."

Seine etwas älteren Bundesliga-Kollegen Souleyman Sané, Anthony Yeboah und Anthony Baffoe waren zu jener Zeit schon sportlich etabliert. Gemeinsam veröffentlichten sie einen Offenen Brief mit dem Titel:

„Helft uns! Wir wollen kein Freiwild sein." Darin schrieben sie unter anderem: „Was wir im Stadion an Beleidigungen zu hören bekommen, trifft ins Herz. Wir schämen uns für alle, die gegen uns schreien. Sie säen ein Klima der Gewalt."

Die Spitzenfunktionäre hielten sich lange zurück, doch das änderte sich mit dem öffentlichen Druck nach der Gewalt in Rostock-Lichtenhagen 1992. Am letzten Vorrundenspieltag ersetzten die Bundesligaklubs ihren Sponsorenschriftzug mit dem Slogan: „Mein Freund ist Ausländer." 1993, nach dem Anschlag in Solingen, lief auch das deutsche Nationalteam in einem Benefizspiel gegen internationale Bundesligaspieler mit diesem Slogan auf.

„Ausländer", „Fremdenfeindlichkeit" und später „Spieler mit Migrationshintergrund." Die gängige Wortwahl vermittelte Profis aus Einwandererfamilien wie Pablo Thiam das Gefühl, dass sie fürs Fußballgeschäft willkommen waren, aber nicht als gleichberechtigte Bürger. Funktionäre wie Gerhard Mayer-Vorfelder ließen sie sogar als Eindringlinge erscheinen. „Was wird aus der Bundesliga, wenn die Blonden über die Alpen ziehen und stattdessen die Polen, diese Furtoks und Leśniaks, spielen?", sagte Mayer-Vorfelder, der dem VfB Stuttgart 25 Jahre als Präsident vorstand und 2001 das DFB-Spitzenamt übernahm. Weitere Zitate von Mayer-Vorfelder: „Wenn beim Spiel Bayern gegen Cottbus nur zwei Germanen in den Anfangsformationen stehen, kann irgendetwas nicht stimmen." Und: „Der südamerikanische und afrikanische Fußball haben genetisch andere Voraussetzungen."

Es waren Aktivist*innen von BAFF, dem Bündnis Aktiver Fußballfans, die Mayer-Vorfelders Aussagen 2001 in der Wanderausstallung „Tatort Stadion" in einem größeren Kontext präsentierten. Der DFB bezeichnete das als Verunglimpfung, drohte mit juristischen Schritten und zog seine Unterstützung für die Ausstellung zurück. Stattdessen verwiesen Verband und Vereine auf das wachsende Netzwerk sozialpädagogischer Fanprojekte, die in ihrer Arbeit mit jungen Menschen mehr und mehr auch das Thema Rassismus ansprachen. In loser Folge wandten sich Klubs mit griffigen Slogans an ihr Publikum. Sie zeigten die „Rote Karte gegen Rassismus", forderten einen „Strich durch Vorurteile", beflockten ihre Trikotärmel mit dem Wort „Respect". Bei prestigereichen internationalen Spielen verlasen die Kapitäne vage Statements gegen Diskriminierung.

Beliebt, solange sie erfolgreich sind

Der deutsche Fußball hatte den Antirassismus endlich als Thema erkannt, zumindest fürs eigene Marketing. Und die heimische WM 2006 kam da gerade recht. In der Erzählung von DFB, Sponsoren und vieler Medien verkörperten nicht-weiße Nationalspieler wie Gerald Asamoah und David Odonkor, später auch Cacau oder Antonio Rüdiger, ein modernes und multikulturelles Deutschland. Was kaum erwähnt wurde, aber mit der nächsten Spielergeneration offensichtlich werden sollte: Nationalspieler aus Einwandererfamilien werden unter besonderen Maßstäben beurteilt. Sie sind beliebt, solange sie erfolgreich sind. Sie gelten als Helden, solange sie Politik außen vorlassen.

In jener Aufbruchszeit vor der WM 2006 war Gerald Asamoah zu Gast im Aktuellen Sportstudio. „Sind Sie stolz, ein Deutscher zu sein?“, fragte ihn Moderator Johannes B. Kerner. Asamoah reagierte verwundert: „Ich bin stolz, für Deutschland spielen zu dürfen.“ Kerner: „Das klingt gut, dabei können wir es auch gern belassen.“ Applaus und Gelächter im Studio. Die Kamera fokussierte Asamoah, der erleichtert wirkte. Der Eindruck, der dadurch entstand: Ein Schwarzer Fußballer musste sein Deutsch-Sein beweisen.

Mit Inszenierungen wie diesen konnten sich viele Menschen einreden, dass der Fußball vielfältig und tolerant sei. Rassismus? Ein Problem der Gesellschaft, das der Fußball ausbaden müsse. Dass auch vor und während der WM 2006 rechtsextreme Gruppen mobil machten, wurde kaum diskutiert. Der inzwischen verbotene „Schutzbund Deutschland“ hetzte auf einem Plakat gegen Asamoah: „Nein Gerald, Du bist nicht Deutschland. Du bist BRD!“ Und die NPD platzierte auf ihrem WM-Planer die bewusst mehrdeutige Schlagezeile: „Weiß, nicht nur eine Trikotfarbe. Für eine echte NATIONAL-Mannschaft.“

Die WM 2006 war erst wenige Wochen vorüber, da wurde der Schalker Asamoah bei einem Pokalspiel in Rostock erneut mit Affenlauten gedemütigt. Wieder folgten Empörung, Mitleid, Durchhalteparolen, aber keine tiefgreifende Analyse von rassistischen Strukturen im Fußball.

Die „Fußballfamilie“ pflegt bis heute die Erzählung, dass ihr „Sommermärchen“ von 2006 eine harmonisierende Wirkung auf das Land hatte, und dass ein Multikulti-Nationalteam spätestens ab der WM 2010 ganze Europa inspiriert habe. Was sie dabei ungern einbezieht: Bald darauf erhielt rassistisches Denken durch wirkmächtige Plattformen eine große Öffentlichkeit: durch Pegida, die AfD oder Bestseller von Thilo Sarrazin. Ist der Fußball vielleicht doch nicht so einflussreich, wie uns seine Vorsteher glauben machen wollen?

Wie lassen sich alte Seilschaften brechen?

„Ich habe das Gefühl, dass die Diskussion nur an der Oberfläche kratzt“, sagt Pablo Thiam, der 311 Bundesligaspiele bestritten hat, die meisten für Wolfsburg, Stuttgart und Köln. „Wenn es der Profifußball ernst meinen würde, dann würde er mehr nicht-weiße Menschen in Führungspositionen bringen.“ Die Zahl Schwarzer Menschen in diesem Kreis lässt sich aber an einer Hand abzählen. Pablo Thiam, von 2021 bis 2023 sportlicher Leiter der Fußball-Akademie von Hertha BSC, war eine Zeitlang einer von ihnen.

„Natürlich bin ich müde, natürlich möchte ich nicht immer wieder über Rassismus sprechen“, sagt Thiam im Interview und atmet tief durch. „Aber was bleibt uns denn anderes übrig? Wir müssen in der Diskussion doch endlich ein paar Schritte vorankommen.“

Thiam würde mit seinen Kollegen gern eine differenzierte Debatte darüber führen, wie sich Diversität in den Entscheidungspositionen erhöhen lässt. Dafür aber müssten Funktionäre ihre Privilegien hinterfragen. Ob Konzerne, Banken oder Fußballklubs: Häufig schenken Führungskräfte zuerst jenen Kolleg*innen Vertrauen, die ihnen ähnlich sind. Im Fußball werden oft ehemalige Spieler ohne transparentes Bewerbungsverfahren für Posten rekrutiert. In der Regel weiße Männer.

Wie lassen sich diese Seilschaften brechen? In Politik, Wirtschaft und Medien haben Quotierungen, Mentorenprogramme oder Stipendien für marginalisierte Gruppen die Vielfalt zumindest unterhalb der Spitzenebene erhöht. Mitunter aber fühlen sich Vertreter*innen, die etwa von Quoten profitieren, als Außenseiter*innen und stehen innerhalb ihrer Organisation unter Anpassungsdruck.

Ein Beispiel: 2016 übertrug der DFB dem ehemaligen deutschen Nationalspieler Cacau, der in Brasilien aufgewachsen ist, die Aufgabe des Integrationsbeauftragten. Cacau besuchte viele Vereine, gab Interviews, nahm an Preisverleihungen teil. Doch kritische und kenntnisreiche Aussagen über den weniger offensichtlichen Rassismus sind von ihm nicht überliefert. Wollte er es sich mit dem Verband nicht verscherzen? 2021 beendeten der DFB und Cacau ihre Zusammenarbeit.

Wer sich zu Diversität in Gremien umhört, erhält von Funktionären ähnliche Antworten: „Wir sind offen, aber leider bewirbt sich niemand mit Migrationshintergrund". Oder: „Leute mit Qualität setzen sich auch ohne Quoten durch." Oder: „Hautfarbe und Herkunft spielen in unserem Vorstand keine Rolle." Und: „Wir haben doch schon einen türkischen und einen afrikanischen Kollegen in Position X und Y." Mit solchen Reflexen wollen Funktionäre ihre Toleranz belegen – stattdessen demonstrieren sie Unwissenheit.

Pablo Thiam möchte den Entscheidern im Fußball nicht unterstellen, dass sie Personen mit Zuwandererbiografie bewusst ausschließen. Aber: „Bei Trainerseminaren oder Fortbildungen war ich fast immer der einzige Schwarze Vertreter im Saal. Für mich war das normal, ich konnte damit umgehen. Doch andere würden sich vielleicht beobachtet und kontrolliert fühlen." Selbst wenn eine oder zwei Schwarze Personen mithilfe einer Quote in ein Verbandspräsidium aufrücken würden, bedeutet das nicht, dass sie sich dort auch entfalten und ihre Talente einbringen können. So wächst die Wahrscheinlichkeit, dass sie ihren Posten schnell wieder ernüchtert räumen.

Man muss also früher ansetzen. Das Fundament des deutschen Fußballs sind die 25.000 Vereine an der Basis. Die Menschen, die sich ehrenamtlich als Vorsitzende, Schatzmeister oder Trainerin engagieren, brauchen dafür Freizeit, einen finanziellen Spielraum und verständnisvolle Arbeitgeber. Wenn sie es in den Vorstand eines Verbandes oder ins Präsidium eines Profiklubs schaffen wollen, müssen sie jahrelang Kontakte knüpfen, manchmal Jahrzehnte. Menschen mit Einwanderergeschichte, die in Bildung und auf dem Arbeitsmarkt Diskriminierung erleben, sind im Nachteil. Da ist Fußball wie der Medienbetrieb oder die Theaterlandschaft: Die Macht ist auf die weiße Mittelschicht verteilt.

Aus der psychologischen Forschung wissen wir, dass bereits Kinder ab dem zweiten Lebensjahr ein Verständnis für rassistische Merkmale entwickeln. Sie greifen Inhalte in Kinderbüchern oder Filmen auf und stellen eine unbewusste Verbindung zwischen „Hautfarben" und Machtstrukturen her. Diese Wahrnehmung kann ihr Weltbild bis ins Erwachsenenalter prägen. „Deshalb ist es so wichtig, dass wir Kindern so früh wie möglich Akzeptanz und Respekt vorleben", sagt Pablo Thiam.

Während seiner Zeit bei der Fußball-Akademie von Hertha BSC berichtet Thiam von Taktiktafeln mit vielen Namen der mehr als 200 Jugendspieler. Er sagt, dass er sie alle kenne, unter ihnen seien Söhne von Millionären und Hartz-4-Empfängern. Die Mehrheit der Spieler hat Eltern oder Großeltern, die nicht in Deutschland geboren wurden. Sie haben den Wunsch, mal in der Bundesliga zu spielen. Aber wenn sie mit Thiam reden, entwickeln sie vielleicht auch den Wunsch, irgendwann mal ein Chef bei ihrem Lieblingsklubs zu sein.

Pablo Thiam hatte schon bald nach seiner aktiven Laufbahn den Entschluss gefasst, mit Jugendlichen und jungen Erwachsenen arbeiten zu wollen. Für 13 Jahre prägte er die Nachwuchsarbeit beim VfL Wolfsburg. In seiner Freizeit kam er bei Antirassismus-Projekten mit Schülerinnen und Schülern ins Gespräch. „Vor 20 Jahren habe ich gehofft, dass wir heute weiter sind", sagt Thiam. Aber auch seine Kinder werden heute noch gefragt, wo sie denn genau herkommen würden. „Was sollen sie antworten? Dass sie noch nie in Afrika waren?"

Wer Thiam bei Gesprächsrunden beobachtet, der erkennt schnell, dass er auch einfältige Fragen in einen gehaltvollen Dialog überführen kann. Doch manchmal platzt der Frust auch aus ihm heraus. Thiam kommt darauf zu sprechen, dass es in Profiklubs so gut wie keine Schwarzen Cheftrainer gibt. Als Beispiel führt er den früheren Bundesligaspieler Otto Addo an. Der gebürtige Hamburger bestritt 15 Länderspiele für Ghana, das Herkunftsland seiner Eltern. Seit 2009 arbeitete er als Assistenz- und Talentetrainer bei mehreren Klubs. 2022 betreute Addo dann Ghana bei der WM in Katar. „Ein Riesenerfolg", sagt Thiam mit lauter Stimme. „Aber wenn Sie eine Umfrage auf der Straße machen würden: Niemand würde auf die Idee kommen, Otto Addo für einen Trainerposten in der Bundesliga vorzuschlagen."

Schwarze Trainer erhalten weniger Chancen

Jahrzehntelang hatten Trainer afrikanischer Herkunft in europäischen Topligen keine Chance. Inzwischen lassen sie sich an zwei Händen abzählen. Einige Beispiele aus jüngerer Vergangenheit: Mbaye Leye aus Senegal betreute Standard Lüttich in Belgien. Lito Vidigal aus Angola trainierte Marítimo Funchal in Portugal. Vincent Kompany, Sohn eines Kongolesen, übernahm RSC Anderlecht in Belgien und Burnley in England. In Deutschland wirkte Daniel Thioune, Sohn eines Senegalesen, in der zweiten Liga beim Hamburger SV und bei Fortuna Düsseldorf.

Alle erwähnten Trainer hatten sich zuvor als Profispieler einen Namen in der Branche gemacht, die meisten mit zahlreichen Länderspielen. Weiße Trainer wie Ralf Rangnick oder Julian Nagelsmann können sich auch ohne Profi-Erfahrungen zu Spitzenklubs vorarbeiten – bei Schwarzen Trainern scheint das ausgeschlossen zu sein. Zudem dauerten die Engagements von Mbaye Leye oder Lito Vidigal nur wenige Monate. Wären sie als weiße Trainer genauso schnell entlassen worden? Werden ihnen künftig andere gute Jobs angeboten?

Weiße Funktionäre in den Verbänden, die sich nicht vor Rassismus fürchten müssen, deuten Daniel Thioune als Hinweis für wachsende Vielfalt im deutschen Trainingswesen. Tatsächlich aber ist Thioune eine Ausnahme, es steckt noch kein Fördersystem dahinter. Der mediale Fokus auf Thioune kann strukturelle Probleme sogar überdecken und Reformen verlangsamen. Schließlich können DFB und Deutsche Fußball-Liga in Rassismus-Debatten stets auf das Vorbild Thioune verweisen.

Maßnahmen wie die „Rooney-Rule“, benannt nach Ideengeber Dan Rooney, dem einstigen Besitzer der Pittsburgh Steelers aus dem American Football, werden im deutschen Fußball nicht ernsthaft diskutiert. In Auswahlverfahren für Trainerposten müssen nämlich Klubs der NFL seit 2003 auch Angehörige aus Minderheiten einladen. Seither ist dort die Zahl Schwarzer Trainer gestiegen. Auf Amateurebene fördern DFL und DFB zwar Projekte gegen Diskriminierung, aber in deren Führungsgremien scheint die Bedeutung noch nicht erfasst zu werden. Im Februar 2020 überraschte der damalige DFB-Präsident Fritz Keller im Aktuellen Sportstudio mit der unbelegten These, dass Rassismus in England und den Niederlanden länger existiere als in Deutschland. Ideen für Prävention? Fehlanzeige.

Wie glaubwürdig der Profifußball tatsächlich ist, offenbarte sich 2019: Der Unternehmer Clemens Tönnies, fast 20 Jahre lang auch Aufsichtsratsvorsitzender beim FC Schalke 04, hielt beim „Tag des Handwerks“ in Paderborn einen Vortrag. Darin kritisierte er den Vorschlag von Steuererhöhungen im Kampf gegen die Klimakrise. „Der Bundesentwicklungsminister solle stattdessen Kraftwerke in Afrika finanzieren, der spendiert dann jedes Jahr 20 große Kraftwerke nach Afrika“, sagte Tönnies und spekulierte: „Dann hören die auf, die Bäume zu fällen. Und sie hören auf, wenn's dunkel ist, wenn wir die nämlich elektrifizieren, Kinder zu produzieren.“

Für diese rassistischen Aussagen wurde Clemens Tönnies von Medien, Aktivist*innen sowie Schwarzen Ex-Profis wie Gerald Asamoah kritisiert. Die Spitzenkräfte des DFB, der DFL oder des FC Bayern fanden keine angemessenen Worte. Der Ehrenrat des FC Schalke 04 wies die Rassismusvorwürfe als „unbegründet“ zurück, teilte aber mit, dass Tönnies gegen das „Diskriminierungsverbot“ in der Vereinssatzung verstoßen habe. Tönnies entschuldigte sich und legte sein Aufsichtsratsamt für drei Monate nieder.

Nach dieser unzureichenden Aufarbeitung könnten sich Opfer von Rassismus noch weniger geschützt fühlen. Und Aktivist*innen, die sich seit Jahrzehnten gegen Diskriminierung stellen und von Neonazis bedroht werden, fühlen sich um Jahre zurückgeworfen, Gruppen wie die „Schalker Fan-Initiative“, die „Löwenfans gegen Rechts“ oder das Bündnis „Nie Wieder“.

Für Pablo Thiam ist der Fall Tönnies ein prominentes Beispiel für die „Arroganz des weißen Mannes“. Doch andere Beispiele seien weniger offensichtlich. Thiam schwärmt von Länderspielen für Guinea, insgesamt hat er 31 bestritten. Manchmal habe der Teambus mehrere Stunden vom Flughafen zum Hotel gebraucht, so groß sei die Begeisterung auf den Straßen gewesen. „In Deutschland und in Europa wird diese Begeisterung leider heruntergespielt“, sagt Thiam, als sei der afrikanische Kontinent weniger wert als Europa.

Dreimal nahm Thiam an der Afrikameisterschaft teil. 2006 wollte ihn Klaus Augenthaler, sein Trainer beim VfL Wolfsburg, während der

Saison ungern zum Turnier nach Ägypten ziehen lassen. Thiam erwiderte, dass er beim Verband in Guinea im Wort stehe, und eine Absage auch ein schlechtes Licht auf seinen Vater werfen könne, einen Diplomaten. Als Thiam schließlich aus Ägypten nach Wolfsburg zurückkehrte, musste sich der einstige Kapitän des VfL nach und nach mit der Reserverolle begnügen.

Auch heute noch gelten afrikanische Wettbewerbe als weniger relevant. Im November 2021 bezeichnete Liverpools Trainer Jürgen Klopp den Afrika-Cup als „kleines Turnier“, das da im Januar auf seine Spieler Sadio Mané (Senegal) und Mo Salah (Ägypten) zukomme. Ob das ironisch gemeint war oder nicht: Fans in Afrika sind solche Äußerungen aus Europa gewöhnt. Genauso wie an die Tatsache, dass viele ihrer Nationalteams lange von europäischen Trainern betreut wurden, die in Deutschland, England oder Frankreich keine Anstellungen mehr fanden. Oft waren diese Trainer dann schnell wieder weg.

Hooligans auf „Ausländerjagd“

Solche Aussagen wie jene von Klopp mögen für sich genommen nicht von großer Bedeutung sein, aber in der Summe können sie dazu führen, dass sich Menschen afrikanischer Herkunft auch in Deutschland weniger ernst genommen fühlen. Wer mehr darüber erfahren möchte, kann sich zum Beispiel im Süden von Bonn umhören, im Stadtteil Pennenfeld, wo viele Menschen aus Einwandererfamilien auf engem Raum leben. Industrieanlagen, Wohnblöcke, ein beliebtes Jugendzentrum, und dazwischen ein gepflegter Kunstrasenplatz. Hier trainieren die Fußballteams des Internationalen Sport-Clubs Al Hilal Bonn.

Younis Kamil ist der erste Vorsitzende und Trainer bei Al Hilal. An der Seitenlinie haben sich Jugendspieler im Halbkreis vor ihm postiert. Kamil fragt in die Runde, warum das letzte Punktspiel verloren gegangen ist. Einige Spieler heben die Hände, nacheinander tragen sie ihre Argumente vor, niemand unterbricht sie. Nach fünf Minuten schickt Kamil sie für Übungen wieder aufs Feld. Er muss nicht viele Worte verlieren, jeder kennt jeden.

Fast alle Spieler des Teams haben Eltern oder Großeltern, die nach Deutschland eingewandert oder geflüchtet sind, aus der Türkei, Marokko, Syrien oder dem Irak. Ginge es nach Younis Kamil, so blieben diese vielfältigen Hintergründe unerwähnt, aber es geht eben nicht nur nach ihm. Häufig werden seine Spieler von Gegnern oder deren Eltern als „Ausländer" bezeichnet. Al Hilal bedeutet „die Mondsichel". Es ist der Name zahlreicher Vereine, vor allem in der arabischen Welt.

„Immer das Gleiche mit euch Migranten." Diesen Satz hört Kamil immer wieder, wenn einer seiner Spieler zu hart in einen Zweikampf einsteigt. Und ein Schiedsrichter sagte ihm einmal ins Gesicht: „Wenn ich auf dem Spielbericht sehe, dass mehr als die Hälfte aller Spieler Ausländer sind, dann ziehe ich zur Abschreckung bei der ersten Aktion die Gelbe Karte." Worte wie diese scheinen den Eindruck Kamils zu bestätigen, dass Schiedsrichter die Spieler von Al Hilal Bonn härter bestrafen als jene von Vereinen mit einem deutschen Namen.

Besonders schwierig war die Lage nach dem Terrorangriff der Hamas in Israel im Oktober 2023. In Deutschland stieg die Zahl antisemitischer Straftaten spürbar an. Vereine des jüdischen Sportverbandes Makkabi spielten unter erhöhten Sicherheitsvorkehrungen. Doch in der politischen Polarisierung trat auch der Rassismus gegen Muslim*innen offener zu tage. Der CDU-Vorsitzende Friedrich Merz teilte auf X, früher Twitter, mit: „Sollte es Flüchtlinge aus Gaza geben, dann sind diese zunächst einmal ein Thema für die Nachbarstaaten. Deutschland kann nicht noch mehr Flüchtlinge aufnehmen. Wir haben genug antisemitische junge Männer im Land."

Viele Mitglieder von Al Hilal fühlten sich pauschal in die Nähe von Terroristen gerückt. Younis Kamil empfahl seinen Spielern, den Konsum von sozialen Medien stark zu reduzieren. In Gesprächen mit ihnen formulierte er es so: „Verherrlicht niemals Gewalt. Wenn ihr euch äußern wollt, dann nur konstruktiv. Ihr solltet nicht die Bilder bestätigen, die andere von euch sehen wollen."

Ausgrenzungs-Erfahrungen können dazu führen, sagt Kamil, dass Heranwachsende in ihrem Alltag ständig Ungerechtigkeit vermuten und ihre Identifikation mit dem deutschen Staat schwindet. Eine Haltung, die in etlichen Familien bereits vorgelebt wird, weil die Eltern auf der Suche nach einem Job oder nach einer Wohnung auf Widerstände stoßen. Rund 80 Prozent der Kinder und Jugendlichen bei Al Hilal Bonn stammen aus Familien, die auf Sozialleistungen des Staates angewiesen sind, erzählt Kamil: „Wir beschweren uns nicht. Wir möchten unseren Mitgliedern möglichst früh Verantwortung übertragen, damit sie ihre Gemeinschaft selbstbewusst und mit Empathie mitbestimmen können."

Younis Kamil gibt den Jugendlichen früh zu verstehen, dass eine Profikarriere für sie unwahrscheinlich ist. Er betont Bildung und schaut regelmäßig in die Zeugnisse seiner Spieler. Wer Probleme in der Schule hat, kann im Vereinsumfeld Nachhilfe erhalten und im Training kürzertreten. Kamil fördert nicht nur Taktik und Technik, sondern auch Selbstreflexion, Dialogbereitschaft, Kritikfähigkeit. So ebnet er Spielern noch vor der Volljährigkeit die Entwicklung zum Trainer, Gruppenleiter oder Verantwortlichen für soziale Medien. In den jüngsten Teams können sich so schon Grundschulkinder an Vorbildern mit Zuwanderergeschichte orientieren.

Die Mitglieder von Al Hilal haben für ihr Engagement mehrere Integrationspreise erhalten. Vorbehalte spüren sie eher in der eigenen Umgebung. Selten komme es vor, sagt Kamil, dass die lokalen Vereine und Sportverbände nach ihrer Expertise fragen. Als seine Fußballabteilung vor einigen Jahren ihr erstes großes Turnier veranstalten wollte, erkundigte sich Kamil auch beim Kreisfußballverband. Die Rückmeldung lautete sinngemäß: „Das müsst ihr schon selbst hinbekommen, andere schaffen das auch." Die Frage, die Kamil in Bonn ebenfalls häufig hört: „Warum bleibt ihr für euch und integriert euch nicht in einen richtigen Verein?"

Younis Kamil könnte mit Gegenfragen reagieren. Warum schließen sich Seniorinnen und Senioren, Feuerwehrleute oder Briefmarkensammler zu Freizeitteams zusammen? Weil sie durch ihr Alter, ihren Beruf, ihr Hobby schon miteinander verbunden sind. Und weil sie diese Vertrautheit im Fußball vertiefen wollen. Doch bei den geschätzt rund 1.000 Migrantensportvereinen in Deutschland kommt noch eine politische und historische Eben dazu.

Es war eine der größten Migrationsbewegungen der deutschen Geschichte: Rund 14 Millionen „Gastarbeiter" kamen bis zum Anwerbestopp 1973 in die Bundesrepublik, aus Italien, Spanien, Griechenland und insbesondere der Türkei. Die Politik glaubte, dass die Menschen nach getaner Arbeit in ihre Heimatländer zurückkehren würden. Integrationskonzepte gab es kaum – auch im Fußball nicht. Der DFB sträubte sich gegen die Aufnahme der „Gastarbeiter“ in seine Vereine. Irgendwann ließ er es zumindest zu, dass sie eigene Mannschaften bilden konnten. Doch bei der Vermittlung von Plätzen, Hallen und Material blieb der DFB tatenlos.

Auch die Bundesliga-Vereine interessierten sich in den Siebziger- und Achtzigerjahren wenig für die Migrant*innen in den Vororten ihrer Städte. Bald darauf gingen rechtsextreme Hooligans im Stadionumfeld auf brutale „Ausländerjagd“. Auf den Tribünen beschimpften tausende Fans gegnerische Spieler als „Asylanten“. Dass im selben Zeitraum Migrant*innen in Solingen, Hoyerswerda und Rostock ermordet und verletzt wurden, schien sie nicht zu stören. Jahre später sollten weitere rassistisch motivierte Morde folgen, etwa durch den sogenannten „Nationalsozialistischen Untergrund“ oder 2020 in Hanau. Und auf den Straßen hetzten „Pegida“ und „Identitäre“ gegen Einwanderer*innen, in den Parlamenten war und ist es die AfD.

Diese Traumata sind tief verwurzelt. Von den früheren „Gastarbeitern“, die heute längst im Rentenalter sind, ist heute mehr als ein Drittel von Armut bedroht. Bei Gleichaltrigen ohne Migrationshintergrund liegt dieser Anteil bei zwölf Prozent, diese Zahlen stammen aus dem Sozialbericht des Statistischen Bundesamtes.

Younis Kamil wundert es nicht, dass auch Kinder und Enkel der „Gastarbeiter“ oft skeptisch auf jene Institutionen blicken, die wenig gegen Rassismus unternommen haben, zum Beispiel die Vereine im Fußball. Selbst in multikulturellen Städten wie Köln, Frankfurt oder Stuttgart sind Menschen mit Migrationsgeschichte im Publikum stark unterrepräsentiert. Ein Fakt, der kaum diskutiert wird, weil er weißen Funktionären und Fans offenbar gar nicht auffällt.

Vor diesem Hintergrund betrachtet Younis Kamil einen Verein wie Al Hilal in Bonn als „Safe Space“, als „sicheren Raum“. Hier können die Mitglieder untereinander Wissen und Sensibilität voraussetzen. Hier können sie ihre Diskriminierungserfahrungen schildern, ohne gemustert, unterbrochen, bevormundet zu werden. Es ist eine Form der Selbstermächtigung, die einige Verbandsfunktionäre jedoch als mangelnde Integrationsbereitschaft auslegen. Es gibt Migrantenvereine, die sich vor diesen Vorurteilen schützen wollen und sich einen deutsch klingenden Namen zulegen: In Berlin wurde aus Galatasaray der Rixdorfer SV und aus Samsunspor der FC Kreuzberg, in Stuttgart benannte sich der TSV Hilalspor in FC Stuttgart-Cannstatt um.

Bei Al Hilal Bonn haben Mitglieder ebenfalls eine Namensänderung in Erwägung gezogen, auch in der Hoffnung, künftig leichter Sponsoren und Mitglieder ohne Zuwanderergeschichte zu finden. Doch letztlich haben sie sich dagegen entschieden, sagt Younis Kamil: „Wir leben in einer Einwanderungsgesellschaft, und da wollen wir den symbolischen Hinweis auf unsere Herkunft nicht verstecken müssen." In einer Einwanderungsgesellschaft können sich Identitäten auf verschiedene Kulturen und Traditionen beziehen, und ja: auch auf mehrere Länder.

Younis Kamil kann selbst davon berichten. Als Kleinkind war er 1991 mit seinen Eltern aus dem Sudan, wo Krieg herrschte, nach Hessen gekommen. Er lernte die Sprache, schloss im Fußball Freundschaften, galt in der Jugend bei Eintracht Frankfurt und dem Bonner SC als Talent mit Perspektiven. Nach dem Abitur ging er für einige Monate in den Sudan und spielte dort in der ersten Liga. Fans und Mitspieler bezeichneten ihn als „Khawaja", als ausländische Person mit hellerer Haut, weil seine Mutter aus Deutschland stammt.

Nach seiner Rückkehr ins Rheinland fremdelte Younis Kamil mit Traditionen der deutschen Vereinskultur. Mitglieder seines Klubs drängten ihn zur Teilnahme am Karneval und animierten ihn zum Biertrinken. Als gläubiger Muslim aber verzichtet Kamil auf Alkohol. Erfahrungen wie diese dürften dazu führen, dass auch viele andere Menschen mit Migrationshintergrund den Vereinen fernbleiben.

Kamil erlebte offenen und unterschwelligen Rassismus, vieles davon verstand er erst später, manchmal Jahre später. Zum Beispiel beim Sportstudium in Köln, wo er einem Dozenten eine wissenschaftliche Nachfrage stellte. Dessen Reaktion: „Das muss dich gar nicht interessieren, so tief musst du nicht eintauchen. Auf diesem Niveau wirst du später sowieso nicht forschen."

Inzwischen sitzt Kamil täglich mehrere Stunden am Schreibtisch. Er recherchiert, vernetzt, stellt für Al Hilal Anträge auf Fördergelder. An der Universität Brüssel schreibt er seine Dissertation in Sportsoziologie. Zudem ist er an einem Projekt der Türkischen Gemeinde Deutschland (TGD) und des Deutschen Olympischen Sportbundes (DOSB) beteiligt. Das Ziel: Ursachen erforschen und Empfehlungen formulieren, um in den Entscheidungsebenen des Sports mehr Diversität abzubilden. Kamil ist quer durch die Republik gereist und hat mit Dutzenden Vereinsvertreter*innen gesprochen. Sein Eindruck: Es ist kompliziert, manchmal absurd, aber keineswegs hoffnungslos.

Fehlende Diversität auf allen Ebenen

Denn beeindruckendes Engagement gibt es seit langem. Viele kleine und große Vereine haben schon vor Jahren „Integrationsbotschafter" oder „Antirassismus-Beauftragte" berufen. Für geflüchtete Menschen stellten sie Sporthallen und Kleidung bereit, organisierten Begegnungsfeste, Ausbildungsbörsen, Schulpartnerschaften. In Verbänden können sich Ehrenamtliche zu „Demokratietrainern", „Sport-Coaches", „Konfliktmanagern" ausbilden lassen. Und auch der Staat verteilt beachtliche Summen, zuvorderst das Bundesinnenministerium und der DOSB mit ihrem Programm „Integration durch Sport", das bereits seit 1989 existiert.

Aber dringen diese Maßnahmen überhaupt durch? Rund 25 Prozent der deutschen Bevölkerung haben eine Einwanderungsgeschichte, also jede vierte Person. Bei den ehrenamtlich Engagierten in den Fußballvereinen haben lediglich 8,8 Prozent einen Migrationshintergrund, bei den 372 Mitgliedern der höchsten DFB-Gremien sind es sogar nur 3,5 Prozent. Ein Viertel der Bevölkerung wird im Fußball also nicht mal ansatzweise repräsentiert.

Younis Kamil nennt einen zentralen Begriff: Kommunikation. Es gibt Verbände, die Broschüren gegen Rassismus entwickeln, aber nicht mit Nachdruck bewerben, verteilen und zur Diskussion stellen. Es gibt mehrere Stiftungen mit fortschrittlichen Ideen, die sich aber untereinander als Konkurrenz verstehen und nicht zusammenarbeiten wollen. Es gibt Module für Trainerausbildungen, die wegen Zeitmangel gestrichen werden. Und häufig bleibt Antidiskriminierung ohne Budgets im mittleren Management hängen – und die Führungsgremien bekommen davon wenig mit. Immerhin will die Deutsche Sport-Jugend anerkannte Projekte nun langfristig besser vernetzen.

An einem Samstagvormittag ist Younis Kamil in Koblenz zu Gast. Rund 60 Mitglieder des Fußballverbandes Rheinland wollen zum Thema Integration ins Gespräch kommen. Organisator der Veranstaltung ist Arianit Besiri, einer der Vizepräsidenten des Verbandes, zuständig für sozial- und gesellschaftspolitische Aufgaben. Besiri, Anfang 30, geboren im Kosovo, hält eine differenzierte und selbstkritische Rede. Besiri hat Politikwissenschaft studiert, arbeitete für die Bundespolizei und ist nun als Mitarbeiter eines Bundestags-Abgeordneten tätig. In seinem Fußball-Ehrenamt sucht er auch Kontakt zu fußball-kritischen Leuten. Das unterscheidet ihn von vielen anderen Funktionären.

Arianit Besiri und Younis Kamil stehen schon länger im Austausch. Sie wollen nicht reagieren, sondern agieren. Wichtig sei es für Vereine, sagt Kamil in Koblenz, intensiver auf Menschen mit Einwanderungsgeschichte zuzugehen. Sportverbände sollten Migrantenvereine besuchen, Broschüren in mehreren Sprachen anbieten, Förderanträge ausgiebig erläutern. Sie könnten bei der Jobvergabe auf anonymisierte Bewerbungsverfahren setzen, um den Vorurteilen gegenüber nicht Deutsch klingenden Namen weniger Raum zu geben. Verbände könnten bezahlte Praktika, Minijobs oder Stipendien gezielt an nichtweiße Personen vergeben. Und sie könnten Bierkneipen, Bratwurststände oder Partnerschaften mit Wettanbietern hinterfragen, denn gläubige Muslime fühlen sich davon eventuell abgeschreckt. Und Vereinsvertreter*innen mit Migrationshintergrund könnten sich in „Interessengruppen" mehr Gehör für ihr Anliegen verschaffen.

Auf den ersten Blick klingen diese Maßnahmen etwas technisch, und Erfolg würde sich wohl höchstens langfristig einstellen. „Leider ist viel Vertrauen verspielt worden", sagt Younis Kamil und denkt an seine Jugendspieler in Bonn, die gern in den Trikots ihrer Lieblingsklubs zum Training erscheinen, nicht aber in den Farben des deutschen Nationalteams.

Die Kritik und die rassistischen Töne gegen Mesut Özil können sie nicht vergessen, etwa Fragen wie diese: Warum hat Özil bei der Hymne nicht mitgesungen? Warum hat er für ein Foto mit dem türkischen Präsidenten Erdoğan posiert? Lagen seine schlechten Leistungen bei der WM 2018 in Russland daran, dass er sich nicht mehr als „richtiger Deutscher" fühlte? Die damalige DFB-Spitze um Präsident Reinhard Grindel unternahm wenig, um Özil vor diesen Ressentiments zu schützen. Der Weltmeister von 2014 kommentierte seinen Rücktritt auf

Twitter so: „In den Augen von Grindel und seinen Helfern bin ich Deutscher, wenn wir gewinnen, und ein Immigrant, wenn wir verlieren."

Es sind Worte der Enttäuschung, mit denen sich Jugendspieler aus Einwandererfamilien identifizieren können. Spieler, denen das „Deutschsein" abgesprochen wird. Spieler, die sich irgendwann eventuell entscheiden müssen, zwischen dem deutschen Nationalteam oder dem Team aus dem Geburtsland ihrer Eltern. Wenn der DFB mit seinen Auswahlteams langfristig wieder an die Weltspitze vordringen will, dann muss er auf die Migranten-Communities anders zugehen, davon ist Kamil überzeugt.

Doch aufgeladene Diskussionen um Migration, Geflüchtete und Wahlerfolge der AfD machen eine differenzierte Debatte im Fußball schwer möglich. Und auch Mesut Özil lässt sich kaum noch als Symbolfigur ins Feld führen, seitdem ihm eine Nähe zu den Grauen Wölfen nachgesagt wird, einer rechtsextremen türkischen Bewegung.

Younis Kamil möchte konstruktiv nach vorn schauen und ist sich sicher, dass es an vielen Orten in Deutschland Vereinsvertreter*innen mit Ideen für Diversität gibt. Doch manchmal, in dunklen Momenten, fragt er sich, ob jemals eine dieser Ideen bis in die Spitzenebene des Fußballs vordringt.

Einer dieser Momente war nach der WM 2022 in Katar, wo die deutsche Mannschaft in der Vorrunde scheiterte. Der DFB berief zwei Kommissionen für eine Neuausrichtung ein. Am Ende wirkte es so, als würden DFB-Präsident Bernd Neuendorf, Dortmunds Geschäftsführer Hans-Joachim Watzke, Bayerns damaliger Vorstandschef Oliver Kahn und der ehemalige Nationalspieler Rudi Völler die Zukunft untereinander regeln. Vier weiße Männer zwischen Mitte 50 und Mitte 60.

„In diesen wichtigen Momenten zeigt sich, ob es der Fußball mit dem Thema Diversität wirklich ernst meint", sagt Younis Kamil. Im Vorstand von Al Hilal sitzen übrigens drei Männer und drei Frauen, mit verschiedenen sozialen Hintergründen.

Vor dem Hintergrund der deutschen Migrationsgeschichte sollte eine solche Konstellation auch im Fußball eigentlich längst Alltag sein.

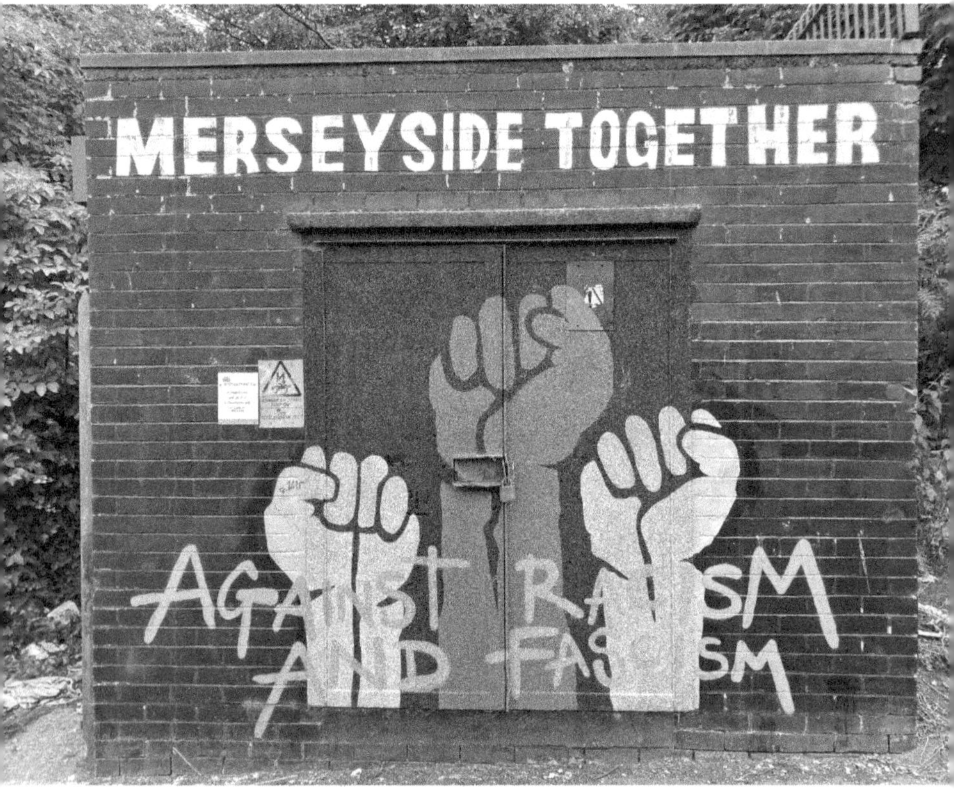

Vieles ist Fassade: In Liverpool setzen Fans ein Zeichen gegen Rassismus, doch in den englischen Stadien sind Schwarze Fans deutlich unterrepräsentiert.

KAPITEL 2

DAS VERMÄCHTNIS DER WINDRUSH-GENERATION

Fast eine halbe Million Menschen aus der Karibik half nach dem Zweiten Weltkrieg beim Wiederaufbau in Großbritannien. Auf der Wohnungssuche, im Gesundheitswesen oder im Stadion gehörte Rassismus zu ihrem Alltag. Unter den Kindern und Enkeln jener Einwander*innen stiegen Fußballer jamaikanischer Herkunft in England zu Vorbildern auf. Doch sobald sie scheiterten oder sich politisch äußerten, schlug die Zuneigung vieler Fans in Ablehnung um. In Zeiten des wachsenden Rechtspopulismus wollen Fans und Aktivist*innen die Identitäten der Spieler in den Fokus rücken.

Im Mai 2018 löste der Fußballer Raheem Sterling ungewollt Hysterie aus. Ein Foto zeigte ihn mit einem Lächeln im Trainingslager des englischen Nationalteams. Auf seinem rechten Unterschenkel war das Tattoo eines Sturmgewehrs zu erkennen. Seit Jahren bewerten die Boulevardmedien das Verhalten von Sterling kritisch, doch aus ihrer Perspektive war er nun zu weit gegangen. Die Zeitung „The Sun", die fast täglich über Gewaltverbrechen berichtet und häufig den Kontext vereinfacht, ließ Anti-Gewalt-Aktivisten gegen Sterling schimpfen: Sein Tattoo sei „widerwärtig", „krank". Er solle es mit einem anderen Motiv überdecken oder aus dem Nationalteam zurücktreten.

Raheem Sterling, damals bei Manchester City unter Vertrag, musste sich rechtfertigen, wieder einmal. Auf Instagram erinnerte er an seine Kindheit in Jamaika, wo er aufgewachsen ist. Als er zwei Jahre alt war, wurde sein Vater ermordet. „Ich habe mir geschworen, dass ich niemals in meinem Leben eine Waffe anfassen würde“, schrieb Sterling und verwies auf die „tiefere Bedeutung“ seines Tattoos. „Ich schieße mit meinem rechten Fuß.“ Das Resultat: Tore.

An Raheem Sterling wird deutlich, wie sehr Medien zur Verbreitung von rassistischen Klischees beitragen. Sterling wurde oft als Spieler porträtiert, der keine Lust auf die Schule gehabt hatte, der aber nun als Profi im Luxus lebe. Ein neureiches Einwandererkind, das seiner Mutter sogar ein Haus gekauft hat. Lange ließ Sterling das mehr oder weniger über sich ergehen, doch 2018 setzte er auf der Sportler*innen-Website „The Players’ Tribune“ zur Gegenrede an. Er beschrieb, wie er im Alter von fünf Jahren mit seiner Mutter nach London gekommen war: „Wenn jemand es verdient, glücklich zu sein, dann ist es meine Mutter. Sie kam mit nichts in dieses Land und hat mich durch die Schule gebracht, indem sie Toiletten geputzt und Bettlaken gewechselt hat, und jetzt ist sie die Leiterin eines Pflegeheims. Und ihr Sohn spielt für England.“

Raheem Sterling, der 2022 zum FC Chelsea wechselte, gehört zu den erfahrenen Nationalspielern, mitunter übernimmt er die Kapitänsbinde. Und er bringt sich in Debatten ein. Nach dem Mord an George Floyd in Minneapolis (USA) gab er differenzierte Interviews über die Bewegung Black Lives Matter. Sterling beteiligt sich an Spendenaktionen, besorgte 500 Kindern aus seiner alten Schule Tickets für ein Pokalspiel in Wembley. Und er hält Medien den Spiegel vor: Sterlings frühere Mitspieler in Manchester, Tosin Adarabioyo und Phil Foden, schenkten ihren Müttern jeweils ein Haus. Bei einem weißen Spieler, kommentierte Sterling, gelte das als „Pflichtbewusstsein“, bei einem Schwarzen Spieler als „finanzielle Waghalsigkeit“.

In den meisten Fällen aber geht Sterling politischen Kontroversen aus dem Weg. Das heißt nicht, dass er unpolitisch ist. Auf sozialen Medien veröffentlicht er Fotos von seinen Reisen nach Jamaika, von Freund*innen und Stränden, von Landschaften und Essen. Damit können sich Millionen Menschen in der Einwanderungsgesellschaft Großbritanniens identifizieren. Denn sie wollen nicht auf Probleme und Gefahren reduziert werden. Und so gilt Raheem Sterling für viele als einer der größten Helden unter den Nachfahren der Windrush-Generation.

Einwanderung für den Wiederaufbau

Windrush: Dieser Begriff ist zu einem Synonym für die Migration nach Großbritannien geworden, für ihre Errungenschaften, aber auch für ihre Rückschläge. Am 22. Juni 1948 legte das Schiff „HMT Empire Windrush“ in Tilbury an, östlich von London. Von Bord stiegen fast 500 Menschen, die meisten von ihnen aus Jamaika. Die Fotos von damals zeigen Männer und Frauen in feiner Garderobe, viele lächelten und wirkten zuversichtlich.

Wie andere Gebiete der Karibik war zu jener Zeit auch Jamaika ein Teil des britischen Empire. Ihre Bewohner*innen besaßen auch die britische Staatsbürgerschaft, sie durften sich ohne Einschränkungen im Vereinigten Königreich aufhalten. Das Land litt unter den Folgen des Zweiten Weltkrieges. Die Infrastruktur war großflächig zerstört, das Gesundheitssystem lag am Boden, die Regierung verteilte Lebensmittelrationen.

In dieser Phase bat London die Menschen aus Übersee um Hilfe beim Wiederaufbau. Die Passagiere der Windrush nahmen die Einladung an. Sie verkauften ihren Besitz in Jamaika und wollten in Großbritannien ein neues Leben beginnen. Mit ihren Hochschulabschlüssen strebten sie ambitionierte Aufgaben an, zum Beispiel im neuen staatlichen Gesundheitssystem NHS. So wurde die Modernisierung Großbritanniens auch durch Einwanderung geebnet. Bis 1970 kam fast eine halbe Million Menschen aus der Karibik, vor allem aus Jamaika, Barbados oder Trinidad und Tobago. Ihre frühe Migration wird umgangssprachlich mit dem Begriff „Windrush-Generation“ überschrieben. Ihre Kinder und Enkelkinder prägen Großbritannien noch heute – besonders sichtbar ist das Vermächtnis von Windrush im englischen Fußball.

Doch der Optimismus der Einwanderer*innen wurde früh gebremst. Viele von ihnen erlebten Rassismus auf dem Arbeitsmarkt und bei der Wohnungssuche. Häufig mussten sie harte Arbeit verrichten, um sich das teure Leben in den Großstädten leisten zu können. Ab Mitte der Fünfzigerjahre ging es der Wirtschaft besser. Die Regierung erschwerte fortan Einwanderung und erleichterte Ausweisungen. Faschistische Gruppen wie jene von Oswald Mosley erhielten Aufwind und griffen Angehörige der Windrush-Generation an. Ab 1962 mussten alle, die keinen im Königreich ausgestellten Pass besaßen, eine unbefristete Arbeitserlaubnis beantragen. Weitere Gesetze zementierten die Hierarchie zwischen der weißen Mehrheit und den nichtweißen Minderheiten.

Angriffe mitten in London

Viele Familien der Windrush-Generation wollten nicht, dass ihre Kinder Fußball spielen, aus Sorge vor Angriffen. Das spürte auch Paul Mortimer, aufgewachsen im Londoner Stadtteil Shepherd's Bush. Seine Eltern waren in den Fünfzigern aus der Karibik nach England gekommen. Sie suchten ein halbes Jahr nach Arbeit und einer bezahlbaren Wohnung. „Der Rassismus gegen meine Mutter führte dazu, dass sie mich besonders beschützen wollte", sagt Paul Mortimer in einem Videointerview. „Häufig schaute sie abends aus dem Fenster und wartete darauf, dass ich nach Hause komme."

Im Alter von neun oder zehn Jahren lernte er, welche Straßen er besser meiden sollte. Rechte Hooligans gingen im Viertel auf die Jagd nach Schwarzen Jugendlichen. Nach der Schule bevorzugte Mortimer einen Bolzplatz, der von einer Mauer umrandet war. Sobald Neonazis den Platz stürmten, sprang er über die Mauer und hatte einen Vorsprung. „Jeden Tag mussten wir mitten in London um unsere Gesundheit fürchten. Das war ganz normal. Es gab im Fußball keine Anlaufstelle gegen Rassismus. Niemand hat sich dafür interessiert."

Inzwischen ist Mortimer Mitte Fünfzig. In den vergangenen Jahren hat er sich viele Gedanken darüber gemacht, wie der offene Rassismus seinen Charakter und sein Verhalten geprägt haben könnte. Die wohl wichtigste Station seiner Fußballkarriere war Ende der Achtzigerjahre Charlton Athletic. Einmal, sagt Mortimer, wurde er von einem Mitspieler auf dem Rasen mit dem N-Wort erniedrigt. In den Katakomben stürmte er auf den Täter zu, es kam es zu Handgreiflichkeiten. Der Trainer wollte Mortimer kaum in Schutz nehmen, stattdessen fragte er ihn: „Hast du vielleicht überreagiert?".

Es sind Vorfälle, die auch andere Schwarze Fußballer aus den Siebziger- und Achtzigerjahren schildern. Die weiße Mehrheit in den Klubs gab ihnen das Gefühl, dass sie an Rassismus eine Mitschuld trugen. „Auch wenn ich als einzige Schwarze Person im Raum Ablehnung gespürt habe, oft habe ich mich um Höflichkeit bemüht“, sagt Mortimer. „Aber dadurch ist auch das Gefühl von Einsamkeit und Isolation gewachsen.“

Ab den späten Siebzigern wuchsen Arbeitslosigkeit und Inflation. Traditionelle Industriezweige wie der Schiffbau standen vor dem Umbruch. Viele Brit*innen ließen ihre Angst vor dem Wohlstandsverlust an Schwarzen Menschen aus. Und staatliche Organe förderten diese Stimmung: Im Londoner Stadtteil Notting Hill feierten im Sommer 1976 mehr als 150.000 Menschen karibischer Herkunft ihren traditionellen Karneval. Ein Großaufgebot der Polizei schüchterte Gäste ein und verhaftete willkürlich junge Schwarze Männer. Die Teilnehmenden wollten sich das nicht mehr gefallen lassen. Es kam zu Ausschreitungen mit mehr als 400 Verletzten. Immer wieder kam es in den folgenden Jahren zu vergleichbaren „Riots“.

Brandbombe und Rasierklingen

Und politische Kräfte legten diese Vorfälle für sich aus. Bei einem Treffen konservativer Politiker in Birmingham schimpfte der Parlamentsabgeordnete Enoch Powell gegen „Masseneinwanderung“. Powell griff Gespräche mit frustrierten Wähler*innen auf und sagte unter anderem: „In diesem Land wird in 15 oder 20 Jahren der Schwarze die Peitsche in der Hand haben.“ Seine Tirade ging als „Rivers of Blood“-Rede in die Geschichte ein.

Solche Worte verschoben den Diskurs nach rechts. Bei der Kommunalwahl 1976 in Leicester erhielt die rechtsextreme National Front 20 Prozent der Stimmen. Ein Jahr später erreichte sie bei der Stadtratswahl in London fast 18 Prozent. Die konservative Premierministerin Margaret Thatcher griff die Stimmung auf und sagte 1978 in einem Fernsehinterview: „Die Menschen haben wirklich Angst davor, dass dieses Land von Menschen mit einer anderen Kultur überschwemmt werden könnte.“ Laut Thatcher war es nicht verwunderlich, wenn die Menschen darauf „feindselig“ reagieren würden. Der Zuspruch für ihre Partei wuchs.

In diesem Klima wollte die National Front im Fußball junge, kräftige Männer rekrutieren. Rechtsextreme Politiker verteilten Flugblätter in Stadionnähe und forderten von Klubs den Rauswurf

Schwarzer Mitglieder. Das rechte Magazin „Bulldog" führte eine Tabelle der „rassistischsten Fans". Mitte der Siebzigerjahre spielten nur rund 50 Schwarze Profis in der ersten Liga. Spieler wie Cyrille Regis oder Brendon Batson mussten Affenlaute über sich ergehen lassen. Laurie Cunningham, der bei West Bromwich Albion viele Tore schoss, wurde in seiner Wohnung mit einer Brandbombe attackiert. Rechtzeitig konnte er die Flammen austreten. Paul Canoville, der erste Schwarze Spieler des FC Chelsea, erhielt Morddrohungen. Unbekannte schickten ihm Rasierklingen in einem Briefumschlag. Manchmal wartete Canoville drei Stunden nach dem Spiel, um unbeobachtet nach Hause gehen zu können.

Mit Unterstützung war nicht zu rechnen, berichtet Viv Anderson, der erste Schwarze Nationalspieler Englands. Bei einem Spiel seines Vereins Nottingham Forrest in Carlisle bewarfen ihn Zuschauer wieder einmal mit Bananen. Anderson war geschockt und zog sich verängstigt auf die Reservebank zurück. Sein Trainer Brian Clough sagte ihm, dass er den Hass ausblenden müsste: „Geh zurück, und hol mir zwei Bananen."

Die ersten Schwarzen Stars des englischen Fußballs äußerten öffentlich selten Kritik, denn sie wussten, dass es Fabrikarbeitern oder Hausangestellten schlimmer erging. Als Prominente wurden sie in Nachtclubs willkommen geheißen, aber einige ihrer Schwarzen Freunde mussten draußen bleiben.

Die Windrush-Generation hatte in Medien, Politik und Fußball noch keine Stimme. Am 18. Januar 1981 kamen bei einem Wohnungsbrand im Londoner Stadtteil New Cross 13 Schwarze Jugendliche ums Leben, die zuvor eine Party gefeiert hatten. Wochen später demonstrierten 20.000 Menschen gegen die aus ihrer Sicht unzureichende Aufarbeitung der Polizei, ihr Motto: „13 Dead, Nothing Said". In den folgenden 30 Jahren stießen Aktivist*innen immer wieder neue Untersuchungen an. Ein Brandanschlag ließ sich nicht beweisen, aber auch nicht völlig ausschließen.

Dieses Feuer war ein weiteres Trauma für nicht-weiße Menschen. Und so sank ihr Vertrauen in den Staat. Auch Fußballer der Windrush-Generation wären nicht auf die Idee gekommen, rassistische Gewalt bei der Polizei anzuzeigen.

Rassismus wurde in den Achtzigerjahren selten thematisiert, auch nicht in den Sportmedien, schreibt der Autor Calum Jacobs in seinem Buch „A New Formation", der Untertitel: „Wie Schwarze Fußballer das moderne Spiel formten". Jacobs analysiert darin, wie insbesondere Boulevardmedien rassistische Stereotype verbreiteten. Häufig beschrieben sie den Fußball für Spieler karibischer Herkunft als seltene Chance, um der Armut zu entkommen und letztlich auch dem Gefängnis. Einige Medien glaubten, dass erst die zunehmende Anwesenheit von Schwarzen Fußballern die Ursache für mehr Diskriminierung sein würde. Aggressive Rassisten auf den Tribünen wurden als ungebildete Sonderlinge der Arbeiterklasse abgetan, die Strukturen des Fußballsystems blieben unerwähnt.

Wenn Schwarze Spieler sich damals öffentlich gegen Rassismus gewehrt hätten, „wären sie in den Medien kritisiert und zensiert worden", schreibt Calum Jacobs. „Diese herablassende Berichterstattung führte dazu, dass Schwarze Spieler unpolitisch und defensiv blieben." 1984 reiste das englische Nationalteam für Länderspiele nach Südamerika. Dutzende Fans reisten im selben Flugzeug mit den Spielern, unter ihnen rechte Anhänger der National Front. „Die Leute wurden wie normale Fans behandelt", schreibt der damalige Nationalspieler John Barnes, der in Jamaika aufwuchs, in seiner Biografie. „Uns wurde gesagt, wir sollten sie ignorieren. Die Medien berichteten kaum darüber." 1988 wurde bei einem Spiel zwischen den Niederlanden und England Ruud Gullit mit Affenlauten belegt. Der BBC-Kommentator John Motson sprach von „good natured barracking". Man könnte den Ausdruck wohl mit „wohlgemeinte Buhrufe" übersetzen, was aber dem Ernst des Vorfalls nicht annähernd gerecht wurde.

Rassismus als Fußnote der Fankultur

In den Achtzigern kam erschwerend hinzu, dass Rassismus als Fußnote der englischen Stadionkatastrophen betrachtet wurde. Im Mai 1985 hatte ein Brand bei einem Heimspiel von Bradford City 56 Menschen das Leben gekostet. Zwei Wochen später, vor dem Endspiel des Landesmeister-Pokals 1985 im Brüsseler Heysel-Stadion zwischen dem FC Liverpool und Juventus Turin, führte eine Massenpanik zum Tod von 39 Menschen. Überdies kam es zu Ausschreitungen mit vielen Verletzten, in und neben den Stadien. Ebenfalls 1985 griffen Fans aus Millwall bei einem Pokalspiel Anhänger von Luton Town an. 47 Menschen wurden verletzt. Auf Druck der Politik wurden Stehplätze abgeschafft sowie mehr Zäune und Überwachungskameras installiert. Prävention sollte in der neuen „Football Supporters Association" umgesetzt werden, in einem Netzwerk von Fans für Fans. Aber die vielen Schlagzeilen überdeckten den massiven Rassismus.

Die Gesellschaft wandelte sich in den Neunzigerjahren. Zumindest in den Ballungsräumen übernahmen Menschen mit Zuwanderungsgeschichte Führungsaufgaben in der Lokalpolitik. Der in Jamaika aufgewachsene Bill Morris übernahm 1991 die Führung der „Transport and General Workers' Union", als erster Schwarzer Generalsekretär einer Gewerkschaft. Von einem solchen Schritt waren die wichtigsten Parteien, Unternehmen und Fußballklubs noch weit entfernt, aber es tat sich etwas. Spieler karibischer Herkunft waren in den Klubs nicht mehr in der Minderheit. Fans veröffentlichten in ihren Stadionprogrammen Aufrufe gegen Rassismus. Rechtsextreme Organisationen gaben ihre Rekrutierung im Stadionumfeld allmählich auf.

Der strukturelle Rassismus jedoch blieb akzeptiert. Ron Noades, damals Vorsitzender von Crystal Palace, beschrieb Schwarze Spieler in einem Fernsehinterview als tolle Athleten, doch er schränkte ein: „Sie können das Spiel nicht lesen. Sie können nur spielen, wenn der Ball vor ihnen liegt. Und sie brauchen starke weiße Spieler, die sie durch den Winter bringen." Der konservative Politiker und frühere Minister Norman Tebbit wollte eingewanderte Menschen nur als Brit*innen akzeptieren, wenn sie im Kricket das englische Team über das ihres Herkunftslandes stellen. Jimmy Greaves, englischer Fußballnationalspieler in den Sechzigern, griff diese Stimmung auf und stellte das Pflichtbewusstsein und den Patriotismus von John Barnes in Frage. Barnes, geboren in der jamaikanischen Hauptstadt Kingston, war in den frühen Neunzigern ein prägender Nationalspieler Englands, doch nach Niederlagen oder schlechten Spielen ließen viele Fans ihren Frust vor allem an ihm aus.

Anfang bis Mitte der Neunzigerjahre setzte sich in Politik und Fußball der Gedanke durch, dass Rassismus nicht allein durch die Warnungen einiger Spieler bekämpft werden könne. In einer Gesetzesvorlage mit dem Titel „Football Offences Act“ wurden auch präventive Maßnahmen gegen Diskriminierung festgeschrieben. Im April 1993 wurde an einer Bushaltestelle im Südosten Londons der Student Stephen Lawrence aus rassistischen Gründen erstochen. Der Mord löste auch im Fußball eine intensive Diskussion aus. Die Vereine und Verbände, die sich lange gegen Prävention gesträubt hatten, akzeptierten nun die Gründung einer Kampagne gegen Rassismus. Let´s Kick Racism out of Football, ein Vorstoß von Aktivist*innen und Spielergewerkschaft, wurde später in Kick It Out umbenannt.

Erste Initiativen gegen Rassismus

Etwas Vergleichbares hatte es in Europa noch nicht gegeben. Kick It Out erhielt erst nur geringe Förderungen und konzentrierte sich auf Kampagnen. Die wichtigsten Sportmedien, die seit Generationen in den Händen weißer Männer lagen, berichteten darüber selten. Stattdessen vermittelten sie den Eindruck, dass Rassismus eine Gefahr der Vergangenheit war. Als Beleg verwiesen sie auf Nationalspieler karibischer Herkunft zu jener Zeit, auf Sol Campbell, Ian Wright, Andy Cole oder Rio Ferdinand. Paul Ince führte das englische Team 1993 gegen die USA als erster Schwarzer Kapitän aufs Feld. Kinder der Windrush-Generation prägten nun den englischen Fußball. Sie stiegen zu sportlichen und gesellschaftlichen Leitfiguren auf, doch mit politischen Kommentaren hielten sie sich zurück. Für eine differenzierte Debatte über ihre Identitäten und Familienbiografien war es noch zu früh.

Um mehr über diesen frühen Aktivismus der Neunzigerjahre zu erfahren, lohnt sich ein Treffen mit Shaka Hislop. Ich treffe ihn im Juni 2022 in einem Gewerkschaftshaus in London. In einem großen Saal feiert die Organisation Show Racism the Red Card ihren 25. Geburtstag. Spieler*innen, Trainer*innen und Pädagog*innen sind in Gespräche vertieft, die Atmosphäre ist entspannt, wie bei einem Familientreffen. Shaka Hislop begrüßt fast jeden Gast per Handschlag. Er entschuldigt sich, wenn er eine Unterhaltung für ein Fernsehinterview unterbrechen muss. Shaka Hislop kann in Festreden schnell zum Punkt kommen und er kann danach geduldig zuhören. Auch deshalb ist er für Show Racism the Red Card der wohl wichtigste Botschafter.

In unserem Interview spricht er dann weniger über sich selbst, sondern mehr über die Menschen, die ihn inspirierten. Sein Vater, aufgewachsen in Trinidad und Tobago, zog in den Fünfzigern nach London, auf der Suche nach einem besseren Job. Aus der Karibik Eingewanderte wurden im Alltag schikaniert, sie hatten Angst vor willkürlichen Durchsuchungen und Verhaftungen. Der Vater von Shaka Hislop wurde einmal grundlos festgenommen. Das wollte er sich nicht gefallen lassen und verklagte die „Metropolitan Police". Ihm wurden 4.000 Pfund Schadensersatz zugesprochen, damit finanzierte er sich die ersten Semester seines Jurastudiums.

Familienerfahrungen wie diese haben eine Rolle gespielt für das Engagement von Fußballprofis. Shaka Hislop, 1969 geboren im Londoner Stadtteil Hackney, spielte als Torwart ab Mitte der Neunziger unter anderem für Newcastle, West Ham United und Portsmouth. Er gehörte zu den ersten Profis, die ausführliche Interviews zum Thema Rassismus gaben.

Shaka Hislop wollte weniger über den lauten Rassismus von der Tribüne sprechen, sondern eher über die alltäglichen Verletzungen. Einmal stand er mit seinem Auto an der Tankstelle. Aus der Ferne machten Jugendliche rassistische Bemerkungen. Sie kamen näher und erkannten ihn als einen ihrer Lieblingsspieler – und sie fragten ihn nach einem Autogramm. „Das hat mich sehr verletzt", sagt Shaka Hislop. „Trotzdem möchte ich nicht nur als Opfer gesehen werden. Wir müssen in die Offensive gehen und unsere Bildungsprojekte stärken. Ich selbst habe in der Schule fast nichts über den britischen Kolonialismus gelernt."

Daher verbinden viele Brit*innen mit den Karibikstaaten heute vor allem Armut, Exotik und die Herkunft talentierter Fußballer. Über die Vergangenheit aber wissen sie wenig: Mehr als 400 Jahre lang wurden Rohstoffe und Reichtümer aus Lateinamerika über die karibischen Inseln nach Europa transportiert. Während des transatlantischen Sklavenhandels wurden rund acht Millionen Menschen aus Westafrika in die Karibik verschleppt. Dank der Zuckerproduktion zog Großbritannien teilweise mehr Profit aus der Karibik als aus allen anderen Kolonien.

Selbst der umgangssprachliche Name wird selten hinterfragt. Viele bezeichnen die karibischen Inseln im Atlantik als „West Indies",

Westindien. Der Grund: Christoph Kolumbus, so vermutete man im 16. Jahrhundert, hatte die Inseln auf seinem westlichen Seeweg nach Indien „entdeckt". Seit fast hundert Jahren haben die „West Indies" sogar ihr eigenes Kricketteam, eine Auswahl von Spielern unterschiedlicher Karibikstaaten. Tausende Männer aus der Karibik kämpften übrigens für Großbritannien im Zweiten Weltkrieg gegen die Nazis.

Dieses Wissen hat sich Shaka Hislop nach seiner Schule angeeignet. Er weiß, dass er seine Botschaften gegenüber der jungen Generation wiederholen muss. Er hat wohl hunderte Interviews gegeben und Videobotschaften aufgezeichnet. Show Racism the Red Card geht mit Workshops in Schulen und Jugendeinrichtungen. Am Beispiel des Fußballs klären die Trainer*innen und Sozialarbeiter*innen auch über Windrush auf. Shaka Hislop bestritt ein Länderspiel für die U21 von England, für das Land, in dem er aufwuchs. Doch dann entschied er sich fürs A-Nationalteam von Trinidad und Tobago, für das Land seiner Vorfahren. So nahm Hislop an der WM 2006 in Deutschland teil. „Unsere Themen sind kompliziert, wir müssen uns für Prävention viel Zeit nehmen", sagt er. „Doch es ist auch ermüdend. Vor 20 Jahren hatte ich gehofft, dass wir heute viel weiter sein würden."

Weniger laut, aber immer noch da

Drei Schritte voran, zwei zurück. So war es vor 20 Jahren, so ist es heute. Im neuen Jahrtausend investierten Politik und Fußball mehr Energie und Geld in Studien und Projekte. Durch ein Gesetz von 2001 gelten rassistische Gesänge im Stadion inzwischen als kriminelles Vergehen. Eine Umfrage der Spielergewerkschaft PFA legte nahe, dass 58 Prozent der nicht-weißen Profis mindestens einmal Rassismus erlebt haben.

Doch es begann auch die Zeit der Skandalisierung. Im Oktober 2004 diskriminierte der damalige spanische Nationaltrainer Luis Aragonés den französischen Stürmer Thierry Henry, der zu jener Zeit beim FC Arsenal spielte. Englische Medien und Funktionäre forderten eine Entschuldigung, doch Aragonés zog stattdessen über den britischen Kolonialismus her. Die englische Mannschaft kündigte für ihr Spiel in Madrid im November 2004 ein Zeichen gegen Rassismus an, doch dann wurden ihre Schwarzen Spieler im Stadion von tausenden Zuschauer*innen mit Affenlauten belegt.

„Diese Beschimpfungen waren das schlimmste Beispiel von Rassismus bei einem England-Spiel seit Jahrzehnten", schrieb der „Guardian". „Mit Abscheu und Unverständnis reagierte man im Vereinigten Königreich, das im Kampf gegen Rassismus als Vorreiter im europäischen Fußball gilt." John Barnes, der in den Neunzigern mehr als 80 Tore für den FC Liverpool geschossen hatte, wollte das nicht so stehen lassen. In einem Interview sagte er: „Bitte lasst uns nicht alle glauben, dass wir in diesem Land viel besser sind. Weil wir den Rassismus nicht mehr hören, glauben wir, dass wir ihn los sind. Sie mögen weniger laut sein, aber es gibt noch viele Rassisten im englischen Fußball."

John Barnes wollte hinter die schnellen Schlagzeilen blicken. 2006 veröffentlichte das britische Innenministerium Zahlen, die auf einen tief verwurzelten Rassismus deuten. Eine Polizeikontrolle war für Schwarze Menschen sechsmal wahrscheinlicher als für weiße Menschen. Von Festnahmen waren sie dreimal so häufig betroffen wie Weiße. Und in den Gefängnissen waren 24 Prozent der Inhaftierten Schwarz, ihr Anteil an der Bevölkerung lag aber nur bei drei Prozent. Nach dem Zensus von 2011 waren in Großbritannien fünf Prozent der Weißen arbeitslos – und 13 Prozent der Schwarzen. Das Durchschnittsvermögen von weißen Haushalten beläuft sich auf 282.000 Pfund, einschließlich Immobilien. Bei Haushalten karibischer Herkunft liegt es etwa bei einem Fünftel davon.

Im Fußball wurde noch immer wenig nach den Ursachen für die Ungleichbehandlung geforscht, stattdessen dominierte die Skandalisierung. Im Oktober 2011 diskriminierte Luis Suárez vom FC Liverpool seinen Gegenspieler Patrice Evra von Manchester United während eines Spiels. Suárez behauptete, er hätte das spanische Wort „negro" in freundlicher Absicht gebraucht. Er wurde für acht Spiele gesperrt und präsentierte sich als Opfer einer Verschwörung. Er erhielt dabei Unterstützung aus der Liverpooler Fanszene und seiner Heimat Uruguay. Viele Medien konzentrierten sich auf den Zorn des Täters, weniger auf die Folgen für das Opfer. Beim nächsten Spiel zwischen Liverpool und Manchester United 2012 verweigerte Suárez dem Franzosen Evra den Handschlag. Wieder wurde kaum über den Kern von Rassismus gesprochen.

Im selben Zeitraum stellte ein anderer Fall diese Aufregung noch in den Schatten. Im Oktober 2011 diskriminierte John Terry vom FC Chelsea seinen Gegenspieler Anton Ferdinand von den Queens Park Rangers. Zwei Monate später wurde er von der Staatsanwaltschaft wegen rassistischer Äußerungen angeklagt. Terry wies die Vorwürfe zurück und wurde von seinem Klub unterstützt. Der englische Verband FA, der sich oft mit allgemeinen Botschaften gegen Rassismus ausgesprochen hatte, vermied nun im konkreten Fall eine klare Positionierung. Schließlich war Terry bis zu jener Zeit der angesehene Kapitän des englischen Teams gewesen.

In den Monaten nach dem Vorfall folgten Sondersendungen, hitzige Fernsehdiskussionen und Titelblätter mit großen Buchstaben. Ashley Cole, damals ebenfalls beim FC Chelsea, geriet in den Verdacht, seinen Mitspieler John Terry mit Falschaussagen entlasten zu wollen. Cole, dessen Vater aus Barbados stammte, galt für viele in der Schwarzen Community als Verräter. Der öffentliche Druck wuchs weiter und so trat Terry aus dem Nationalteam zurück. Vor Gericht wurde er freigesprochen, doch der Fußballverband belegte ihn mit einer Geldstrafe. Terry akzeptierte und entschuldigte sich für seine Wortwahl.

Der Kampf für mehr Diversität

„Das war eine Schlammschlacht, die uns um Jahre zurückgeworfen hat", sagt Leon Mann und schüttelt genervt den Kopf. „Die Folgen spüren wir noch heute." Leon Mann war nach seinem Studium in der Öffentlichkeitsarbeit von Kick It Out tätig, für die nunmehr bestausgestattete Antidiskriminierungs-Organisation im Fußball. Im Jahr 2012 verfügte Kick It Out über 13 Vollzeitstellen und einen Jahresetat von 770.000 Euro, unter anderem mit Mitteln des Verbandes FA und der Premier League. Diese finanzielle Abhängigkeit führte offenbar dazu, dass sich Kick It Out in der Terry-Diskussion nicht wirklich kritisch äußerte.

Das Engagement gegen Rassismus war für viele ein Teil des Marketings. Kick It Out hatte sich über Jahre ein Netzwerk erarbeitet, die Aufklärungskampagnen waren akzeptiert. Doch für ihre Fotoanfragen und Workshops nahmen sich die Vereine kaum Zeit, sagt Leon Mann:

„Wenn überhaupt, dann haben wir zehn Minuten mit einem Spieler erhalten. Schnell rein, Foto machen, wieder raus.“ Nach der Kontroverse um John Terry wollten etliche Schwarze Profis nicht mehr mit Kick It Out zusammenarbeiten. Sie haben im entscheidenden Moment die Solidarität vermisst.

Leon Mann ist mittlerweile selbstständig unterwegs, zunächst als Sportjournalist, inzwischen als Berater für Diversitätsthemen. Als Ort für unser Interview hat er das Soho-Hotel im Zentrum von London vorgeschlagen. Ein Café in warmen Farben und mit beachtlichem Geräuschpegel. Vor einigen Jahren haben Leon Mann und andere nicht-weiße Fußballmitstreiter in diesem Hotel ein Netzwerk auf den Weg gebracht. „Mit Empörung und Betroffenheit allein kommt man nicht weiter“, sagt Mann. „Wir wollten das Potenzial von Schwarzen Vorbildern im Fußball Schritt für Schritt in den Vordergrund rücken.“

Im ersten Schritt tauschten die Gründungsmitglieder ihre Kontakte aus, ihr Netzwerk von Schwarzen Journalist*innen, Spieler*innen, Trainer*innen und Manager*innen wuchs. Gemeinsam mit dem Antidiskriminierungs-Bündnis Fare und Steven Bradbury von der Loughborough University erstellten sie eine Faktenbasis: In 92 Profivereinen waren fast dreißig Prozent der Spieler Schwarz. Dagegen waren von 552 Cheftrainern, Assistenten und Nachwuchsleitern nur 3,4 Prozent Schwarz oder gehörten einer anderen Minderheit an. In den Führungskreisen der FA und der Klubs lag dieser Anteil unter einem Prozent. Noch heute wird Leon Mann immer wieder gefragt, wo er früher als Profi gekickt habe: „Schon in meiner Kindheit haben mir Leute gesagt, dass ich meine Zeit nicht mit Büchern vergeuden soll. Schwarze werden als starke Sportler gesehen, aber viel zu selten als starke Manager und Journalisten.“

Leon Mann kann die Folgen des Kolonialismus für den Fußball im Großen beschreiben, aber auch im Kleinen für seine Familie. Sein Großvater war in Jamaika eine respektierte Führungskraft bei der Bahn gewesen, er trug Anzug und achtete darauf, dass seine Hemden keine Falten warfen. Sein Großvater kam in den Fünfzigern nach England, er versuchte es eine Weile, doch er konnte sich mit dem Rassismus nicht arrangieren und kehrte zurück nach Jamaika.

Für Leon Mann war das Aufwachsen in London 30 Jahre später leichter, aber auch nicht leicht genug. Als junger Fußballer wurde er diskriminiert. Gegenspieler wollten sein dichtes Haar berühren oder bezeichneten ihn spöttisch als Tiger Woods. Mann ging nach dem Studium für einige Monate nach Kenia und arbeitete später in London für NGOs. Er organisierte hunderte Workshops gegen Rassismus und verschickte tausende Emails. Er gab Interviews, nahm an Empfängen teil, überzeugte prominente Partner. So wuchs ihr Netzwerk im englischen Fußball, inzwischen mit dem Titel Football Black List.

Leon Mann hat lernen müssen, dass er die Aufmerksamkeit der Chefetagen nicht mit drastischer Kritik und moralischer Überlegenheit auf sich zieht. Er stützt seine Argumentation auf Zahlen und will darlegen, dass der Fußball mit mehr Diversität nur gewinnen könne, auch ökonomisch. „Es reicht nicht, freundliche Aufrufe für Vielfalt auf die Webseiten zu stellen. Die großen Organisationen des Fußballs sollten in die Communitys gehen und aktiv für sich werben."

Jahrelang hatten Aktivst*innen den Begriff „Black" als herabwürdigende Fremdbezeichnung wahrgenommen. In Deutschland war lange von „farbigen" Menschen die Rede. Mittlerweile wird das Schwarzsein selbstbewusst in den Mittelpunkt gestellt. „Black is Beautiful", „Black Power", „Black Lives Matter". Auch Leon Mann und die Football Black List veranstalten Feiern und Diskussionsveranstaltungen. Im Fokus stehen Erfolge von nicht-weißen Persönlichkeiten im Fußball. Es sind Gemeinschaftstreffen, die Selbstvertrauen und einen positiven Blick in die Zukunft ausdrücken sollen.

Für sein Engagement erhielt Leon Mann 2021 den königlichen Verdienstorden MBE. Das BE im Titel steht für British Empire und befremdet ihn. „Aber diese Auszeichnung ist auch für meine Familie. Meine Eltern und Großeltern haben mir Chancen ermöglicht, die sie selbst nicht haben konnten."

„Die Debatte dreht sich im Kreis"

In London sind mehr als 40 Prozent der Bevölkerung nicht weiß, in Birmingham sind es mehr als 50 Prozent und in Manchester 35 Prozent. Doch diese Vielfalt spiegelt sich auf den Stadiontribünen nicht wider. Das Publikum ist in überwältigender Mehrheit weiß. Die Ursachen dafür sind vielfältig: Der Hooliganismus und offene Rassismus der Siebziger- und Achtzigerjahre mag für viele Weiße eine Fußnote sein. Doch für Einwanderer*innen ist dieses Trauma noch sehr präsent. Sie kennen die Geschichten ihrer Eltern und Großeltern, die im Stadionumfeld ständig nach potenziellen Gefahren Ausschau hielten.

„Seit Jahrzehnten haben weiße Männer entschieden, wer mitspielen darf. Und auch auf den Tribünen galt Fußball als Refugium für die weiße Arbeiterklasse", erläutert der Sportsoziologe Stefan Lawrence von der Newman University in Birmingham. „Diese Normen bröckeln, aber viele Fans wollen, dass alles so bleibt, wie es immer war." Dazu gehören Bier und Männlichkeitskult, also Bräuche, die etliche Gruppen der Gesellschaft abschrecken und ausschließen. Lawrence sagt: „Ich bin in einer weißen Arbeiterfamilie aufgewachsen. Ich wusste, wen man für Tickets anrufen muss. Ich wusste, welche Pubs man an Spieltagen eher meidet." Allmählich schließen sich Fans mit Migrationsgeschichte zusammen, zum Beispiel die „Punjabi Wolves" bei den Wolverhampton Wanderers.

In diesem homogenen Umfeld fehlt das Bewusstsein für rassistische Stereotype, schreiben die Journalisten Ryan Conway und Carl Anka in einen Artikel für das Onlineportal „The Athletic". Darin beleuchten sie auch einen Aspekt, der selten erwähnt wird: 2017 sangen Fans von Manchester United über den angeblich großen Penis ihres Stürmers Romelu Lukaku. 2019 zeigten Liverpool-Anhänger eine Fotomontage ihres Stürmers Divock Origi mit einem übergroßen Penis.

In beiden Fällen wollten die Fans offenbar Bewunderung für Schwarze Körper ausdrücken, doch sie pflegten einen Mythos der Entmenschlichung. Bereits 1903 hatte der Arzt William Lee Howard in Baltimore behauptet, „dass schwarze Männer große Penisse hätten, um weiße Frauen zu vergewaltigen". Für Themen wie diese sind viele Ordner in den Stadien nicht ausreichend sensibilisiert.

Wer für diese Erniedrigungen sensibilisieren will, wird schnell als „woke" oder „politisch überkorrekt" bezeichnet. Und das in einer Gesellschaft, die seit Jahren polarisiert ist, durch das gescheiterte Unabhängigkeits-Referendum 2014 in Schottland, durch den Brexit 2016 oder die umstrittene Politik des Premierministers Boris Johnson. Als Bildungsminister wollte der Konservative Michael Gove den Geschichtsunterricht umgestalten lassen. Nach seiner Ansicht sollten die Errungenschaften des britischen Empire eine stärkere Rolle spielen, weniger die Ausbeutung und der Rassismus. 2013 startete das Innenministerium eine Kampagne zur Einschüchterung „illegaler Einwanderer". Transportwagen fuhren mit einer Aufschrift durchs Land: „Illegal hier? Dann geh nach Hause oder ins Gefängnis."

Nach dem Mord an George Floyd 2020 gewann die Bewegung Black Lives Matter auch im Vereinigten Königreich an Kraft. In Bristol stießen Demonstrant*innen eine Statue des einstigen Sklavenhändlers Edward Colston ins Hafenwasser. Tommy Robinson, Gründer der rechtsextremen English Defense League, wollte Fußballfans für den Schutz anderer Statuen mobilisieren. Während des Heimspiels von Manchester City gegen Burnley zeigten Fans über dem Etihad-Stadion ein Banner mit der Aufschrift „White Lives Matter". In anderen Arenen pfiffen Fans mitunter, wenn ihre Spieler als Zeichen gegen Rassismus auf die Knie gingen. Ebenfalls zu sehen waren die Schriftzüge: „All Lives Matter" oder „Black Lives Matter ist rassistisch". Als vermeintliche Verteidigung der weißen Arbeiterklasse.

Diese Reaktionen sind nicht überraschend. Rassistische Stadiongesänge von tausenden Zuschauer*innen mögen der Vergangenheit angehören, doch rassistische Vorfälle im Fußball stehen immer wieder im Fokus. Viele frühere Spieler sind frustriert. Stan Collymore, der Mitte der Neunziger drei Länderspiele für England bestritt, lehnte eine Interviewanfrage der Morgensendung „Good Morning Britain" ab. Sein Tweet: „Nein danke @GMB, meine Hautfarbe ist kein Zwei-Minuten-Bericht, bevor Sie jemandem eine Stunde Zeit geben, um neue Nägel zu präsentieren." Die frühere Nationalspielerin Eniola Aluko kommentierte: „Ich werde heute in keiner Sendung mehr auftreten, um das Offensichtliche klarzustellen. Hört auf zu reden/abzulenken/zu verzögern." Und Les Ferdinand, 17 Länderspiele für England, teilte mit: „Die Debatte dreht sich im Kreis. Die Leute wollen ein knackiges Zitat, wenn etwas passiert, aber wie viele Medien wollen tatsächlich etwas verändern?"

Offensive für vielfältige Medien

Der Journalist Drew Christie möchte tatsächlich etwas verändern. Er ist der Vorsitzende einer Organisation, die es in dieser Form wohl nur in England gibt: „Black Collective of Media in Sport“, kurz BCOMS. Christie und seine Mitstreiter*innen möchten in ihrem Netzwerk das Potenzial und den Erfolg von Schwarzen Medienschaffenden sichtbarer machen. 2017 hatte das „National Council for the Training of Journalists“, eine der wichtigsten Ausbildungsstellen im Land, dargelegt, dass nur ein Prozent der Journalist*innen im Vereinigten Königreich Schwarz sei. BCOMS recherchierte Zahlen für den Sport: Nur zwei der englischen Reporter*innen, die von der Fußball-Europameisterschaft 2016 berichteten, waren Schwarz. Noch nie hatten die großen Sportredaktionen von Zeitungen einen Schwarzen Ressortleiter. Und die nicht-weißen Experten der Fernsehsender waren in der Regel früher selbst als Fußballprofis aktiv.

Drew Christie sagt, dass es im Journalismus auf Kontakte ankomme, auf ein Netzwerk, das er selbst lange nicht hatte. Seine Eltern waren in den Sechzigern aus Jamaika nach England gekommen, sie arbeiteten als Taxifahrer und im Gesundheitswesen. Medien spielten keine große Rolle, doch Drew Christie wusste früh, dass er Sportreporter werden wollte. In seiner Heimatstadt London studierte er Politikwissenschaften. Er bewarb sich bei großen Medienhäusern, doch immer wieder: Absagen. Er sagt, dass er durch Zufälle einen Job bei der BBC erhielt. Ein Traum wurde wahr, doch der Alltag war dann weniger traumhaft.

„Ich habe in der Redaktion nie offenen Rassismus erlebt“, sagt Christie. „Aber oft war ich der einzige Schwarze im Raum. Ich hatte das Gefühl, dass ich mich nicht komplett ausdrücken konnte, ich habe mich gehemmt gefühlt.“ Christie hatte den Eindruck, dass er doppelt so hart arbeiten musste wie seine weißen Kolleg*innen, um akzeptiert zu werden. Und dass er für Fehler härter kritisiert wurde. 2012 wechselte er nach Abu Dhabi zu „Media & Sport 360“, in eine internationale und diverse Redaktion mit einem Schwarzen Vorgesetzten. „Ich habe mich mehr wertgeschätzt gefühlt als in England.“ Er blieb dort sechs Jahre.

Drew Christie betont, dass man auch in den Medien Rassismus und Klassismus zusammendenken müsse. Viele Jugendliche aus sozial schwierigen Lebenslagen, die in England überdurchschnittlich oft Schwarz sind, haben keine Angehörigen oder Bekannten, die in Redaktionen tätig sind. Oft müssen sie in ihren Ferien Geld verdienen und haben keine Zeit für unbezahlte Praktika. Das Ziel des Black Collective of Media in Sport ist die Aufweichung dieser Grenzen.

Christie und seine Kolleg*innen, darunter auch Leon Mann, verwenden viel Kraft für den Austausch mit Sportredaktionen. In mehreren Konferenzen hat BCOMS Medienschaffende zusammengeführt, etwa im Juli 2022 im Hauptquartier von „News UK". Dieser Konzern wurde vom australischen Unternehmer Rupert Murdoch gegründet, der etlichen rechtspopulistischen Politikern wie Donald Trump nahesteht. Zeitungen aus seinem Portfolio wie das Boulevardblatt „The Sun" machten Stimmung gegen Migration und für den Brexit. „Wir sind uns dessen bewusst und wir haben lange über solche Kooperationen nachgedacht", sagt Drew Christie. „Aber wenn wir wirklich das System ändern wollen, dann müssen wir mit allen am Tisch sitzen."

Inzwischen erhält BCOMS Zugang in fast alle Führungsetagen und sie hören dort Appelle für mehr Vielfalt in den Redaktionen. Doch noch mangelt es an Strategien im mittleren Management. BCOMS veranstaltet regelmäßig eine „Masterclass", eine Reihe von Workshops, in der junge Medienschaffende mit Einwanderungsbiografie von erfahrenen Journalist*innen lernen können. Oft schließt sich daran ein Praktikum oder eine Mitarbeit in einer großen Redaktion an.

Mit einer diverseren Belegschaft würde sich womöglich auch die Sportberichterstattung ändern. Ein Beispiel: Für eine Studie analysierten die Forscher Paul Ian Campbell von der University of Leicester und Louis Bebb von der Coventry University die Berichterstattung der Sender BBC und ITV bei 20 Spielen der Fußball-WM 2018. Sie fanden heraus, dass Schwarze Spieler überwiegend für ihre wahrgenommenen körperlichen Fähigkeiten gelobt wurden, weiße Spieler dagegen für ihren Charakter und ihre Intelligenz. Im Radioprogramm Talksport sagte der frühere walisische Nationalspieler Vinnie Jones über den englischen Spieler Raheem Sterling: „Wenn er kein Tempo hätte, würde er nicht in der Premier League spielen, sondern für Exeter." Also in der dritten Liga. Da war es wieder, das rassistische Stereotyp.

Der Reporter Drew Christie wünscht sich Selbstreflexion und Differenzierung. Auch deshalb hat er sich in der Preisjury des britischen Sportjournalistenverbandes eingebracht. „Natürlich möchte ich als

Schwarzer Journalist nicht nur auf das Thema Rassismus reduziert werden. Aber leider sind wir noch nicht an dem Punkt, an dem ich nicht mehr darüber sprechen muss."

Kaum Schwarze Trainer

Es ist paradox. Im Fußball haben hunderte Nachfahren der Windrush-Generation einen Status erreicht, der ihnen in der Politik oder in der Wirtschaft wohl verwehrt geblieben wäre. Schwarze Profis prägen die Popkultur, werden auf Modemagazinen abgebildet und sind erfolgreiche Werbefiguren. Ihr Musikgeschmack hat Einfluss auf Millionen Menschen. Diejenigen von ihnen, die sich mit politischen Themen befassen, werden von großen Teilen der Öffentlichkeit gefeiert: Tyrone Mings, Verteidiger von Aston Villa, hatte als Kind mit seiner Familie zeitweilig in einer Obdachloslosen-Unterkunft übernachten müssen. Als Profi sammelte er Spenden und nahm an Demos gegen Rassismus teil. Marcus Rashford von Manchester United machte sich für freies Schulessen stark. Alisha Hosannah, Partnerin des langjährigen Watford-Kapitäns Troy Deeney, entwarf das Logo von Black Lives Matter für die Premier-League-Trikots.

Der Autor Calum Jacobs gibt aber auch zu bedenken, dass in der Beschreibung Schwarzer Fußballer häufig die problematische Jugend im Blickpunkt stehe: „Es ist die Vorstellung verbreitet, dass Schwarze durch ihren harten Alltag besonders befähigt sind, um als moralisierende Kraft und Erzieher zu wirken." Spieler wie Raheem Sterling oder Marcus Rashford werden diskriminiert, wenn sie einen wichtigen Elfmeter für England verschießen. Aber wenn sie sich empathisch für das Gemeinwohl stark machen, gelten sie als Helden von nebenan. „Damit entzieht man dem Individuum die Komplexität", schreibt Calum Jacobs. „Dadurch kann sich die weiße Gesellschaft von der Bekämpfung des Rassismus zurückziehen und diese Verantwortung an das magische Schwarze Vorbild auslagern." Die Strukturen in Vorständen und Geschäftsstellen bleiben aber bestehen.

Auch Paul Elliott weiß, dass es bis zu einem diskriminierungsfreien Fußball ein weiter Weg ist. Doch das hält ihn nicht davon ab, mit Leidenschaft und Körpersprache über seine Ideen zu sprechen. Als Profi hatte Elliott seine erfolgreichsten Jahre in den Achtzigern, er spielte unter anderem bei Charlton Athletic, Luton Town und Aston Villa. Er hat Affenlaute gehört, Bananen vom Rasen geräumt und sich vor Neonazis versteckt. Elliott meint, dass auch fast 40 Jahre danach noch ausführlich daran erinnert werden muss. Zum einen, um den positiven Wandel der Fankultur bis heute zu verdeutlichen. Und zum anderen, um die Traumata der Windrush-Generation verständlich zu machen. „Wenn meine Mitspieler mich diskriminiert haben, wurde das im Team einfach weggelacht", sagt Elliott. „Und wenn ich mich dagegen verteidigen wollte, wurde mir das als mangelnde Teamfähigkeit ausgelegt. Ich galt als Störenfried."

Für dieses Buch hatte Elliott ein Videotelefonat von 30 Minuten zugesagt, aber während er spricht, scheint er die Zeit gar nicht mehr wahrzunehmen. Hinter ihm an der Wand hängen zwei Zeitungsseiten, darauf zu sehen sind Nelson Mandela und Martin Luther King, zwei historische Persönlichkeiten, die Elliott sehr beeindruckt haben. Weil sie für ihre Ziele eingetreten sind, obwohl diese zu ihrer Zeit fast aussichtslos erschienen. Paul Elliott musste seine Spielerkarriere 1994 wegen einer schweren Knieverletzung beenden, da war er noch nicht mal 30 Jahre alt. Ob er gern Trainer geworden wäre? „Das war für Leute wie mich nicht möglich. Wir hätten davon träumen können, aber es hätte keinen Sinn gemacht."

Auf den Spielfeldern der oberen Ligen sind die Nachfahren der Windrush-Generation präsent und erfolgreich, aber in die Trainerstäbe schaffen es ganz wenige. Und wenn, dann erhalten sie nur eine Chance, vielleicht zwei. John Barnes, der 586 Profispiele bestritten hatte, wurde 1999 als Cheftrainer von Celtic Glasgow verpflichtet. Er verantwortete eine beachtliche Siegesquote, doch nach einer Reihe von schlechten Spielen wurde er im darauffolgenden Jahr entlassen.

Acht Jahre später wurde Barnes für kurze Zeit Nationaltrainer in Jamaika, doch Anfragen eines Spitzenklubs erhielt er nicht mehr. Auch Paul Ince, 609 Profispiele, oder Chris Powell, 667 Spiele, durften sich jeweils nur für kurze Zeit ausprobieren. Als einer von wenigen Schwarzen Cheftrainern konnte sich Chris Hughton etablieren, er wirkte fast drei Jahre bei Norwich City und fünf Jahre bei Brighton & Hove Albion. Aktuell sind in den 92 englischen Profiklubs weniger als 20 nicht-weiße Trainer beschäftigt, die allermeisten als Assistenten.

Paul Elliott möchte das ändern. Nach seiner aktiven Zeit hat er sich bei Kick It Out engagiert. Bei seinem alten Verein Charlton Athletic hat er einen Treffpunkt für Fans und Mitglieder aus der Windrush-Generation initiiert. Er ist viel unterwegs und trifft sich mit Funktionären. Immer wieder hört er, dass es angeblich keine Schwarzen Trainer-Anwärter gebe. Dann berichtet er über den alltäglichen Rassismus, über die Traumata, die Widerstände. Man müsse viel früher ansetzen, sagt Elliott: „Schon die Jugendspieler sollten in der Ausbildung den Eindruck erhalten, dass sie 20 Jahre später Trainer werden können."

Auch wenn Elliott nicht Trainer werden konnte, hat er trotzdem Einfluss auf das Spiel. Er hat sich früh in die Gremien des Fußballverbandes FA wählen lassen, meistens war er der einzige Schwarze Vertreter. Freunde fragten ihn, warum er sich das antun würde. Kritiker sagten, er lasse sich als Alibifigur einspannen. Elliott brachte konkrete Ideen ein. Einmal zog er sich wegen eines Streits aus der FA zurück. Aber nach längerer Bedenkzeit war er wieder dabei. Inzwischen ist er Vorsitzender des Inclusion Advisory Boards. Dieses Gremium soll Programme für Diversität entwickeln. Wie ernsthaft diese sind, lässt sich für einen Außenstehenden schwer beurteilen. Paul Elliott will keine Interna preisgeben, aber man merkt ihm an, dass er viel Überzeugungsarbeit leisten muss.

Seit Generationen rekrutierten weiße Männer an der Spitze des Fußballs andere weiße Männer. Doch es kann anders gehen. Zum Beispiel mit der sogenannten „Rooney Rule" (siehe Kapitel 1) aus dem American Football. „Qualifizierte Schwarze Trainer sollten zu Vorstellungsgesprächen eingeladen werden", sagt Paul Elliott. „Nur so gibt es sichtbare Vorbilder für junge Schwarze, die sich eine Trainerlaufbahn anfangs nicht zutrauten."

Es gibt sie seit Jahrzehnten, die Einzelkämpfer*innen gegen Rassismus, die sich nicht abschrecken lassen: ehemalige Spieler wie Paul Elliott, hartnäckige Reporter wie Drew Christie oder umsichtige Netzwerker wie Leon Mann. Sie haben erreicht, dass die Einzelnen sich besser abstimmen und die Machtzirkel des englischen Fußballs nicht mehr über sie hinweggehen können. Doch es gibt Bereiche, die liegen noch weit dahinter zurück.

Schiedsrichter erheben ihre Stimme

Ein Samstag in Birmingham, im Stadion von Aston Villa. Im großen VIP-Raum sitzen mehr als 100 Männer und Frauen an massiven Holztischen. Viele von ihnen tragen schwarze Trainingsanzüge mit hellgrünen Streifen, auf der Brust prangt das Logo des Fußballverbandes FA. Es handelt sich um die Auftaktveranstaltung der „BAME Referee Support Group“. BAME ist die Abkürzung für Black, Asian and Minority Ethnic, eine Sammelbezeichnung ethnischer Gruppen. In Birmingham wollen Schwarze Schiedsrichter*innen eine Strategie entwickeln, um mehr Einfluss zu gewinnen. Aus dem ganzen Land sind sie angereist.

Das Treffen soll einen Aufbruch symbolisieren, doch hörbar sind Frust und Ratlosigkeit. Vorn an der Theke ist eine Leinwand aufgebaut. In einem kurzen Film werden Zahlen präsentiert, die unglaublich erscheinen: In mehr als 130 Jahren haben lediglich acht Schwarze und asiatischstämmige Schiedsrichter im englischen Spitzenfußball gepfiffen. Von den aktuell 28.000 Schiedsrichter*innen in allen Profi- und Amateurligen gehören sieben Prozent ethnischen Minderheiten an. Doch in den obersten vier Ligen war seit 2009 kein Schwarzer Schiedsrichter aktiv. Der Fußball als Spiegelbild der Gesellschaft? Von wegen.

Vor der Leinwand sind Barhocker postiert. In Gesprächsrunden sprechen Schiedsrichter*innen aus unterschiedlichen Generationen über ihren Alltag. Über aggressive Zuschauer auf dem Land, die Bierflaschen werfen. Über Platzwarte, die keine Polizei rufen wollen. Über Trainer, die sich nach der Begrüßung die Hand abwischen. Mit fortschreitender Zeit wird die Stimmung im Saal gelöster. Man merkt, dass sich die Schiedsrichter*innen mit ihren Sorgen sonst selten gehört fühlen. An den Seiten sind gerahmte Fotos von Kolleg*innen aufgestellt. Von nicht-weißen Schiedsrichter*innen, die es weit gebracht haben. Aber nie bis ganz oben.

Ashley Hickson-Lovence, Anfang 30, wollte auch an die Spitze. Im Alter von zwölf musste er sich eingestehen, dass sein Talent nicht ausreicht für eine Karriere als Fußballprofi. Doch er blieb dem Sport treu. Sein Vorbild: Uriah Rennie, der bis zu seinem Rücktritt 2008 der einzige Schwarze Schiedsrichter der Premier League war. Hickson-Lovence konnte sich mit Rennie identifizieren. Beide hatten Vorfahren in der Karibik, beide erlebten in ihren englischen Heimatstädten Sheffield beziehungsweise Norwich häufig Rassismus, beiden möchten sich nicht auf die Rolle des wehrlosen Opfers reduzieren lassen.

Sein erstes Spiel als Schiedsrichter hatte Hickson-Lovence mit 16 in Hackney Marshes, in einer riesigen Grünanlage mit dutzenden Fußballplätzen im Nordosten von London. „Ich war sehr nervös", sagt er auf der Bühne des Villa-Parks. „Ich hatte Angst, einen Fehler zu machen. Leider gab es keine Unterstützung." Einige Zuhörende im Saal nicken. Hickson-Lovence meint die „Observer", jene Beobachter, die Leistungen der Schiedsrichter*innen bewerten und darüber entscheiden, ob sie in eine höhere Liga aufsteigen. Bei den Beobachtern handelt es sich oft um weiße Männer, die schon im Ruhestand sind. „Einige von ihnen haben abfällige Kommentare zu meiner Frisur gemacht", sagt Hickson-Lovence. „Andere haben mir ohne Begrüßung die Fehler auf dem Feld vorgehalten." Andere Schiedsrichter im Saal schildern ähnliche Erlebnisse. Und immer wieder fällt ein Begriff: „Unconscious Bias", unbewusste Voreingenommenheit.

Ashley Hickson-Lovence spürte, wie sein Selbstbewusstsein nachließ. Nach elf Jahren als Schiedsrichter pfiff er 2019 sein letztes Spiel, er wollte sich dem Druck nicht mehr aussetzen. Hauptberuflich ist er als Autor tätig. In einem Roman hat er die Biografie von Uriah Rennie mit fiktionalen Elementen und eigenen Erfahrungen verwoben, der Titel: „Your Show". Für seine Recherchen hat er Rennie dreimal getroffen. Immer wieder stellt Hickson-Lovence sein Buch auf Festivals vor. Auch im Villa-Park von Birmingham liest er eine Passage. Der Applaus ist lang und anhaltend. Ashley Hickson-Lovence trägt auch einen schwarzen Trainingsanzug. Er ist nun selbst als „Observer" bei Spielen dabei. Er möchte junge Schiedsrichter motivieren und nicht entmutigen.

Als Gast aus Deutschland sitze ich staunend im Publikum des Villa-Parks. Die Diskussionen sind inspirierend, kritisch, differenziert. Die Schiedsrichter*innen, die vor der Leinwand über ihre Biografien sprechen, könnten ganze Bücher füllen. Und man wundert sich, warum so wenige von ihnen in den großen Medien auftauchen. Nach mehreren Wochen Recherchen setzt sich eine Erkenntnis durch: In keinem anderen europäischen Land bemühen sich Minderheiten im Fußball so sehr um Selbstorganisation wie in Großbritannien. Nur scheint die Mehrheitsgesellschaft davon wenig mitzubekommen.

„Kulturelle Barrieren"

Deutlich wird das auch an anderer Stelle. Der Sommer 2022 geht für den englischen Fußball in die Geschichte ein. Bei der heimischen Europameisterschaft stürmen die englischen Fußballerinnen zum Titelgewinn. Fernsehsender melden Rekordquoten, Titelseiten zeigen erstmals Spielerinnen. Persönlichkeiten aus Politik und Kultur sprechen über Emanzipation. Landesweit finden Veranstaltungen über Frauen im Fußball statt, meist mit gesellschaftspolitischem Anspruch.

So auch im nationalen Fußballmuseum von Manchester. Eine Sonderausstellung im Obergeschoss erzählt die Geschichten von historisch einflussreichen Fußballerinnen. Ein langes schmales Banner fällt sofort ins Auge, darauf der Schriftzug: „Lily Parr made space". In den 1910er-Jahren gehörte Parr zu den Spielerinnen, die zum Teil mehr als 50.000 Zuschauer anlockte. Die FA verbot 1921 den organisierten Frauenfußball, um den Männern die ganze Aufmerksamkeit zu sichern. Erst in den Siebzigerjahren wurden wieder verlässliche Strukturen zugelassen.

Die Konferenz im Fußballmuseum von Manchester hat die jahrelange Benachteiligung von Frauen zum Thema, allerdings in mehrfacher Dimension. Bei der Weltmeisterschaft 2007 in China gehörten sechs Schwarze Spielerinnen zum englischen Team – bei der heimischen EM 2022 waren es drei: Jessica Carter, Nikita Parris und Demi Stokes – eine prägende Rolle spielte keine von ihnen. Dieses Verhältnis steht im Kontrast zum Männerfußball. Bei der WM 2022 in Katar gehörten elf Schwarze Spieler zum englischen Team. Wie lassen sich diese Unterschiede erklären?

Fern Whelan denkt wohl täglich über diese Frage nach. Seit Anfang 2022 arbeitet sie für die englische Profivereinigung PFA und möchte die Diversität im Mädchen- und Frauenfußball erhöhen. In der Vorbereitung auf ihren neuen Job hatte sie sich ihre alten Teamfotos angeschaut. Ob in der Schule oder im Jugendfußball: Meist war sie die einzige Schwarze Spielerin auf dem Bild. „Für mich war das damals normal, ich habe es nicht hinterfragt“, sagt Whelan, die vor einem Jahrzehnt drei Länderspiele für England bestritten hat. „Heute ist die Lage anders, heute haben wir eine stärkere Stimme.“

Als sich Whelan in den Nullerjahren beim FC Liverpool und dann beim FC Everton im Spitzenfußball etablierte, waren die Strukturen nicht so professionell wie heute. Aber die Frauenteams waren durchaus divers. Mit Einführung der Women's Super League 2010 übernahm der Frauenfußball Fördermodelle aus der Premier League der Männer. Talentstützpunkte wurden in Vororten oder in ländlichen Regionen etabliert. Familien mit niedrigem Einkommen können es sich weniger leisten, ihre Kinder ins Fußballinternat zu bringen. Einen Fahrservice bieten die Klubs im Mädchenfußball selten an.

Hinzu kommen „kulturelle Barrieren“, wie es Eartha Pond formuliert. Die Sportlehrerin hatte selbst professionell gespielt, unter anderem für Chelsea, Everton und Tottenham. Inzwischen engagiert sie sich in der Lokalpolitik im Londoner Stadtteil Queen's Park und berät die FA bei der Frauenförderung. „Die Vereine und Verbände sollten behutsam mit den Familien sprechen“, sagt sie. „Es ist nicht selbstverständlich, dass Eltern aus Schwarzen Communitys ihre Kinder wochenlang woanders übernachten lassen.“

Die Sonderausstellung im Fußballmuseum würdigt auch Hope Powell. Die frühere Nationalspielerin wurde in den Achtzigerjahren häufig rassistisch beleidigt. Powell wollte sich nicht unterkriegen lassen und übernahm 1998 als Trainerin das englische Nationalteam. Sie blieb 15 Jahre im Amt und inspirierte viele Mädchen für Fußball. Doch die Entwicklung danach verlief nicht zum Besseren.

2017 ging die Nationalspielerin Eniola Aluko mit Vorwürfen gegen Mark Sampson an die Öffentlichkeit. Der Nachfolger von Hope Powell als Nationaltrainer habe Aluko rassistisch beleidigt. Es folgte eine zehrende Debatte in Medien, Fußball und Justiz. Aluko fühlte sich als Opfer von der FA nicht ausreichend unterstützt und zog sich wegen Beschimpfungen zeitweise aus den sozialen Medien zurück. Und die langjährige Nationalspielerin Anita Asante fragte im „Guardian“: „Warum müssen Schwarze Frauen um die Unterstützung von Schwarzen Männern aus unserer eigenen Gemeinschaft betteln?“

Fern Whelan möchte das Vertrauen von nicht-weißen Frauen mit konkreten Ideen zurückgewinnen. Sie konnte es nicht glauben, dass die FA vor der heimischen EM 2022 einen Werbespot mit ausschließlich weißen Spielerinnen verbreitete. Sie hofft, dass das Turnier langfristig Auftrieb bringt, für Stipendien, Mentorenprogramme und fußballferne Zielgruppen. Allerdings stehen das politische und das gesellschaftliche Klima dem oft entgegen.

An der Basis fehlt die Bereitschaft zum Handeln

Besonders im Blickpunkt: der sogenannte „Windrush-Skandal“. Zwischen 1948 und 1970 war etwa eine halbe Million Menschen aus der Karibik nach Großbritannien eingewandert. Der Arbeitskräftemangel entspannte sich und die Regierung bremste mit Gesetzen die Migration aus ehemaligen Kolonien. Das Innenministerium versäumte es lange, die nötigen Aufenthaltspapiere auszustellen. Viele Einwanderer*innen wollten sich nicht dem bürokratischen Prozess der Einbürgerung aussetzen. Sie hatten sich Existenzen aufgebaut, zogen Kinder groß, zahlten ihre Steuern. Sie prägten die Gesellschaft – auch den Fußball.

Im Mai 2010 kam nach 13 Jahren Labour-Regierung wieder ein konservativer Premierminister ins Amt: David Cameron. Dessen Innenministerin Theresa May begünstigte eine zunehmend feindselige Atmosphäre für Menschen mit Zuwanderungsgeschichte. Unternehmen, Banken oder Gesundheitsämter sollten mehr Wert auf Identitätskontrollen legen. Viele Nachfahren der Windrush-Generation, die in England aufwuchsen, aber nicht die erforderlichen Papiere nachweisen konnten, verloren ihre Wohnung oder ihren Job. Viele von ihnen wurden ausgewiesen. Nach einem öffentlichen Streit entschuldigte sich die Regierung 2018 und kündigte in einigen Fällen Entschädigungen an. Doch in den polarisierenden Jahren nach dem Brexit fanden viele Brit*innen das harte Vorgehen gerechtfertigt.

Welche Auswirkungen diese Politik auf den Alltag der Menschen hat, davon kann Ivan Liburd berichten. Der Sozialarbeiter und Fußballtrainer lebt in Leicester, auf halber Strecke zwischen London und Manchester. Er kennt die Amateurplätze der Umgebung so gut wie kaum jemand sonst. Er könnte stundenlang über den Rassismus an der Basis sprechen, über aggressive Eltern bei Jugendspielen oder verängstigte Schiedsrichter. Stattdessen macht er Vorschläge: „Wir brauchen stärkere und zielgerichtete Sanktionen. Rassismus im Fußball sollte nicht zuerst an den Verband gemeldet werden, sondern an die Polizei."

Man merkt an den Ausführungen von Liburd schnell, dass sein Vertrauen in die lokale FA begrenzt ist. Und womöglich hat das auch mit seiner persönlichen Geschichte zu tun. Seine Eltern stammen von der Karibikinsel St. Kitts und kamen in den Sechzigern nach Leicester. Sie übernahmen mehrere Jobs, um ihrem Sohn eine gute Bildung zu ermöglichen. Ivan Liburd hat prägende Erinnerungen an seine Jugend in den Achtzigern, an die wachsende Antirassismus-Bewegung, aber auch an die Polizeigewalt gegen Demonstrant*innen in jenen Vororten, die Lokalpolitiker als „Ghettos" bezeichneten.

Ivan Liburd war ein passabler Kicker, aber er interessierte sich mehr für die Rolle des sozialbewussten Trainers. Neben seinem Grafikdesign-Studium betreute er unterschiedliche Teams und engagierte sich in der Prävention gegen Gewalt. Mit Mitstreitern gründete er das BAME Football Forum. Zur Erinnerung: Die Abkürzung BAME verknüpft Black, Asian and Minority Ethnic. „Es gibt schon viele Antidiskriminierungskampagnen im englischen Fußball, aber die meisten konzentrieren sich auf die Profis", sagt Liburd. „Aber an der Basis, wo ja die großen Karrieren beginnen, passierte fast gar nichts. Das wollten wir ändern."

Gemeinsam mit Forschenden der University of Leicester brachten sie eine Studie auf den Weg, mit 222 Befragten in der Umgebung, die Hälfte von ihnen weiß. Mindestens drei Viertel der Befragten haben im Umfeld des regionalen Fußballs mindestens einmal Rassismus wahrgenommen. Aber: Nur sechs Prozent haben Vorfälle auch an die Polizei gemeldet. „Bei vielen Unbeteiligten fehlt offenbar das nötige Wissen oder die Bereitschaft zum Handeln", schlussfolgert Liburd. „Andere haben kein Vertrauen in die Institutionen, weil sie mehrfach ignoriert wurden." Häufig werden Beweise von Vereinen und Schiedsrichtern nicht ausreichend dokumentiert. Und bis zu den Verhandlungen vor den Sportgerichten können Wochen vergehen, manchmal Monate.

Natürlich fordert Ivan Liburd für Rassismus längere Sperren. Er wünscht sich vielfältige Gremien, eine detaillierte Dokumentation, eine bessere Zusammenarbeit zwischen Verbänden und sozialen Einrichtungen. Aber er fordert auch eine bessere Pflege der Fußballplätze. Warum? „Dann wäre der Rasen im Winter länger bespielbar. Junge Spieler könnten länger aktiv sein und Erfolgserlebnisse feiern. Ein wichtiger Schritt für ihre gesellschaftliche Teilhabe."

Und die Zukunft?

Fast vier Wochen war ich für Recherchen in England unterwegs. An allen Standorten habe ich auch nach Symbolen für die Schwarze Geschichte des Fußballs gesucht. Es gibt sie, aber sie fallen einem nicht sofort ins Auge: In den „Black Cultural Archives" im Londoner Stadtteil Brixton erinnert ein Magazincover an Viv Anderson, den ersten Schwarzen Nationalspieler Englands. Im International Slavery Museum von Liverpool zeigt ein Bild Howard Gayle, den ersten Schwarzen Spieler des FC Liverpool. Und in West Bromwich, westlich von Birmingham, würdigt eine Statue das Spielertrio Brendon Batson, Laurie Cunningham und Cyrille Regis. Sie steht jedoch in einem unwirtlichen Einkaufszentrum.

Es gibt Anzeichen dafür, dass der englische Fußball seinen Schwarzen Spielern künftig eine größere Bühne bereitet. Im Juni 2023, zum 75. Jahrestag der Windrush-Ankunft, versammelten sich prägende Fußballer aus Geschichte und Gegenwart zu einer Feier in Wembley. Und im Sommer 2028 tragen das Vereinigte Königreich und Irland gemeinsam die Europameisterschaft aus.

Es gibt aber auch Anzeichen dafür, dass symbolische Aktionen wenig Einfluss auf den politischen Alltag haben. Die konservative Regierung möchte Migrant*innen, die in Booten über den Ärmelkanal ans britische Ufer gelangen, umgehend internieren – und sie dann möglichst schnell abschieben.

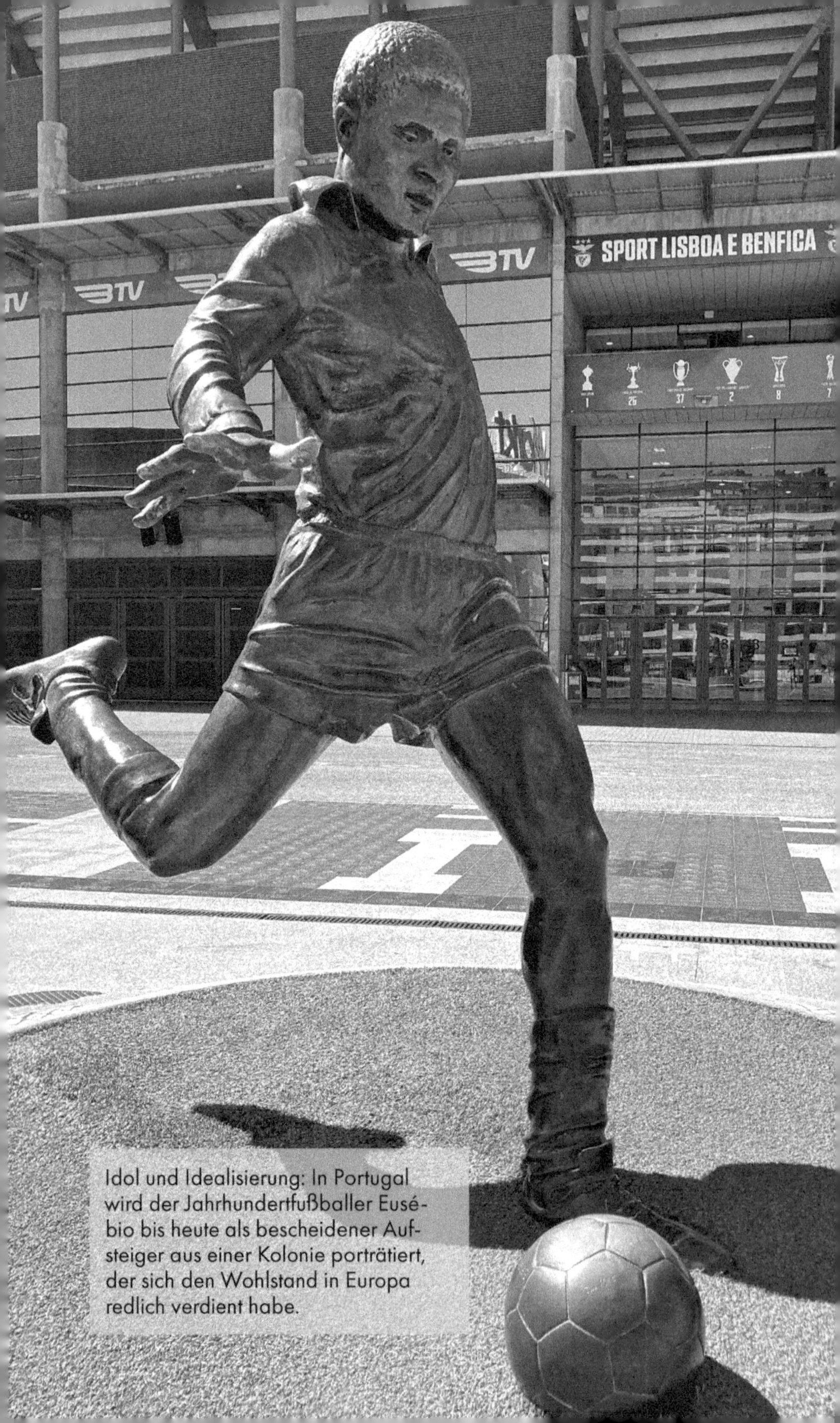

Idol und Idealisierung: In Portugal wird der Jahrhundertfußballer Eusébio bis heute als bescheidener Aufsteiger aus einer Kolonie porträtiert, der sich den Wohlstand in Europa redlich verdient habe.

KAPITEL 3

VOM MYTHOS DER HARMONISCHEN UNTERDRÜCKUNG

Die einstigen Kolonialmächte sträuben sich gegen eine angemessene Aufarbeitung ihrer Gewaltherrschaften. In Portugal ist die Wahrnehmung verbreitet, dass die einstige Seefahrernation einen milderen Imperialismus pflegte. Und der Fußball hilft dabei: Bis in die 1970er-Jahre schickte das Regime die großen Klubs aus Lissabon auf „Pilgerreisen" nach Afrika. Schwarze Spieler aus den Kolonien wie Eusébio sollten dem sozialen Aufstieg ein Gesicht geben und galten als Helden der Assimilierung. Diese Romantisierung überdeckt bis heute den tief verwurzelten Rassismus in der portugiesischen Gesellschaft und begünstigt den wachsenden Rechtspopulismus.

Für Miguel ist es zu einem Lebensthema geworden, gegen den Mythos anzureden, den Mythos der freundlichen Kolonialmacht. In seiner Heimat Portugal glauben noch immer viele Menschen, dass sie die Nachfahren von Entdeckern sind und nicht von Eroberern. Es ist eine weit verbreitete Meinung, dass die kleine Nation am südwestlichen Rand Europas ihre Kolonien „zivilisiert" und „modernisiert" habe. Miguel allerdings spricht von Ausbeutung, Rassismus, Überlegenheitsfantasien. Von Verbrechen, die über Generationen gefördert und geduldet wurden, und die den portugiesischen Alltag noch heute prägen.

Miguel möchte die Gesellschaft am Beispiel des Fußballs beschreiben. 1996, im Alter von zehn Jahren, besuchte er mit Freunden in Lissabon zum ersten Mal ein Heimspiel von Benfica, dem wohl bekanntesten Klub Portugals. Seiner Mutter gefiel das gar nicht. Sie war 1969 aus Kap Verde nach Portugal gezogen. Wie so viele andere verließ sie eine Kolonie, um im „Mutterstaat" ein besseres Leben zu führen. Um einen sicheren Job zu finden, eine größere Wohnung. Wie so viele andere wurde sie von der weißen Mehrheit an den Rand gedrängt. Sie arbeitete hart, sagt ihr Sohn, und beschwerte sich selten.

1996 war auch das Jahr, in dem eine Schwarze Person im Zentrum von Lissabon von Skinheads zu Tode geprügelt wurde. Einige Täter sollen aus dem Umfeld von Sporting gestammt haben, Benficas großem Stadtrivalen. Erzählungen machten die Runde, wonach Neonazis auf den Tribünen auf die Jagd nach „Ausländern" gehen würden. Trotz der Sorgen der Mutter ging ihr Sohn weiterhin ins Stadion. Bald reiste er zu Auswärtsspielen. Miguel brachte sich in der Fanszene ein, schloss Freundschaften. Manchmal prügelte er sich mit Hooligans anderer Klubs. In den 2000er-Jahren genoss er unter den Anhängern von Benfica einen beachtlichen Ruf. Dadurch wurde er zum Feind gegnerischer Ultras.

Verstörende Anekdoten

„Ich dachte, dass ich im Stadion sicher wäre", sagt Miguel. „Ich dachte, dass ich zwischen Tausenden von Menschen einfach verschwinden könnte, doch da lag ich falsch." Er kann nicht mehr zählen, wie oft er beim Fußball rassistisch beleidigt wurde. Affenlaute, Spuckattacken, herablassende Gesten. Häufig wurde er am Stadioneingang intensiver kontrolliert als seine weißen Freunde. Häufig wurde er mit seinem Auto vor Auswärtsspielen an Raststätten von der Polizei überprüft. Miguel ist nun Mitte dreißig, der Fußball dominiert nicht mehr sein Leben. Doch er achtet noch auf die Straßen, Kneipen und Uhrzeiten, in denen er sich in Lissabon bewegt. Er möchte nicht auf die Ultras von Sporting treffen, erst recht nicht in Anwesenheit seiner Frau.

Am Praça do Comércio fühlt sich Miguel sicher. Tausende Tourist*innen besuchen täglich den historischen Platz im Zentrum von Lissabon, der am Fluss Tejo liegt. In einem Café am Rand des Platzes bestellt sich Miguel für das Interview eine große Flasche Wasser. Er trinkt keinen Alkohol, verzichtet weitgehend auf Zucker, er bemüht sich um einen gesunden, nachhaltigen Lebensstil. Das gelte nicht nur für seinen Körper, sagt er.

Miguel deutet mit dem Finger auf die Reiterstatue in der Mitte des Platzes. Nach dem Mord an George Floyd fanden hier Demonstrationen gegen rassistische Gewalt statt. Auf seinem Handy zeigt Miguel ein Video, das ihn dort während einer Rede zeigt. Mit einer Hand umklammert er fest das Mikro, die andere Hand ballt er zur Faust. Miguel fordert mit kräftiger Stimme, dass die Portugies*innen nicht nur auf den Rassismus in den USA blicken sollten, sondern vor allem auf den Rassismus im eigenen Land.

Miguel wurde nach seiner Rede von linken Parteien und NGOs zu Kundgebungen gegen Rassismus eingeladen. Fotos und Clips seiner Auftritte verbreiteten sich in sozialen Medien. Er erhielt anonyme Drohungen und Beleidigungen auf X, damals Twitter, Unbekannte veröffentlichten seine Adresse. Es mag seltsam klingen, sagt Miguel, aber an diese direkte Feindseligkeit hatte er sich gewöhnt. Was ihn mehr überraschte: Auch gute Bekannte und Mitstreiter aus der Benfica-Fanszene kritisierten das offene Engagement von Miguel gegen Rassismus, einige verbannten ihn aus ihren Chatgruppen.

Bei diesem Thema schwillt die Stimme von Miguel an. Er lehnt sich nach vorn, tippt mit dem Zeigefinger mahnend auf den Tisch. Er reiht eine verstörende Anekdote an die nächste, wie er als Schwarzer im Alltag diskriminiert wurde: bei der Wohnungssuche, an der Kasse im Supermarkt, bei der Familie seiner weißen Ex-Freundin. „Der Wohlstand Portugals basiert auf der Ausbeutung seiner Kolonien“, sagt Miguel. „Aber in Schule, Medien oder Wissenschaft sprechen wir nicht darüber. Der Rassismus wird mit Nostalgie verschleiert – besonders im Fußball.“

Eusébio – Musterbeispiel der Mittelschicht?

Um die Geschichte besser zu verstehen, sollte man sich mit dem größten Sportidol Portugals befassen, mit Eusébio da Silva Ferreira, kurz: Eusébio. Am Estádio da Luz, dem Stadion von Benfica, ist dem Stürmer eine große Statue gewidmet: An den Oberschenkeln zeichnen sich die Muskeln ab, der Ball auf dem grünen Untergrund schimmert golden. Die Arme ausgestreckt, die Schussbewegung mit Kraft und Stil.

So wollen sich die Fans an Eusébio erinnern, der bei Benfica zwischen 1960 und 1975 eine einmalige Bilanz erspielte. Elf portugiesische Meisterschaften, fünf Pokalsiege, dazu zweimal Europapokal der Landesmeister. Europas Fußballer des Jahres von 1965 schoss für Benfica 474 Pflichtspieltore.

Doch die eindrucksvollen Zahlen sind nicht der einzige Grund für die Legendenbildung. Im Museum von Benfica erinnern Pokale, Kleidungsstücke und Zeitungsartikel an Eusébio. Auf einer Leinwand läuft ein Interview mit ihm in Dauerschleife. Fotos zeigen ihn nicht nur beim Toreschießen, sondern auch bei der Hochzeit, bei einer Party und umringt von lachenden Kindern. Auf einer roten Infotafel sind diese Zeilen zu lesen: „Es war einmal ein armes Kind mit goldenen Füßen in der Gegend von Mafalala. Eines Tages kamen Leute und brachten es an einen weit entfernten Ort, wo sein Stern noch heller leuchten sollte. Er begann, ein knalliges rotes Hemd zu tragen und darin durch die Welt zu laufen. Und die Welt lag ihm zu Füßen."

In der Erinnerung an Eusébio wird seine Begabung in Beziehung zur Herkunft gesetzt. Eusébio ist in Mafalala aufgewachsen, einem Viertel in Lourenço Marques, der Hauptstadt der Kolonie „Portugiesisch-Ostafrika". Die Stadt heißt inzwischen Maputo, das unabhängige Land: Mosambik. Nach seinem Tod 2014 erinnerten portugiesische Medien zum wiederholten Male an die „ärmlichen Verhältnisse", in denen Eusébio aufgewachsen war. Sie erwähnten die alleinerziehende Mutter und beschrieben den erbitterten Streit zwischen den Lissaboner Klubs Benfica und Sporting um das Talent. Sie verknüpften mit ihm Merkmale wie Integrität, Bescheidenheit, Idealismus. Es waren Worte, die so ähnlich auch während seiner Karriere zu lesen waren, vor mehr als 50 Jahren. Die Illustrierte „Flama" sah damals in Eusébio eine „Einfachheit, die der Reichtum nicht verschmutzte".

Der Historiker Nuno Domingos hat Dutzende solcher Beschreibungen gefunden. „Wenige Jahre nach seiner Ankunft in Portugal wurde Eusébio als Musterbeispiel der Mittelschicht dargestellt", sagt Domingos. „Eine Symbolfigur für Anpassung. Eusébio galt als Afrikaner, der sich mit Disziplin und Bescheidenheit einen Platz in der portugiesischen Gesellschaft verdient hat." Eusébio ist bei weitem nicht der einzige Fußballer, der in einer Kolonie aufgewachsen war.

Hunderte Spieler wurden von der Regierung in Lissabon in die staatliche Propaganda eingebunden. Nuno Domingos hat darüber ein Buch geschrieben: „Football and Colonialism“. Darin entschlüsselt er Mythen und analysiert den historischen Kontext.

Das Regime überwachte Klubs in den Kolonien

In der Debatte um einflussreiche Kolonialmächte steht heute Großbritannien im Fokus, mitunter auch Frankreich, weniger jedoch Spanien. Kaum bekannt ist, dass Portugal für zwei Drittel aller verschleppten Menschen aus Afrika verantwortlich war. Nach der Unabhängigkeit Brasiliens im Jahr 1822, der größten Kolonie, konzentrierte sich das portugiesische Königshaus auf die Ausbeutung afrikanischer Gebiete, auf Angola, Guinea-Bissau, Kap Verde, Mosambik sowie São Tomé und Príncipe. Unzählige Tonnen Kaffee, Kakao oder wichtige Rohstoffe aus den Kolonien sicherten den Wohlstand in Portugal.

In den 1920er-Jahren wurde die Erste Portugiesische Republik durch eine faschistische Diktatur ersetzt. Als Ministerpräsident herrschte ab 1932 António de Oliveira Salazar über den „Estado Novo“, den „Neuen Staat“. Salazar prägte die Wahrnehmung der „lusophonen Gemeinschaft“, die Rassismus angeblich ausschloss. Demnach gehörten etwa Schwarze Angolaner*innen und weiße Menschen aus Lissabon gleichermaßen zum „harmonischen Weltreich“. In der Amtssprache galten afrikanische Gebiete nicht als Kolonien, sondern als „Provinzen“. Salazar rief Portugiesen dazu auf, sich in Afrika „anzusiedeln“ und Einheimische zu heiraten. Bis in die Gegenwart etablierte sich der Ruf des milden Kolonialismus – auch in moralischer Abgrenzung zu Großbritannien oder Frankreich.

Die Wahrheit sah anders aus, wie Nuno Domingos in seinem Buch am Beispiel von Mosambik darlegt. Tausende Menschen wurden dort unter brutalen Bedingungen zur Arbeit in Minen gezwungen. Das Kolonialregime unterschied in der Gesetzgebung zwischen der einheimischen Mehrheit und der „zivilisierten“ europäischen Minderheit. Doch es gab auch eine dritte Kategorie: Indigene, die das Lernen der „portugiesischen Kultur“ nachweisen konnten, wurden als „Assimilados“ bezeichnet, als Assimilierte.

Der Sport spielte als Freizeitbetätigung in Kolonien wie „Portugisisch-Ostafrika" bereits Anfang des 20. Jahrhunderts eine wichtige Rolle. Portugiesische Siedler*innen, die häufig mittelos in Afrika ankamen, wollten sich auch in Vereinen mit der Gesellschaft vertraut machen. Händler, Anwälte oder Beamte interessierten sich für Tennis, Segeln und Golf. Am schnellsten dehnte sich der Fußball aus. „Der portugiesische Kolonialstaat überwachte die lokalen Fußballklubs, denn er hatte Angst vor einem organisierten Widerstand", sagt Nuno Domingos. „Satzungen, Budgets und Gremien wurden geprüft und mitunter auch abgelehnt."

Dabei wurden Grenzen gezogen: Afrikanische Vereine durften lange nicht an Wettbewerben teilnehmen, die von europäischen Siedlern organisiert wurden. Doch sie bemühten sich um die Gunst der Kolonialherren und wollten in der Hierarchie aufsteigen, in den Rang der „Assimilierten". Dafür befolgten sie eine Kleiderordnung, übernahmen portugiesische Bräuche, arrangierten sich mit der katholischen Kirche. Vereine mit einer Nähe zum Protestantismus mussten mit Strafen rechnen. Mit dem Zuzug europäischer Siedler*innen wuchs die Ungleichheit. 1930 lebten fast 18.000 Portugies*innen in „Portugiesisch-Ostafrika", dem heutigen Mosambik. 1960 waren es fast 100.000. Schwelende Konflikte verschärften sich.

Fußballer aus Mosambik als günstige Arbeitskräfte

Das Regime von Salazar hatte den Fußball früh in Stellung gebracht. Seit den 1940er-Jahren gingen die großen Vereine aus Lissabon auf „Pilgerreisen" in die Kolonien. Ihre Besuche und Freundschaftsspiele ließen das Herrschaftssystem etwas weniger streng erscheinen. Benfica und Sporting betrachteten Klubs in den Kolonien als Vorposten für talentierte Spieler. Als Orientierung diente ihnen Guilherme Espírito Santo, der bereits 1937 der erste Schwarze Nationalspieler Portugals gewesen war, seine Eltern stammten aus São Tomé, einer Inselgruppe im Westen von Afrika.

Die portugiesische Diktatur wollte sich durch Fußball international bemerkbar machen, doch Anfang der 1950er-Jahre stand ihre Nationalmannschaft am Tiefpunkt, verlor gegen Österreich 1:9. Das Regime ließ in den Kolonien nach Spielern wie Matateu suchen. Der Stürmer war in den 1930ern in einem Armenviertel in Lourenço Marques aufgewachsen, im heutigen Maputo. Er ging nach Portugal, arbeitete als Schlosser und machte ab 1951 Karriere bei Belenenses, einem Verein aus dem Lissaboner Stadtteil Belém.

Matateu schoss mehr als 200 Tore und galt als das „achte Weltwunder". Medien in Lissabon beschrieben ihn als „Afrika-Perle" und „lächelnden schwarzen Jungen". Wie Matateu folgten hunderte Spieler aus Mosambik dem Ruf aus Portugal. In der Regel verdienten sie weniger Geld als ihre weißen Kollegen. Und nur wenige schafften es wie Matateu ins portugiesische Nationalteam, etwa Mário Coluna, Mascarenhas oder José Pérides. Doch sie machten den Unterschied und hoben die Auswahl auf ein neues Niveau.

Der forcierte Umbruch fiel in die Zeit der Dekolonisation. 1960 errangen 18 afrikanische Staaten ihre Unabhängigkeit. Portugal wollte seine Gebiete länger halten. Das Regime reagierte aber auf den internationalen Druck und lockerte seine Gesetzgebung, die die Bevölkerungen in den Kolonien in Klassen unterteilt hatte. Doch auch in Angola, Guinea und Mosambik wuchsen Unabhängigkeitsbewegungen. Ab 1961 mobilisierten Guerillagruppen für den bewaffneten Kampf gegen die Kolonialisten. Diktator Salazar sprach weiter von der multikulturellen „portugiesischen Welt", doch diese Propaganda wirkte bald nur noch hilflos.

Da kam ihm der Fußball gelegen. Bei ihrer ersten Weltmeisterschaft 1966 in England stürmte die portugiesische Nationalmannschaft in der Vorrunde von Sieg zu Sieg, bezwang den amtierenden Weltmeister Brasilien und belegte letztlich den dritten Platz. Vier wichtige Spieler stammten aus Mosambik: Kapitän Mário Coluna, Stürmer Eusébio sowie Vicente und Hilário. Sie waren in einem Umfeld von Herrschern und Beherrschten aufgewachsen. Als Jugendliche durften sie bestimmte Bezirke nicht betreten. Doch nun, 1966, galten sie als Symbolfiguren eines fortschrittlichen und fürsorglichen Staates. Der Spieler Vicente erhielt den Beinamen „kleines schwarzes Gold". Eusébio, mit neun Treffern Türschützenkönig der WM, war „O pantera negra", der „schwarze Panther".

Es dauerte nicht lange, bis sich wohlhabende Vereine aus den großen europäischen Ligen um eine Verpflichtung von Eusébio bemühten.

Doch das Regime ließ die Nachricht verbreiten, dass der Stürmer als „nationaler Schatz" unverzichtbar sei. „Diktator Salazar wollte mit Hilfe von Eusébio die Illusion der Gleichberechtigung aufrechterhalten", sagt der Historiker Marcos Cardão, der die Instrumentalisierung mosambikanischer Spieler erforscht hat. „Die Menschen aus den Kolonien sollten den Eindruck gewinnen, dass sie mit Fleiß und Disziplin ihren sogenannten indigenen Status abstreifen können."

Ende der 1960er-Jahre war Eusébio nicht nur ein treffsicherer Stürmer, sondern auch ein Protagonist für Ehrungen, Spielfilme und traditionelle Fado-Lieder. In dieser Zeit wurde der Kolonialkrieg zwischen Portugal und den Unabhängigkeitsbewegungen in Angola und Mosambik mit zunehmender Brutalität geführt. Das Regime in Lissabon wollte mehr Kämpfer in den Kolonien für die eigene Seite rekrutieren. Portugiesische Zeitungen veröffentlichten Fotos von jungen Schwarzen Männern in Uniform. Auch Eusébio wurde öffentlichkeitswirksam in die Armee einberufen, hin und wieder lief er für eine Militärauswahl auf. Die Zeitung „A Bola" titelte: „Soldat Eusébio zum General befördert". 1973 spielte das portugiesische WM-Team von 1966 gegen eine Auswahl von Spielern, die aus Kolonien stammten. Zu diesem Anlass wurde Eusébio in den Rang eines Offiziers erhoben.

Die hohen Kosten des Kolonialkrieges schwächten die Wirtschaft Portugals. Diktator Salazar starb 1970, sein Nachfolger wurde vier Jahre später von einem linken Militärbündnis aus dem Amt geputscht. Diese weitgehend friedliche „Nelkenrevolution" verdankt ihren Namen den Nelken, die aufständische Soldaten in ihren Gewehrläufen trugen. In den Monaten danach feierten die Kolonien ihre Unabhängigkeit. Die Regierung in Mosambik wollte Eigenständigkeit demonstrieren und kappte etliche Verbindungen, auch Spielertransfers nach Portugal wurden verboten.

Als Held des jungen Staates in Südostafrika sollte Mário Coluna in die Geschichte eingehen. Coluna wurde 1935 in Mosambik geboren, mit Benfica gewann er zehn Meisterschaften und zweimal den Europapokal der Landesmeister. Als Kapitän führte der Mittelfeldspieler das portugiesische Nationalteam zum dritten Platz bei der WM 1966. Coluna wurde von vielen Portugies*innen verehrt, doch nach der „Nelkenrevolution" ging er zurück in seinen Geburtsort. Als Trainer formte er das Nationalteam von Mosambik. Später leitete er den dortigen Fußballverband und wirkte als Kultur- und Sportminister.

Der Fußball macht deutlich, wie sehr Normen und Einflüsse einer Kolonialmacht fortwirken können. 20 Jahre nach der Unabhängigkeit gaben in Maputo nur 15 Prozent der Bevölkerung an, dass ihnen die mosambikanischen Fußballklubs wichtiger seien als die portugiesischen. Benfica Lissabon genießt in Mosambik eine höhere Beliebtheit als der FC Barcelona, der FC Liverpool oder der FC Bayern. Als Benfica 2005 nach zehn Jahren wieder portugiesischer Meister wurde, feierten auch in Maputo Hunderte Menschen auf den Straßen.

Mythenbildung durch den EM-Sieg 2016

„Solche Jubelbilder verleiten manche Politiker in Portugal zu der Aussage, dass die Kolonialzeit gar nicht so schlimm gewesen sein kann", sagt der Forscher Nuno Domingos. „Auch in der Politik möchte niemand die Kolonien zurückhaben. Aber es wird eine Atmosphäre für Handel und Wirtschaftsbeziehungen gepflegt." Konzerne und Ministerien sprechen nicht von einer Zeit nach Kolonialismus und Sklaverei, sondern sie werben für einen „interkulturellen Austausch" und für eine „Partnerschaft mit gemeinsamer Sprache".

Bei der Eröffnung eines Wirtschaftsgipfels 2018 sagte der portugiesische Premierminister António Costa: „Es liegt in unserer DNA, Menschen aus der ganzen Welt zu verbinden. Wir haben vor 600 Jahren begonnen, Europa mit Afrika, Asien und Amerika zu verbinden. Bald feiern wir 500 Jahre seit der ersten Weltumsegelung durch Ferdinand Magellan. Seitdem waren wir immer ein Treffpunkt zwischen Völkern und Kulturen, eine Drehscheibe für Migration und ein Motor des globalen Handels." Ausbeutung und Rassismus erwähnte er nicht.

Dieser Mythos wurde auch nach dem größten Erfolg im Fußball aufgegriffen. 2016 gewann die portugiesische Nationalmannschaft in Frankreich die Europameisterschaft. In ihrer Startelf standen fünf Spieler afrikanischer Herkunft. Das entscheidende Tor im Finale gegen Frankreich schoss Éder. Der Stürmer war in der ehemaligen Kolonie Guinea-Bissau geboren worden und kam im Alter von drei Jahren nach Portugal. Ebenfalls wichtig für das Team: Danilo Pereira, Renato Sanches, Eliseu und Ricardo Quaresma. „Der Titel löste in der Geschichte der portugiesischen Demokratie eine nie dagewesene Euphorie aus", sagt der Sozialwissenschaftler Pedro Almeida, der sich am renommierten Zentrum für Sozialstudien in Coimbra auch mit Rassismus und Fußball beschäftigt. „Viele Leute feierten das Nationalteam als Symbol für eine neue multikulturelle nationale Identität."

Pedro Almeida gehört zu den wenigen Forschenden, die den EM-Sieg von Anfang an auch mit Skepsis betrachtet haben. Für einen Aufsatz hat er Zitate aus Medien von 2016 zusammengetragen, etwa in der Zeitung „Expresso", wo es über die portugiesischen Spieler heißt: „Sie haben gewonnen und sind zu Idolen geworden. Sie sind Zigeuner, schwarz und kommen aus benachteiligten sozialen Gruppen. In der Welt des portugiesischen Fußballs werden die Talente nicht diskriminiert. Die Nationalmannschaft präsentiert sich als das Gesicht eines Landes."

Andere Kommentare wiesen ähnliche Argumente auf. „Die Bewunderung für Schwarze Spieler ist in Portugal an Bedingungen geknüpft", sagt Pedro Almeida. „Fußballer aus ehemaligen Kolonien können sich mit Talent und Erfolg vor Rassismus schützen. Wenn sie den Erfolg über lange Zeit bestätigen, werden sie von der weißen Mehrheitsgesellschaft sogar als ‚wahre Portugiesen' angesehen." Im Umkehrschluss heißt das aber auch, dass sie die Gunst schnell wieder verlieren können. Éder, der Finalheld von 2016, spielt in der öffentlichen Debatte keine Rolle mehr. Ganz zu schweigen von den Millionen Einwanderer*innen, die sich nicht in Fußball, Kunst oder Wirtschaft aus der strukturellen Benachteiligung herausarbeiten können.

Verklärung der Gewaltherrschaft

Pedro Almeida lebt und forscht in der altehrwürdigen Universitätsstadt Coimbra, im Zentrum von Portugal. Als Ort für das Interview hat er ein Café mit Blick auf den Fluss Mondego vorgeschlagen. Man kann dort als Besucher in der Nähe das „Portugal dos Pequenitos" besuchen, das „Portugal der Kleinen". Dieser 1940 eröffnete Miniaturpark widmet sich den früheren Kolonien, mit Denkmälern, Häusern und Artefakten. Statuen zeigen Schwarze Männer mit knapper Bekleidung als muskulöse Arbeitskräfte. Auf einer Infotafel ist Folgendes zu lesen: „Die Portugiesen waren unter den Europäern die Pioniere der geografischen Entdeckungen und der Öffnung der Welt. Damit lösten sie die Kommunikation zwischen den Kulturen und den Kontakt zwischen den Völkern aus allen Kontinenten aus. Aus diesem großen Abenteuer entstand die moderne Welt.“ Die vielen Schulklassen, die „Portugal dos Pequenitos“ noch heute besuchen, erfahren wenig von Eroberungsfeldzügen, Ausbeutung und Rassismus.

Diese Verklärung der Gewaltherrschaft zeigt sich auch im Fußball. Der EM-Titel 2016 wurde auch in früheren portugiesischen Kolonien gefeiert, zum Beispiel in Kap Verde oder Osttimor, einem Inselstaat in Südostasien. In seiner Medienauswertung fand Pedro Almeida Beispiele für neokoloniale Bevormundung. Vor dem EM-Finale behauptete die Zeitung „O Jogo“: „Osttimor ist immer noch Portugal.“ Und nach dem Sieg zeigte die Zeitschrift „Sábado“ ein Bild des ehemaligen osttimoresischen Präsidenten Xanana Gusmão, der die Flaggen Portugals und Osttimors schwenkte. Die Bildunterschrift ging auf die Hauptstadt Osttimors ein: „Dili hat sich den Feierlichkeiten der Nationalmannschaft angeschlossen und Portugal bewegt.“

Die Verklärung der Kolonialzeit führt offenbar dazu, dass viele Portugies*innen rassistische Einstellungen kaum wahrnehmen. Im Februar 2016 wollte der damalige Manager von Benfica die Vorzüge des aufstrebenden Spielers Renato Sanches beschreiben, er sagte: „Renato hat ein enormes Potenzial. Er ist ein Wilder und als Wilder möchte ich, dass er weiterhin wild ist.“ Die häufige gedankliche Verknüpfung Schwarzer Sportler*innen mit dem Tierischen und mit körperlicher Überlegenheit wird in der öffentlichen Debatte selten hinterfragt.

Das gilt auch für angebliche Alters-Manipulationen. 2015 und 2016 behaupteten Führungskräfte von Sporting, dass Renato Sanches zu jener Zeit nicht 18 Jahre alt gewesen sei, sondern bereits 23. Fernsehsender und Zeitungen diskutierten den Vorwurf und werteten ihn damit auf. Das Krankenhaus, in dem Sanches geboren wurde, sah sich gezwungen, dessen Geburtsurkunde zu veröffentlichen, um den Verdacht zu entkräften. „In solchen Diskussionen werden stets Schwarze Spieler ins Visier genommen“, sagt der Rassismus-Forscher Pedro Almeida. „Sie gelten als Verdächtige, die von der Norm abweichen und sich erklären müssen.“ Eine kritische Debatte innerhalb des Sportjournalismus über Stereotype finde nicht statt.

Im Februar 2020 spielte der malische Stürmer Moussa Marega mit seinem Verein FC Porto bei Vitória Guimarães, im Nordwesten Portugals. Seit dem Aufwärmen überzogen einige Heimfans ihn mit rassistischen Beleidigungen, insbesondere mit Affenlauten. Aus Protest wollte Marega in der 69. Minute den Rasen verlassen. Teamkollegen und Gegenspieler wollten ihn zum Weitermachen überreden, doch er wurde schließlich ausgewechselt.

Vom Taktikblogger zum Trainer

Der FC Porto, der Ligaverband und die Spielergewerkschaft wählten deutliche Worte. Für einige Tage nahm das Thema auch in den drei täglich erscheinenden Sportzeitungen Portugals einen beachtlichen Raum ein. „Die ganze Diskussion blieb eher oberflächlich, denn die Ursachen von Rassismus wurden kaum thematisiert", sagt Blessing Lumueno. „Wir haben viele gute Schwarze Trainer, aber in die erste Liga schaffen sie es selten. Und auch im Fernsehen müssen Schwarze Kommentatoren mehr leisten als ihre weißen Kollegen, damit sie sich dauerhaft etablieren können."

Über diese ungeschriebenen Regeln kann Blessing Lumueno viel berichten. An einem heißen Frühlingsnachmittag sitzt er in der Cafeteria von GD Estoril Praia, einem Traditionsklub im Seebad Estoril, 20 Autominuten von Lissabon entfernt. Der Verein hat in der ersten portugiesischen Liga den Ruf, anders zu sein, alternativer. In der Cafeteria ist die Atmosphäre locker. Der Klubchef sitzt an einem Tisch und schreibt in seinen Terminkalender, immer wieder kommen Spieler und Mitarbeiter mit ihm ins Gespräch. Blessing Lumueno, einer der wichtigsten Jugendtrainer im Verein, setzt sich für unser Interview an einen Tisch daneben. Er hat eine kräftige Stimme. Dass andere beim Mittagessen mithören könnten, vor allem sein Chef, stört ihn nicht. „Wir möchten hier nicht nur gute Spieler formen", sagt Lumueno. „Wir möchten ihnen auch eine kritische Haltung mit auf den Weg geben." Blessing Lumueno, Jahrgang 1988, ist einer von wenigen Schwarzen Jugendtrainern im portugiesischen Profifußball. Er ist auch einer von wenigen Schwarzen Kommentatoren, die im portugiesischen Fernsehen die Spitzenspiele analysieren. Über die Ursachen macht er sich seit Jahren Gedanken, doch nach seinen Erfahrungen wird er selten gefragt. Zum Zeitpunkt unseres Gesprächs, im Mai 2022, hat er gerade mal drei Interviews über strukturellen Rassismus gegeben. Er wäre bereit, für Aufklärungskampagnen in Schulen oder Jugendklubs zu gehen, aber noch gibt es dafür fast keine Nachfragen.

Blessing Lumueno wuchs in Luanda auf, der Hauptstadt der früheren Kolonie Angola. Als er neun war, brach seine Mutter mit ihm nach Portugal auf, weil sie sich dort für ihn eine bessere Bildung erhoffte. Wenn er sich an seine Jugend erinnert, dann erinnert er sich auch an Ungerechtigkeiten. Seine Mutter hatte in Angola Chemie studiert, doch in Lissabon war der Abschluss nichts mehr wert. Sie ging putzen, auch an Wochenenden, musste oft auf ihren Lohn warten. „Wir lebten in einem afrikanisch geprägten Viertel von Lissabon", erinnert sich Blessing Lumueno. „Unsere Eltern wurden von ihren Chefs und Vermietern erniedrigt. Wir wuchsen in einem Umfeld auf, in dem Gewalt, Kriminalität und Respektlosigkeit zum Alltag gehörten."

Für die meisten Familien des Viertels ging es darum, die nächsten Mahlzeiten für die Kinder sicherzustellen. Der Weg an gute Schulen und Universitäten war schwer, aber nicht unmöglich. Blessing Lumueno hatte stets gute Noten erhalten, und so erhielt er die Zulassung für das Instituto Superior Técnico, eine der renommiertesten Technischen Hochschulen Portugals. In seinem Jahrgang für Ingenieur-Informatik war er der einzige Schwarze Student. „Meine Leistungen waren gut und ich habe mich in vielen Unithemen eingebracht", sagt er. „Die Lehrer lobten mich dann besonders und demonstrativ. Als wären sie überrascht, dass ich als Schwarzer dazu überhaupt fähig bin."

Nach vier Jahren verließ Blessing Lumueno die Uni ohne Abschluss. Er hatte eingesehen, dass seine Leidenschaft woanders lag. Er war ein guter, aber kein sehr guter Fußballer. Also wusste er, dass es zum Profi nicht reichen würde. Aber das entmutigte ihn nicht, denn er wollte ohnehin Trainer werden. Lumueno las Taktikbücher, schaute YouTube-Clips, durchforstete das Internet. Er meldete sich für Workshops an, nahm an Trainer-Ausbildungen teil. Seit 2008 veröffentlichte er Analysen zu Spielen und Trainern in einem eigenen Blog. Als Autor blieb er anonym, die Klickzahlen stiegen und stiegen.

Irgendwann war der Blog in der Branche so einflussreich, dass die klassischen Medien nicht mehr an ihm vorbeikamen. 2018 bat die Wochenzeitung „Expresso“ Blessing Lumueno um regelmäßige Meinungsbeiträge, erstmals erschienen seine Analysen nun unter Klarnamen. „Viele Leute waren überrascht, dass ich Schwarz bin“, sagt Lumueno. Es dauerte nicht lange, bis auch der führende Fernsehsender des Landes ihn als Taktikexperten verpflichtete. Einige Zuschauer, die seine Aussagen nicht mochten, reagierten mit rassistischen Schmähungen. „Doch die Solidarität im Internet war groß“, sagt Lumueno. „Menschen, denen ich nie begegnet bin, haben sich für mich eingesetzt.“

Nach dem Interview lädt er noch zum Rundgang über das Vereinsgelände von Estoril Praia ein. Lumueno blickt in die Umkleidekabine und lächelt. Nach und nach trudeln seine Spieler ein, jeder gibt ihm höflich die Hand. Gern würde er irgendwann im Profifußball arbeiten, gern wäre er ein Vorbild für andere Schwarze Trainer, aber er lenkt das Gespräch auf seine jetzige Aufgabe zurück: „Ich kenne die Spieler gut, ihre Hoffnungen und ihre Sorgen. Sie sind in einer wichtigen Phase ihres Lebens. Der Fußball soll ihnen keinen Druck machen, sondern Zuversicht vermitteln.“ Einige Monate später wird Lumueno als Jugendtrainer in den Norden zum SC Braga wechseln. Er freut sich auch auf die Weltmeisterschaft 2030, die dann erstmals auf drei Kontinenten stattfinden soll, mit etlichen Spielen in Portugal und im Nachbarland Spanien.

In Portugal wächst der Rechtspopulismus

Ob Blessing Lumueno jemals einen der Spitzenjobs in der ersten Liga erhalten wird? In Portugal wird die Diskussion über vielfältige Führungsgremien höchstens in wissenschaftlichen Kreisen geführt, nicht aber in der breiten Gesellschaft. Die Aufarbeitung der Kolonialzeit steht noch aus. Und ohne historisches Wissen fehlt auch die Expertise für den Antirassismus der Gegenwart.

Lange beschrieben führende Politiker*innen Portugals ihre Heimat als tolerante Ausnahmeerscheinung in Europa. Das änderte sich bei der Parlamentswahl im Oktober 2019. Der Jurist André Ventura errang ein Abgeordnetenmandat. Somit ist erstmals seit Ende der Diktatur 1974 ein rechtsextremer Politiker im Parlament vertreten. „Ventura hat seine Popularität auch dem Fußball zu verdanken“, sagt Miguel, Fan von Benfica. „Aber den meisten Fans war das völlig egal. Daran sieht man, wie wenig bei uns struktureller Rassismus verstanden wurde."

André Ventura hat über viele Jahre Fußballspiele im nationalen Fernsehen kommentiert und analysiert, regelmäßig betonte er seine Leidenschaft für Benfica. Seine Fangemeinde wuchs, und so drängte er auch in politische Spitzenämter. Zunächst in der konservativen Partei Partido Social Democrata, doch nach Streitigkeiten gründete er 2019 seine eigene Partei: Chega!, Es reicht.

Ventura geht den Weg, den vor ihm Marine Le Pen in Frankreich, Matteo Salvini in Italien oder Björn Höcke in Deutschland gegangen sind. Er hetzt gegen Einwanderung, schürt Impfskepsis, verurteilt Abtreibungen. Ventura forderte die Abschiebung einer aus Afrika stammenden Abgeordneten, die sich für die Rückgabe geraubter Kulturgüter ausgesprochen hatte. Für diese Aussagen wurde Ventura kritisiert, aber er erhielt auch Zuspruch, unter anderem von Fußballfans. Und er verhalf Medien in der Krise zu höheren Einschaltquoten und Klickzahlen.

Miguel schüttelt genervt den Kopf, wenn er über die Gleichgültigkeit spricht, mit der viele Benfica-Fans Ventura begegnen. Miguel hat für internationale Spiele von Benfica mehr als zehn Länder in Europa bereist, unter anderem Deutschland, Frankreich, England und Griechenland. Häufig ist er rassistisch beleidigt worden, besonders hart war es bei Lazio Rom.

Miguel verbindet seine Fußballreisen mit Besuchen von Museen und Gedenkstätten. In München hat er mit Erstaunen festgestellt, wie intensiv sich viele Deutsche mit der nationalsozialistischen Vergangenheit beschäftigen. „Ich habe in Deutschland weniger Rassismus erlebt als in meinem eigenen Land", sagt er. Für Miguel ist das kein Grund für Resignation, sondern für noch mehr Aktivismus.

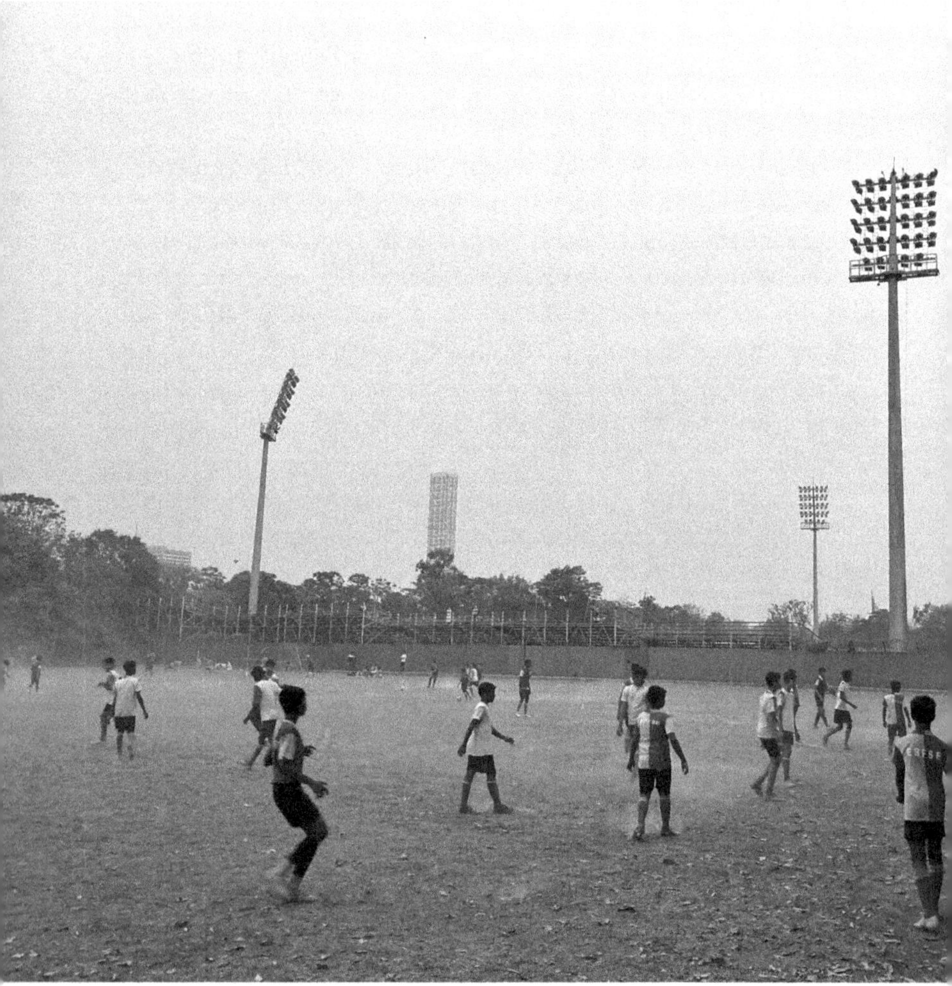

Match auf dem Maidan: Im indischen Kolkata gilt Fußball als akzeptiertes Erbe des britischen Kolonialismus.

KAPITEL 4

AUSSÄTZIGE IM EIGENEN LAND

England wird respektvoll als „Mutterland des Fußballs" bezeichnet. Doch ohne den Imperialismus im 19. Jahrhundert wäre die globale Verbreitung des Spiels undenkbar gewesen. Britische Soldaten und Lehrer wollten ihre Untergebenen in den Kolonien auch durch Sport „zivilisieren" und „disziplinieren". Einheimische Söldner konnten bei Turnieren in der Armee aufsteigen. Besonders deutlich lässt sich diese Gewaltherrschaft in der einst größten Kolonie nachzeichnen: in Indien. Ein Streifzug durch Kolkata, den Schauplatz des heute wohl größten Derbys in Asien, wo Fans den Fußball zu einem Freiheitssymbol umdeuten.

Mit seinen vier Quadratkilometern gilt der Maidan in Kolkata als der größte öffentliche Park Indiens. Es dauert fast zwei Stunden, um die Fläche am äußeren Rand einmal abzulaufen. Im Westen wird der Park durch den Fluss Hugli begrenzt, einen Mündungsarm des sagenumwobenen Ganges. Im Osten liegt rund um die Park Street das Geschäftsviertel. Enge Straßen mit dichtem Verkehr. Dröhnende Hupen, überfüllte Bürgersteige, Menschen in Eile. Bereits Anfang März liegt die tropische Hitze tief über Kolkata. Der drittgrößte Ballungsraum Indiens dürfte bald 20 Millionen Einwohner*innen zählen. Die Mischung aus Staub, Smog und Benzingeruch erschwert das Atmen. Durch die dichte Dunstglocke kann man die Sonne nur erahnen.

Auf dem Maidan ist die Hektik weit weg. Die durch das starke Sonnenlicht verbrannten Rasenflächen füllen sich am späten Nachmittag. Schulkinder stecken sich mit ihren Jacken und Rucksäcken Spielfelder ab, für Kricket, Fußball, Hockey. Auch aus anderen Altersklassen finden sich dutzende Teams zusammen. Feuerwehrleute treffen sich zum Feierabend, Mediziner laden zum abendlichen Teamevent ein, Sportreporter beenden ihren Arbeitstag mit einem Kick. Dazwischen treibt ein Hirte seine Schafherde von einer Wiese zur nächsten. Und abgemagerte Straßenhunde suchen nach Nahrung. Der Maidan von Kolkata, früher Kalkutta, bietet eine der größten Freizeitflächen weltweit. Doch er ist auch ein Sinnbild für die Kolonialgeschichte Indiens.

Sichtbar wird das im Norden des Parks. Im Abstand von wenigen hundert Metern stößt man hier auf kleine und mittelgroße Stadien. Flutlichtmasten ragen in den Himmel. Wassersprenger bewässern Spielfelder. Mit der Dämmerung weicht die drückende Hitze. Nach und nach füllen sich die Parkplätze vor den Vereinsheimen. Die mit Abstand beliebteste Sportart in Indien ist Kricket, aber Kolkata ist eine Ausnahme. „Bei uns ist Fußball die Nummer eins – und das hat historische Gründe“, sagt Joy Banerjee und ist dabei sichtlich erfreut. „Der Fußball war ein wichtiges Instrument im Freiheitskampf.“

Joy Banerjee hat viele Jahre als Sportreporter gearbeitet, doch seit einigen Monaten ist er Pressesprecher des bekanntesten indischen Fußballklubs, von Mohun Bagan. Er kann ohne Zögern Titel und Torschützen aus den vergangenen zehn Jahren wiedergeben. Doch was er noch lieber macht: in der Geschichte schwelgen. Banerjee lädt mich zum Rundgang über das Vereinsgelände auf dem Maidan ein. Er zeigt mir eine üppig gefüllte Pokalvitrine, erläutert historische Ergebnistafeln und beschreibt alte Teamfotos. Joy Banerjee wirkt aufgekratzt, als wäre die Geschichte von Mohun Bagan die Geschichte seiner eigenen Familie.

Im großen Saal des Klubheims sitzt ein Dutzend Männer um einen ovalen Tisch herum. Sie diskutieren so laut und leidenschaftlich, dass Banerjee sie nachdrücklich um Ruhe bittet. Nebenan in der Vereinsbibliothek zieht er eine Chronik aus dem Regal. „Mohun Bagan wurde 1889 in Kolkata gegründet“, sagt er ehrfürchtig und wartet einen Moment auf die Reaktion seines Gesprächspartners. „Mohun Bagan ist älter als der FC Bayern und älter als der FC Barcelona.“

Zum 100. Geburtstag 1989 verlieh der damalige indische Premierminister Rajiv Gandhi dem Verein einen Sonderstatus: „The National Club of India“. Joy Banerjee wurde zu jener Zeit gerade eingeschult. Später lernte er im Geschichtsunterricht, dass Mohun Bagan eine wesentliche Rolle im Kampf gegen die britische Kolonialmacht gespielt habe. In unserem Gespräch bezeichnet er die einstigen Fußballer mehrfach als Freiheitskämpfer und Nationalhelden. „Mohun Bagan hat bewiesen, dass man die Briten mit ihren eigenen Waffen schlagen kann." Er schaut durch die Fenster hinaus auf den Maidan. „1911 lautet die magische Jahreszahl. 1911 hat hier die Geschichte in einem einzigen Spiel eine Wendung genommen."

Die Briten spielten Fürsten gegeneinander aus

Bevor man sich diesem historischen Spiel nähert, sollten wir uns dem Kontext nähern. Ab dem späten 17. Jahrhundert etablierten britische Kaufleute einen Handelsposten in Kolkata, damals Kalkutta. Von hier verschifften sie Stoffe und Gewürze nach Europa. Zunächst waren sie nicht direkt der britischen Krone unterstellt, sondern der „East India Company", einer Aktiengesellschaft, die mit Eroberungen nach Profit strebte. Die britischen Kaufleute, Soldaten und Missionare bauten Lagerhäuser, Kirchen, Büros. Ihre Hauptniederlassung in Kolkata war „Fort William" in der Nähe des Flusses. Aus ihrer Festung wollten die Briten freie Sicht auf ihre Umgebung haben, um bei einem indischen Aufstand schneller reagieren zu können. Sie steckten eine Freifläche ab: den Maidan.

Die „East India Company" kontrollierte weite Teile des riesigen indischen Subkontinents mit der größten Privatarmee der Welt. Doch nur wenige tausend Soldaten stammten aus Europa. Die Briten kooperierten mit zahlreichen Maharadschas. Die lokalen Fürsten durften formell eigenständig bleiben, doch sie mussten sich unterordnen und Abgaben leisten. Die Briten spielten Maharadschas gegeneinander aus, um antikoloniale Stimmungen früh zu unterbinden. Für ihre Sicherheit verpflichteten die Europäer zehntausende indische Söldner. Diese „Sepoys" fühlten sich schlecht bezahlt und erniedrigt. 1857 entfachten sie in mehreren Regionen einen Aufstand, den die Briten erst im Jahr darauf endgültig niederschlagen konnten. Etwa 6.000 Briten und wohl mehr als 800.000 Inder starben.

Aus Sorge vor dem Verlust der lukrativen Kolonie übernahm die britische Krone nun die direkte Kontrolle über Indien. Die „East India Company" musste in den Hintergrund treten. Fortan wuchs Kalkutta als Hauptstadt von Britisch-Indien zur zweitgrößten Stadt des Empire heran. Wer heute aufmerksam durch das Stadtzentrum geht, begegnet der imperialen Architektur immer wieder. An der nördlichen Spitze des Maidans liegt die „Town Hall", ein imposantes Gebäude mit Säulen, Torbögen und verzierten Portalen. Weiter nördlich ist der „Marble Palace" von Skulpturen und Springbrunnen umgeben. Am südlichen Rand des Maidans erhebt sich der gotische Turm der St. Paul's Cathedral. Direkt daneben öffnet sich ein gepflegter Garten mit Palmen, Statuen und künstlich angelegten Seen. Im Zentrum steht das weithin sichtbare „Victoria Memorial", ein weißes Gebäude mit Marmorböden, Freitreppen und großer Kuppel.

Königin Victoria, die Großbritannien ab 1837 mehr als 60 Jahre lang regieren sollte, trug ab 1876 auch den Titel „Kaiserin von Indien". An der Schwelle zum 20. Jahrhundert, zur Zeit der größten Ausdehnung, erstreckte sich das Empire auf ein Viertel der weltweiten Landfläche. Unter den 300 Besitzungen des Vereinigten Königreiches galt der indische Subkontinent als „Juwel". London bezog weiterhin Stoffe aus Indien. Allerdings wurden diese nach der Industrialisierung in Europa nun in den Fabriken von Manchester oder Liverpool verarbeitet. Die fertigen Textilien wurden dann zurück nach Indien importiert und dort mit Profit verkauft. Hunderttausende Weber*innen und Spinner*innen in Indien verloren nach und nach ihre Arbeit.

Auch in anderen Bereichen sah London in Indien einen wachsenden Absatzmarkt. Noch vor dem Ersten Weltkrieg war das indische Schienennetz das viertgrößte der Welt, schreibt der Historiker und Südasien-Experte Harald Fischer-Tiné in der Zeitschrift „Aus Politik und Zeitgeschichte" über die „Indische Unabhängigkeit". Doch die Briten wollten ihr technologisches Wissen nicht wirklich mit Indien teilen. Fischer-Tiné schreibt: „Von den knapp 15.000 Lokomotiven, die zwischen 1853 und 1947 auf dem indischen Subkontinent im Einsatz waren, wurden nur 700 in Indien selbst produziert. Der Rest wurde – zum beträchtlichen Nutzen der britischen Schwerindustrie – aus Großbritannien importiert."

Laut einem Zensus lebten 1881 etwa 254 Millionen Menschen in Indien – nur 90.000 waren in Großbritannien geboren worden. In den wenigen indischen Hochschulen durften sich vorwiegend Mitglieder

der kleinen lokalen Elite zu Verwaltungsbeamten ausbilden lassen. Die Kolonisten wollten sicherstellen, dass die Untergebenen nicht irgendwann nach der Macht greifen.

Sport für Gesundheit und Machterhalt

Der Sport bildete für die koloniale Hierarchie früh einen Rahmen. Auf dem indischen Subkontinent liegt Kolkata im Nordosten, in der Region Bengalen. Die britischen Beamten konnten sich nur schwer an die Hitzeperioden und Monsunphasen gewöhnen. Viele von ihnen erkrankten an Malaria, Tuberkulose oder Mageninfektionen. Seit Mitte des 18. Jahrhunderts sahen sie im Sport nicht nur einen freudigen Zeitvertreib, sondern auch ein Mittel der Gesundheitsförderung. Die Kolonialherren gründeten erste Vereine, im Kricket und Golf, im Rugby und Rudern. Doch indische Mitglieder blieben noch für Jahrzehnte ausgeschlossen.

„Die Briten nutzten den Sport für Machterhalt und Charakterbildung“, sagt der Historiker Kausik Bandyopadhyay, der sich in Kolkata seit mehr als drei Jahrzehnten mit dem Thema befasst. Auf lange Sicht sollte zumindest die kleine indische Elite nicht mehr mit Angst und Habgier auf die Kolonialmacht blicken, sondern sich mit gewissen englischen Traditionen identifizieren. Die lokalen indischen Regenten fanden schnell Gefallen am Kricket. Und auch die indischen Söldner mussten nach dem Aufstand 1857 befriedet werden. „Britische Soldaten und Sepoys, die in der Regel getrennt lebten, trieben zunehmend gemeinsam Sport“, berichtet Bandyopadhyay. „Das sollte das Zusammengehörigkeitsgefühl stärken.“ Sport bot den Sepoys die Möglichkeit, in der Armee sozial aufzusteigen.

Von Gleichberechtigung konnte allerdings keine Rede sein. Kausik Bandyopadhyay hat in Archiven und Bibliotheken nach Quellen gesucht. In seinen Aufsätzen und Büchern dokumentiert er den Rassismus der britischen Kolonialherren, der sich besonders gegen die Menschen in der Region Bengalen richtete. Der britische Politiker Thomas Macaulay schrieb zu jener Zeit: „Die körperliche Organisation des Bengali ist schwach bis hin zur Verweichlichung. Seine Beschäftigungen sind sitzend, seine Glieder zart, seine Bewegungen träge. In vielen Zeitaltern wurde er von kühneren und härteren Menschen mit

Füßen getreten.“ Der britische Journalist George Steevens ergänzte 1899: „Das Bein eines freien Mannes ist gerade oder ein wenig gelenkig. Das Bein des Bengali ist entweder Haut und Knochen, oder es ist sehr dick oder kugelig. Das Bein des Bengali ist das Bein eines Sklaven.“ Ein Bengali, so hieß es, habe den „Mumm eines Kaninchens“.

Ob Zugverkehr oder Behörden, Medizin oder Unterhaltung: Die Briten legten großen Wert auf „Rassentrennung“. Auch in den ersten Fußballklubs von Kolkata wollten englische Händler, Lehrer und Soldaten unter sich bleiben. In den 1890er-Jahren gründeten sie Stadtligen und einen Verband, die Indian Football Association (IFA). Erst Jahre später durften bengalische Spieler an den Wettbewerben teilnehmen. In den Entscheidungspositionen jedoch, als Schiedsrichter oder Verbandsfunktionäre, blieben Inder auch in anderen Städten bis zum Ende der Kolonialzeit in der Minderheit.

Grätschen gegen die Kolonialherren

Im frühen 20. Jahrhundert wuchs die Popularität des Fußballs in Bengalen. Allmählich öffneten die Briten ihre Turniere auch für indische Spieler. „Noch war es unmöglich, die politische Macht zu erlangen“, sagt Bandyopadhyay. „Aber beim Fußball konnte die bengalische Jugend ihr Selbstwertgefühl stärken und sich für die Demütigungen rächen.“ Die Spielfelder gehörten zu den wenigen Orten, wo sich indische Diener mit britischen Soldaten auf Augenhöhe bewegten. Viele von ihnen genossen es, die Kolonialherren mit einer Grätsche oder einem Ellbogenstoß aus dem Tritt zu bringen.

Und ihr Mut wuchs weiter. In der 1885 gegründeten Kongresspartei mobilisierten Hindus und Muslime gegen das Kolonialregime. Die Briten wollten die beiden größten Bevölkerungsgruppen gegeneinander ausspielen. So etwa 1905 mit der administrativen Teilung von Bengalen, der bevölkerungsreichsten Provinz von Britisch-Indien. Im westlichen Teil mit der Hauptstadt Kalkutta, heute Kolkata, lebten mehrheitlich Hindus, im östlichen Teil rundum Dhaka überwiegend Muslime. Fortan machten sich noch mehr Bengalen mit Streiks und Demonstrationen für die Unabhängigkeit stark.

Nach anstrengenden Tagen versammelten sich Mitglieder der Kongresspartei auf dem Maidan. Fußball war inzwischen in der bengalischen Kultur verwurzelt, doch nur wenige indische Mannschaften durften an offiziellen Wettbewerben teilnehmen. Als wichtigstes Turnier der Indian Football Association galt das „IFA Shield“, erstmals ausgetragen 1893. Britische Militärteams spielten ihren jährlichen Sieger aus. Kaum jemand glaubte daran, dass jemals eine indische Mannschaft diesen Pokal gewinnen könnte. Ob Politik, Bildung oder Fußball: Auf ihrem eigenen Territorium wurden die Bengalen kleingehalten.

Barfuß zum Sieg

Womit wir im „magischen Jahr 1911“ gelandet sind. „Hier ist es passiert, genau hier“, sagt Joy Banerjee und breitet seine Arme aus. „Hier haben wir den Engländern gezeigt, dass sie nicht alles mit uns machen können.“ Banerjee ist erst seit wenigen Monaten Pressesprecher des Fußballklubs Mohun Bagan, doch seine bebende Stimme und seine lebhafte Körpersprache lassen vermuten, dass er in einem früheren Leben selbst mitgespielt hat. Auf dem Maidan liegt das heutige Gelände von Mohun Bagan auf derselben Fläche, wo der Klub vor mehr als 110 Jahren Geschichte geschrieben hat. Seitdem wurden darüber Bücher geschrieben und Gedichte verfasst, Lieder komponiert und Filme gedreht. Und so lässt sich das Ereignis ziemlich gut rekonstruieren.

Im Jahr 1911 lebte in Kalkutta etwa eine Million Menschen. Die wenigen hundert britischen Beamten gehörten zu den bestbezahlten Angestellten der Krone weltweit, viele von ihnen konnten sich dutzende indische Diener*innen leisten. Der große Anteil der bengalischen Bevölkerung aber lebte in Lehmhütten und Holzverschlägen im Norden der Stadt. Weniger als zehn Prozent von ihnen konnten lesen und schreiben. Mit Begeisterung hörten sie, dass eines ihrer Teams, Mohun Bagan, im prestigeträchtigen Wettbewerb „IFA Shield“ eine englische Mannschaft nach der anderen besiegte. Das Besondere daran: Mohun Bagan spielte größtenteils barfuß.

Im Finale traf Mohun Bagan am 29. Juli 1911 auf das East Yorkshire Regiment, eine britische Infanterieeinheit. Die Bahn von Kalkutta setzte Sonderzüge ein. Viele Menschen erschienen nicht zur Arbeit und sicherten sich schon Stunden vor der Partie einen Platz auf dem Maidan. Ein Stadion mit Tribünen existierte noch nicht. Zuschauer*innen kletterten auf Bäume, andere brachten Holzkisten mit. Rund 100.000 Menschen drängten auf die Freifläche, doch nicht alle konnten einen Blick auf das Spielfeld erhaschen. „Zuschauer in den vorderen Reihen ließen Drachen steigen, um Zuschauer in den hinteren Reihen über den Spielstand zu informieren", erzählt Joy Banerjee. Mohun Bagan siegte 2:1. Zum ersten Mal gewann ein indisches Team die britische Bastion „IFA Shield". Fort William, der Sitz der Kolonialverwaltung, lag nur wenige hundert Meter entfernt.

In den Stunden danach wurden die Spieler von Mohun Bagan auf Händen getragen und auf Kutschen durch die Stadt gefahren. Gesänge, Tänze, Blumen. Ganze Viertel von Kalkutta blieben hell erleuchtet. „Es erfüllt jeden Inder mit Freude und Stolz zu wissen, dass Reis essende, von Malaria geplagte, barfüßige Bengalis den Rindfleisch essenden, herkulischen, gestiefelten John Bull in diesem englischen Sport besiegt haben", schrieb die Zeitung „Nayak". „Mohun Bagan ist gelungen, was der Kongresspartei bisher nicht gelungen ist: den Mythos zu zerstören, dass die Briten in allen Lebensbereichen unschlagbar sind", kommentierte die Zeitung „Englishman".

Reaktionen wie diese hat der Historiker Kausik Bandyopadhyay in seinem Buch „Scoring Off the Field" zusammengetragen. Darin dokumentiert er auch, dass sich die Briten 1911 als großmütige Lehrer präsentiert haben. „Eine Lektion, die die englische Hingabe an den Sport lehrt, ist, dass Niederlagen mit Anstand hingenommen werden sollten", schrieb die Zeitung „Statesman". „Die Engländer müssen in der nationalen Schule der Ritterlichkeit schlecht gewesen sein, wenn sie den Triumph von Mohun Bagan nicht begrüßten und den starken Wunsch hegten, sie bei nächster Gelegenheit zu besiegen." Mohun Bagan sei Grund für Stolz, ergänzte die Zeitung „Empire": „Sowohl von Seiten der Bengalen als auch von Seiten der Briten, die ihnen das Spiel beigebracht haben." Solche Aussagen erinnerten an den Kolonialdichter Rudyard Kipling, der in einem Gedicht über „White Man's Burden" geschrieben hatte. Über die „Bürde des weißen Mannes", den „Rückständischen zu helfen".

Der Turniersieg von Mohun Bagan stützte die Unabhängigkeitsbewegung. Junge Bengalen gründeten Mannschaften und organisierten Turniere, die auch als Treffpunkte für politische Versammlungen dienten. Lokale Unternehmen bewarben ihre Produkte mit Fußballmotiven. Theater boten kostenlose Vorstellungen an. Die antikoloniale Bewegung organisierte sich in Bengalen effektiver als in anderen Regionen. Im Dezember 1911 verlegten die Briten den Sitz der Hauptstadt aus Kalkutta nach Delhi. Offiziell, weil Kalkutta nicht zentral, sondern am östlichen Rand von Britisch-Indien lag. Tatsächlich wegen der wachsenden Gegenwehr.

Bindeglied für Muslime

Mohun Bagan war für eine große, aber nicht für die einzige Sportrevolution in Indien verantwortlich. Zehn Gehminuten von der Spielstätte entfernt liegt auf dem Maidan eine andere wichtige Fußballadresse. Bereits aus der Ferne sind Hammerschläge und Bohrmaschinen zu hören. Der Boden auf dem Vereinsgelände ist tief. Am Rand stapeln sich Baumaterialien. Einer der Arbeiter wischt sich Staub aus dem Gesicht, ein anderer wirft Zementsäcke auf eine Schubkarre. Hinter dem Eingang steht ein weißer Torbogen. Darauf ist der Vereinsname geschrieben, auf Englisch, Bengali und Arabisch. Das Logo in grüner Farbe zeigt einen Halbmond mit Stern. „Wir bauen uns hier ein neues Zuhause", sagt Akbar Ali und zeigt mir die Baustelle. „Hoffentlich können wir irgendwann an die großen Zeiten anknüpfen."

Akbar Ali ist Geschäftsführer des Mohammedan Sporting Clubs, des wohl wichtigsten muslimisch geprägten Vereins in Indien. Er führt mich durch einen Tunnel zu Spielfeld und Stahltribünen. Noch müssen sich die Spieler in provisorischen Kabinen umziehen. Es ist noch nicht mal 11 Uhr und schon lässt einen die tropische Hitze außer Atem geraten. Auf dem Weg in sein Büro zeigt mir Ali die Pokalvitrine. Es ist wie so oft während meiner Recherche in Kolkata. Die Vereinsfunktionäre reden gern über Ursprünge und Erfolge aus der fernen Vergangenheit, weniger über die sportliche Ernüchterung der Gegenwart.

Der Mohammedan Sporting Club wurde 1891 als Begegnungsstätte von engagierten Muslimen gegründet. Erst 15 Jahre später formierte sich die „All-indische Muslimliga" als eine maßgebliche politische Partei. Gegenüber den Hindus waren die Muslim*innen auf dem indischen Subkontinent in der Minderheit. Sie stellen keine homogene Gruppe, sie hatten – bedingt durch soziale Stellungen und religiöse Ansichten – unterschiedliche Interessen. „Unser Verein war ein Bindeglied für die Muslime", sagt Akbar Ali. „Mohammedan gab Orientierung in schwierigen Zeiten."

In den 1930er-Jahren rekrutierte Mohammedan die besten muslimischen Spieler auf dem Subkontinent. Die Mannschaft gewann wichtige Turniere und fünfmal hintereinander die Stadtliga von Kalkutta. Bis zu 60.000 Zuschauer verfolgten ihre Spiele auf dem Maidan. Sie zündeten Feuerwerkskörper, ließen Luftballons steigen, feierten bis in die Nacht. Ein Lied verbreitete sich unter muslimischen Fans, darin hieß es: „Mohammedan Sporting, eine Million Grüße an euch, wir sind jetzt die Könige des Landes, alle anderen sind Sklaven." Vereinsmitglieder brachten eine politische Zeitschrift heraus und öffneten einen Lesesaal für muslimische Studenten.

Mitte der 1930er-Jahre schien die Unabhängigkeit Indiens keine Illusion mehr zu sein. Viele Muslim*innen fürchteten aber, dass sie in einem unabhängigen Staat von der Hindu-Mehrheit unterdrückt werden könnten. Aktivisten warben auch im Umfeld des Fußballs für eine eigenständige muslimische Nation. Der bengalische Lyriker Kazi Nazrul Islam widmete dem Klub Mohammedan ein Gedicht: „Diese Füße haben so unglaubliche Wunder mit dem Ball vollbracht. Möge die Macht von ganz Indien aus diesen Füßen aufsteigen. Mögen diese Füße unsere Ketten sprengen. Und unsere Angst und unser Grauen. Mögen diese Füße sie wegkicken. Allah-u-Akbar."

Innerhalb des Fußballs fühlten sich Vertreter von Mohammedan an den Rand gedrängt. Sie hatten den Eindruck, dass ihre Spieler für Vergehen härter bestraft wurden als die der nicht-muslimischen Gegner. Mitunter paktierten sie mit den Briten, um sich stärker von hinduistisch geprägten Vereinen abzugrenzen. Die Spannungen in der Gesellschaft nahmen zu – auch auf den Fußballfeldern des Maidans. Immer wieder gingen Hindus und Muslime mit Flaschen und Messern aufeinander los. Sie zerrissen Vereinsflaggen, warfen Steine und Sandalen aufs Feld. Aus Angst vor Übergriffen legten einige Teams ihre muslimischen Namen ab. Auch im Kricket bildeten sich Mannschaften entlang religiöser Linien. Muhammad Ali Jinnah, politischer Führer der Muslimliga, sagte gegenüber Studierenden: „Die muslimische Gemeinschaft sollte die Disziplin, die der Sport lehrt, als Ganzes nutzen."

Die Lage spitzte sich in den 1940er-Jahren zu. Großbritannien fokussierte sich auf die europäischen Fronten im Zweiten Weltkrieg und zog Ressourcen aus Indien ab. Premierminister Winston Churchill schien sich wenig für die Hungersnot in Bengalen zu interessieren, die 1943 wohl mehr als drei Millionen Menschen das Leben kostete. Nach dem Krieg eskalierte die Gewalt zwischen Hindus und Muslimen. Allein in Kalkutta starben bei Unruhen 1946 mehr als 5000 Menschen.

Im Juni 1947 stellte der britische Vizekönig, Lord Mountbatten, die zeitnahe Unabhängigkeit Indiens in Aussicht. Der Anwalt Cyril Radcliffe, der den Subkontinent nie bereist hatte, zog hastig die Grenzen. Das hinduistische Kerngebiet ging an Indien. Die muslimischen Regionen im Nordwesten und Nordosten, die geografisch weit auseinander lagen, bildeten den neuen Staat Pakistan. Ungefähr 20 Millionen Menschen flohen auf die andere Seite oder wurden vertrieben. Schätzungsweise eine Million kam bei Gewaltexzessen ums Leben. Insbesondere in der historischen Region Bengalen, die nun getrennt wurde. Der Westen Bengalens gehörte zu Indien, der Osten zu Pakistan. „Viele unserer Spieler und Mitglieder verließen Kalkutta und bauten sich in Pakistan ein neues Leben auf", sagt Akbar Ali vom Mohammedan Sporting Club. Etliche Geflüchtete schlossen sich in Dhaka, früher Indien, nun Ostpakistan, dem dortigen Klub Mohammedan an.

„Von diesem Einschnitt haben wir uns Jahrzehnte nicht erholt", erzählt Ali. Aktuell spielt Mohammedan in Kolkata in der I-League, der zweiten indischen Liga, doch mit neuen Investitionen und einem modernen Gelände möchte der Verein bald wieder an die nationale Spitze vorstoßen. Mitglieder von Mohammedan gehen gemeinsam in die Moschee oder treffen sich im Ramadan zum Fastenbrechen. Doch in den Mannschaften des Vereins spielen neben Muslimen auch Hindus, Christen und Sikhs. „In anderen Regionen Indiens mag es Spannungen geben", sagt Ali. „Aber ich möchte es deutlich betonen: Bei uns in Kolkata leben wir friedlich zusammen."

Klub der Einwanderer

Aber stimmt das wirklich? Als ausländischer Journalist sollte man es vermeiden, ein europäisch geprägtes Verständnis von ethnischer Vielfalt auf Indien zu übertragen. Religionen, Kastenwesen, Sekten und

Kulte: Der Subkontinent unterscheidet sich regional sehr stark. Allein in Indien werden über 100 Sprachen und 850 Dialekte gesprochen. Und selbst innerhalb der Hindu-Bevölkerungsmehrheit pflegen die Bundesstaaten unterschiedliche Dialekte und Traditionen.

Selbstverständlich gibt es dafür auch auf dem Maidan ein erhellendes Beispiel. Der Fußballklub East Bengal hat auf seinem Gelände das größte Vereinsmuseum Indiens eingerichtet. Neben Pokalvitrinen, Spielergalerien und historischen Trikots fallen Fotos mit großen Fantreffen ins Auge. Die Motive zeigen jubelnde, fröhliche, erleichterte Gesichter. East Bengal betont den Gemeinschaftssinn, der über den Sport hinausgehen soll. Im Museum dominieren die Vereinsfarben Rot und Gelb.

Für ein Gespräch über die politische Bedeutung des Vereins bin ich mit Gautam Roy verabredet, einem der anerkanntesten Sportjournalisten Indiens. Er hütet die Fußballstatistiken der vergangenen 130 Jahre wie einen Schatz. Er hat die Texte für eine App geschrieben, mit der man einen historischen Rundgang über den Maidan unternehmen kann. In einem seiner Bücher befasst er sich mit der Geschichte von East Bengal. Auf dem Titel ist das erste Trikot aus dem Gründungsjahr 1920 abgebildet.

Schon der Name lässt den kulturellen Ursprung erkennen, sagt Gautam Roy. In der westbengalischen Metropole Kolkata war East Bengal stets ein Sammelpunkt für Einwanderer aus dem Osten Bengalens. Die meisten Mitglieder von East Bengal waren Hindus – so wie die Bevölkerungsmehrheit von Kolkata –, doch sie pflegten andere Dialekte und Rituale. „Menschen aus dem Osten von Bengalen waren in Kolkata häufiger arbeitslos und obdachlos“, sagt Roy. „Im Fußball wurden sie von vielen Vereinen abgewiesen. Aber bei East Bengal konnten sie eine gemeinsame und positive Identität entwickeln.“

Im Buch von Gautam Roy ist auf einer Zeichnung eine Gruppe von Geflüchteten abgebildet. Einige tragen ihr letztes Hab und Gut auf dem Kopf. Am oberen Rand des Bildes weht eine Fahne von East Bengal, daneben prangt ein Element des Vereinslogos, eine brennende Fackel. Das Motiv erinnert an die sogenannte Partition 1947, an die Trennung Indiens. Rund zwei Millionen Hindus flohen damals aus dem Osten Bengalens, der nun zum muslimischen Pakistan gehörte. Viele von ihnen schafften es bis in die Vororte Kolkatas, aber dort mussten sie sich mit engen Behausungen und anstrengenden Arbeiten begnügen.

Die kulturelle und wirtschaftliche Einheit der historischen Region Bengalen war Geschichte. Transportwege und wirtschaftliche Netzwerke zerbrachen, auf beiden Seiten wuchs die Armut. Ende der 1960er-Jahre folgten im Ostteil von Pakistan Streiks, Spannungen, Gewaltausbrüche. Nach dem Befreiungskrieg 1971 spaltete sich Ostpakistan ab und gründete einen unabhängigen Staat: Bangladesch. Diesem Krieg fielen nach Schätzungen bis zu drei Millionen Menschen zum Opfer. Rund sieben Millionen Hindus flohen vor Pogromen nach Indien. Kolkata, die Hauptstadt von Westbengalen, wuchs weiter rasant in alle Richtungen.

„In diesen katastrophalen Zeiten engagierte sich East Bengal für die Geflüchteten und bot zumindest ein bisschen Hoffnung", erinnert sich Gautam Roy, der 1971 gerade seine berufliche Laufbahn begonnen hatte. Mitglieder von East Bengal sammelten Spenden, verteilten Essensgutscheine, organisierten Kleiderbörsen. Der Verein wurde beliebter. Fans warteten für ein Stadionticket mehrere Stunden. In den politisch komplizierten Siebzigerjahren gewann East Bengal etliche Turniere. Gautam Roy: „East Bengal wurde für viele Menschen zu einem seltenen Ort von schönen Erinnerungen."

Das große Derby überstrahlt alles

In den vergangenen Jahrzehnten spielte der indische Fußball international keine Rolle. Korruption im Verband, schlechte Strukturen in der Talentsichtung: Eine WM-Teilnahme war für die bevölkerungsreichste Demokratie utopisch. Doch in Kolkata fühlte es sich anders an. Auf dem Maidan hatte sich eine der größten und gefährlichsten Fußballrivalitäten Asiens herausgebildet. Zwischen Mohun Bagan und East Bengal. Zwischen den Ghotis, den Siedlern, und den Bangals, den Einwanderern. Ab Mitte der Achtzigerjahre fanden die Derbys im neuen Salt-Lake-Stadion statt, häufig vor rund 90.000 Zuschauern.

Diese Fußballrivalität ist im Kulturleben von Kolkata tief verwurzelt. Zum Beispiel in der College Street, die in der bengalischen Sprache auch Boi Para genannt wird, Bücherstadt. Auf gut einem Kilometer wird die enge Straße von kleinen Buchläden gesäumt. Händler sitzen hinter

Verkaufsfenstern zwischen Bücherstapeln. Auf den schmalen Bürgersteigen breiten Autoren ihre Bildbände aus. Studierende blättern in Fachmagazinen, Verleger in dunklen Anzügen bahnen neue Geschäfte an. Der dröhnende Verkehr scheint sie nicht zu stören. Immer wieder werfen Taxis und Tuk-Tuks neue Kunden ab.

In der College Street komme ich mit einigen Händlern ins Gespräch. Sie erzählen mir, wie Autoren das Fußballderby von Kolkata in Romane und Gedichte einfließen ließen. Manchmal standen die Klubs im Mittelpunkt der Dramaturgie, mitunter war der Maidan ein Nebenschauplatz. Es ging etwa um ein Liebespaar, das sich nur im Geheimen treffen durfte, weil die Eltern unterschiedliche Vereine unterstützen. Ein anderes Buch thematisierte den Suizid eines Fans und zitierte aus dessen Abschiedsbrief: „Nach meiner nächsten Geburt möchte ich ein guter Fußballer von Mohun Bagan werden und mich für die Niederlagen rächen." Ebenfalls ein Thema in Büchern und Filmen: Schlägereien und Massenpaniken im Stadion. Bei einem Stadtderby 1980 kamen 16 Fans ums Leben.

Die Feindseligkeit zwischen den beiden großen Fanlagern hält bis heute an. Anhänger von Mohun Bagan bezeichnen ihre Gegner von East Bengal während der Derbys als Flüchtlinge, Schmarotzer und Parasiten. „Damit will man uns erniedrigen und beleidigen", sagt Uttiyo. „Aber wir lassen uns nicht beleidigen". Und sein Freund Rivu ergänzt mit vorgebeugtem Körper: „Im Gegenteil. Wir nehmen diese Provokationen auf und antworten mit kreativer Energie."

Uttiyo arbeitet als Autor für Online-Portale, Rivu ist IT-Spezialist, beide sind Ende zwanzig. Ihre Freizeit widmen sie ihrem Lieblingsklub East Bengal. Uttiyo und Rivu verstehen sich als linke Ultras. Es reiche für sie nicht, nur über Tore und Titel nachzudenken. „Unsere Familien und unser Klub haben eine komplizierte Geschichte", sagt Uttiyo. Seine Großeltern waren nach der Teilung Indiens aus Ostbengalen geflohen. „Mit dieser Geschichte gehen wir selbstbewusst um."

Was das bedeutet, zeigte eine Choreografie beim Derby 2019. Die Ultras von East Bengal spannten im Stadion riesige Banner über ihre Tribüne. Darauf erzählten sie in einer Bilderserie die Biografie eines Fans: Ganz links hält eine erschöpfte Mutter auf der Flucht einen Säugling im Arm. Jahre später wächst das Kleinkind zu einem Jugendspieler heran und jubelt dann als Anhänger in Rot und Gelb. Ganz rechts steuert dieser Fan im Alter mit Gehhilfe auf das Klubzentrum von East Bengal zu. „Als wir diese Banner präsentierten, waren viele Fans sehr gerührt", erinnert Rivu. Die postkolonialen Traumata der Teilung Indiens und der Gründung von Bangladesch wirken bis heute nach. Auch in den Familien von Rivu und Uttiyo möchten viele nicht darüber sprechen.

Unser Interview findet in der Wohnung von Rivu statt, in einem Stadtviertel der Mittelschicht im Nordosten von Kolkata. Eine Ecke seines Wohnzimmers hat Rivu dem Fußball gewidmet. Auf einer Kommode liegen Bücher über Ultras und Hooligans. Daneben steht ein Pokal, den Rivu mit Freunden bei einem Freizeitturnier gewonnen hat. An der Wand kleben drei Sticker. Ein Motiv zeigt das Logo des FC St. Pauli, auf dem eine Faust auf Putin einschlägt, dazu die Botschaft: „Gegen Krieg!" Gerade hat Rivu bei einem englischen Verlag ein Buch über die bekanntesten linken Fußballklubs bestellt. Er sagt: „Am Anfang haben wir uns vor allem für Spieler interessiert. Aber mit der Zeit haben wir gelernt, dass wir als Gruppe eine politische Kraft haben. Wir beobachten die Nachrichten und nutzen das Stadion für Protest."

Aufstieg der Hindu-Nationalisten

Nach der Unabhängigkeit 1947 wurden Indien und die regierende Kongresspartei für rund 40 Jahre von einer Familie bestimmt. Jawaharlal Nehru war der erste Premierminister des Landes, seine Tochter Indira Gandhi und sein Enkel Rajiv Gandhi füllten dieses Amt ebenfalls aus. Weitere Mitglieder der Familie saßen im Parlament. Die indische Wirtschaft erreichte zweistellige Wachstumsraten, die Kindersterblichkeit sank, die Lebenserwartung stieg auf 68 Jahre. Doch durch ökonomische Krisen wurde Indien immer wieder zurückgeworfen. Bis ins 21. Jahrhundert hinein lebten mehr als zwei Drittel der Bevölkerung in Armut.

Hätte sich Indien mit einer besseren Politik schneller entwickeln können? Die ehrwürdige Kongresspartei, gegründet 1885, haderte mit internen Konflikten und wurde von Korruptionsvorwürfen überschattet, sie verlor rasant an Vertrauen. Seit 2014 dominiert nun eine andere politische Bewegung: die Bharatiya Janata Party (BJP), die

„Indische Volkspartei". Seit ihrer Gründung 1980 hat sich die BJP dem Hindu-Nationalismus verschrieben und ist zur wohl mitgliederstärksten Partei der Welt aufgestiegen. Ihr ideologisches Fundament liegt auch in der RSS, einer teils faschistischen Freiwilligenorganisation. Die RSS, gegründet 1925, zeigte sich offen für Hitlers Vorstellung der „Rassenreinheit". Eines ihrer früheren Mitglieder war der radikale Hindu Nathuram Godse, der 1948 den Freiheitskämpfer Mahatma Gandhi ermordete.

Das prominenteste Gesicht der BJP ist Narendra Modi, seit 2014 indischer Premierminister. In den vergangenen zehn Jahren hat die BJP wichtige staatliche Stellen mit nationalistischen Hindus besetzt. Die Regierung ließ Lehrpläne umschreiben und widmete Straßennamen hinduistischen Persönlichkeiten. Sie dämonisierte den Verzehr von Rindfleisch, da Kühe für gläubige Hindus als heilig gelten. Seit 2019 können Mitglieder religiöser Minderheiten die indische Staatsbürgerschaft annehmen, sofern sie vor 2014 ins Land kamen. Dieses Gesetz gilt unter anderen für Buddhist*innen, Sikhs oder Christ*innen, nicht jedoch für Muslim*innen. Amit Shah, seit 2019 Innenminister Indiens, bezeichnete Geflüchtete aus Bangladesch als „Termiten" und „Eindringlinge". Diese Wortwahl dürfte dazu beigetragen haben, dass in einigen indischen Regionen immer wieder Muslim*innen attackiert werden.

„Wir würden bei einer Wahl niemals für die BJP stimmen", sagt Uttiyo und Rivu nickt zustimmend. Ihre Gruppe hat sich in sozialen Medien und im Stadion gegen den Hindu-Nationalismus positioniert, im Jahr 2020 mit einer riesigen Choreografie. Die Vereinsführung von East Bengal lehnt jedoch „politische Botschaften" auf den Tribünen ab. Daher organisieren die Ultras ihre Aktionen im Verborgenen. Sie stimmen sich im kleinen Kreis ab, treffen sich zur Vorbereitung in wechselnden Räumen, schmuggeln ihre Transparente an den Ordnern vorbei in die Kurve. Die Klubfunktionäre, die teils in der Politik mitmischen, erteilten den Ultras für die Geschäftsstelle und das Vereinsmuseum Hausverbot. Rivu und Uttiyo stehen unter Beobachtung, auch deshalb sollen ihre Nachnamen in diesem Buch unerwähnt bleiben.

Im Kleinen erleben die Ultras eine Entwicklung, die die indische Zivilgesellschaft im Großen durchmacht. NGOs mit Förderung aus dem Ausland stehen unter Beobachtung und dürfen ihre Finanzströme nur noch über eine Bank abwickeln. Einige Organisationen wie Amnesty International haben sich nach Hausdurchsuchungen größtenteils aus Indien zurückgezogen. Zudem hat das Land keine Tradition von starken Gewerkschaften und Arbeitnehmergruppen.

Regierungsmitglieder der BJP schwärmen von der „größten Demokratie der Welt“, doch auch im Mediensektor weist Indien Merkmale einer Autokratie auf. Viele Zeitungen sind wegen des geringen Kaufpreises und der niedrigen Werbeerlöse auf mehrseitige Anzeigen staatlicher Organe angewiesen. Die Konkurrenz auf dem verzweigten Printmarkt führt dazu, dass viele Redaktionen auf kürzere Texte und politikferne Themen setzen. In den abendlichen Talkshows dagegen hetzen Nationalisten gegen Muslim*innen und gegen den verhassten Nachbarn Pakistan. Narendra Modi selbst wollte 2022 die Ausstrahlung einer kritischen Dokumentation verhindern. Darin thematisierte die BBC seine frühere Rolle als Regierungschef im westindischen Bundesstaat Gujarat. Modi soll dabei 2002 tatenlos zugesehen haben, wie mehrere Hundert Muslim*innen bei Pogromen getötet wurden. Inzwischen will Modi nicht mehr darüber sprechen. Größere Pressekonferenzen lehnt er generell ab.

Unter der BJP ist Indien in der Rangliste der Pressefreiheit von Reporter ohne Grenzen auf Platz 161 gefallen, von 180 bewerteten Staaten und Gebieten. Keine Demokratie wurde schlechter bewertet. Und trotzdem bietet auch der Sport eine Bühne, um Modis Regierung glänzen zu lassen. Im Oktober 2023 fand in Mumbai die 141. Session des Internationalen Olympischen Komitees (IOC) statt, wenige Wochen nach dem G20-Gipfel in Delhi. Und 2036 könnte Indien erstmals Gastgeber der Olympischen Sommerspiele sein.

„Eigentlich äußere ich meine Meinung in sozialen Medien offen, kritisch und selbstbewusst“, sagt Tariqa Tandon. „Vielleicht wird das unsere Finanzierung künftig erschweren. Vielleicht bewegen wir uns mit dem Thema Sport aber auch unter dem Radar.“

Das Kastenwesen besteht fort

Tariqa Tandon ist in Delhi aufgewachsen und hat in Kanada Politikwissenschaft studiert. Seit der Pandemie ist sie zurück in ihrer Heimatstadt und arbeitet für „Pro Sport Development“, eine NGO, die sich mit Sport für benachteiligte Jugendliche einsetzt. Vor meiner Reise nach Indien war mir Tandon in der Online-Recherche allerdings aus einem anderen Grund aufgefallen. Als eine von wenigen Aktivistinnen hatte sie den Sport mit einem besonders sensiblen Thema der indischen Gesellschaft in Verbindung gebracht: mit dem Kastenwesen. Es ist ein Thema, zu dem meine Interviewpartner*innen in Kolkata wenig sagen wollten oder konnten.

Grundsätzlich: Beim Kastenwesen handelt es sich um eine hierarchische Gliederung der hinduistischen Gesellschaft. Die Herausbildung der Gruppen hatte offenbar im zweiten Jahrtausend vor Christus begonnen und – mal mehr, mal weniger – den sozialen Status und die Arbeitsteilung auf dem Subkontinent geprägt. Diese komplexe Rangordnung wies regionale Unterschiede auf. Vereinfacht ließ sie sich in vier Hauptkasten strukturieren: An der Spitze die Brahmanen, traditionell die intellektuelle Elite. Dahinter die Kshatriyas, die Krieger und höheren Beamten. Gefolgt von den Vaishyas, den Händlern, und schließlich den Sudras, den Bauern.

Unterhalb dieser Ebene standen die „Unberührbaren“, auch bekannt als Dalit, die „Niedergetretenen“. Die Dalit mussten sich mit „unreinen“ Berufen begnügen, als Wäscher*innen und Schlachter*innen, als Müllsammler*innen und Reinigungskräfte von Latrinen. Lange war die Ansicht verbreitet, dass die Hautfarbe bei der Hierarchie eine wichtige Rolle spielte: je heller die Haut, desto höher die Kaste. Über Jahrhunderte konnte man die Kastenzugehörigkeit bereits am Nachnamen erkennen, gemischte Ehen waren unerwünscht. Doch die Verfassung im unabhängigen Indien erklärt die „Unberührbarkeit“ inzwischen für abgeschafft – zumindest in der Theorie.

Die Aktivistin Tariqa Tandon vertritt die Ansicht, dass das Kastendenken noch immer die hinduistische Gesellschaft strukturiert. In riesigen Metropolen wie Delhi, Mumbai oder Kolkata kommen wohlhabende und benachteiligte Familien fast nie in Kontakt. Sie leben in unterschiedlichen Vierteln, ihre Kinder besuchen unterschiedliche Schulen. „Für manche Parks und Sportstätten werden Sicherheitskräfte engagiert, um arme Menschen fernzuhalten“, sagt Tandon. Für eine Mitgliedschaft im Verein brauche man Geld, Freizeit und einen gesunden Lebensstil. „Es sind Ressourcen, die sich Dalit selten leisten können."

Während ihrer Studienzeit in Kanada hat sich Tariqa Tandon mit Diskriminierung in Nordamerika befasst. Konzerne und Klubs nehmen dort an Veranstaltungsreihen teil, etwa im „Black History Month" oder im „Pride Month". Tandon erfuhr durch Zufall, dass in Indien seit 2013 ein Monat den Dalit gewidmet ist, der April. Doch Politik, Wirtschaft oder Sport interessieren sich dafür kaum. Tariqa Tandon wollte die Aufmerksamkeit für das Thema erhöhen. Für die NGO „Sport and Development" stellte sie in Online-Artikeln zwölf erfolgreiche Dalit-Sportler*innen vor.

Einer der bekanntesten von ihnen war der Kricketspieler Palwankar Baloo, geboren 1876. Baloo stammte aus einer Familie von Lederarbeiter*innen. In Bombay, heute Mumbai, hatte er als Jugendlicher die Spiele von Soldaten beobachtet, er half beim Aufbau des Spielfeldes und trainierte abends mit ausrangierter Ausrüstung. Baloo schaffte es mit seinem Talent in eine der besten Mannschaften. Doch nach den Partien musste er Tee und Abendessen allein zu sich nehmen.

Mehr als 100 Jahre später machte die Hockeyspielerin Vandana Katariya auf die Dalit-Gemeinschaft aufmerksam. Als Kapitänin führte sie das indische Nationalteam 2016 bei der Asienmeisterschaft zur Goldmedaille. Bei den Olympischen Spielen 2021 in Tokio scheiterte ihre Auswahl im Halbfinale. Katariya erhielt Drohungen. Zwei Männer aus der oberen Kaste ließen vor ihrem Haus Feuerwerkskörper explodieren. Sie behaupteten, im Team seien „zu viele Dalit" aktiv gewesen. Eine Verurteilung dieser Diffamierung durch indische Sportfunktionäre blieb aus.

Auch im Fußball sorgte eine Dalit-Persönlichkeit für Schlagzeilen. Inivalappil Mani Vijayan wuchs im Bundesstaat Kerala auf. Als Jugendlicher verkaufte er im Stadion Getränke und Zigaretten, um seine alleinerziehende Mutter zu unterstützen. Beim Kicken auf dem Bolzplatz entdeckte der örtliche Polizeidirektor sein Talent und lud ihn zum Vereinstraining ein. Einige Jahre später spielte Vijayan für den Serienmeister Mohun Bagan und stieg zum Kapitän des Nationalteams auf.

Tariqa Tandon hat intensiv recherchiert, doch gerade in Teamsportarten hat sie wenige Dalit gefunden. Damit spiegelt der Sport Bereiche der Gesellschaft wider: In Schulen auf dem Land werden Kinder aus Dalit-Familien mitunter in der letzten Reihe platziert. Bei der Vergabe von Jobs oder Wohnungen werden sie häufig übergangen. Um dieser Ausgrenzung zu entgehen, konvertieren etliche Dalit zum Islam oder zum Christentum.

Diese Verhältnisse legen nahe, dass staatliche Maßnahmen kaum Wirkung entfalten. Seit Jahrzehnten reservieren Ministerien, Behörden und Hochschulen bestimmte Stellen und Ausbildungsplätze für Dalit. „Gegen solche Quoten gab es in den oberen Kasten Widerstand", sagt Tandon. „In den Sportverbänden wird eine bevorzugte Behandlung durch Quoten überhaupt nicht diskutiert. Die Funktionäre glauben, dass sie damit ihren Ruf gefährden würden."

Mit Sport gegen die Armut

Westliche Medien blicken oft mit Ehrfurcht auf Delhi. Die Regierungen in den USA und Europa wünschen sich Indien als ökonomischen Absatzmarkt und politischen Partner in Konflikten mit China oder Russland. Geht man nach dem Bruttoinlandsprodukt in absoluten Zahlen, so liegt Indien unter den größten Volkswirtschaften inzwischen auf Rang fünf. Doch das indische Bruttoinlandsprodukt pro Kopf lag 2021 gerade mal bei 2.280 Dollar. Zum Vergleich: Das deutsche BIP pro Kopf kam auf 51.238 Dollar.

Trotz des wirtschaftlichen Wachstums steht Indien vor großen Herausforderungen. Noch immer müssen mehr als 200 Millionen Menschen mit 1,25 Dollar pro Tag oder weniger auskommen, das sind rund 15 Prozent der Bevölkerung. Die International Labour Organization (ILO) schätzt, dass in Indien rund sechs Millionen Kinder zur Arbeit gedrängt werden. 70 Prozent der Bevölkerung arbeiten im informellen Sektor, ohne nennenswerte Arbeitsrechte. Und jährlich drängen zwölf Millionen Menschen auf den Arbeitsmarkt.

Es sind unfassbare Zahlen. Aber kann der Sport zumindest einen kleinen Beitrag zur Armutsbekämpfung leisten? In den letzten Tagen meiner Recherchereise mache ich in Delhi Station. Für einen Vormittag geht es hinaus nach Seemapuri, an den nordöstlichen Rand der indischen Hauptstadt. Der dichte Verkehr schiebt sich über holprige Straßen. Am Rand liegen zwei abgemagerte Kühe. Dahinter parkt ein LKW mit einem großen Wassertank. Männer mit verschwitzten Gesichtern eilen herbei und füllen ihre Behälter auf. Sie wissen nicht, wann der nächste Transporter vorbeikommen wird. Viele Lehmhütten im Umkreis haben keinen Wasserzugang.

Auf der anderen Straßenseite schlängelt sich ein Sandweg an Blechhütten entlang. Schäden in den Dächern sind notdürftig mit Planen bedeckt. Einige Ecken sind mit Müllsäcken vollgestellt. Dazwischen hocken junge Frauen und suchen nach Pfandflaschen oder anderen Gegenständen von Wert. Kleinkinder klettern barfuß über Tüten mit abgelaufenen Lebensmitteln. Vor ihren Gesichtern kreisen Fliegen. Der Geruch von Abfall und Urin ist schwer erträglich.

Sonam Chaurasiya ist in Seemapuri aufgewachsen, doch über ihr Viertel verliert sie kein schlechtes Wort. Wir gehen gemeinsam auf einen Bolzplatz. Jugendliche in gelben und blauen Trikots passen sich Bälle zu. „Wir nutzen Fußball für Aufklärung und Bildung", sagt sie. Zwischen den Spielen und Übungen bieten die Sozialarbeiterin und ihr Team Workshops an. Darin geht es um Prävention gegen Gewalt, Alkohol, Drogen, aber auch um Hygiene oder das Erlernen des Alphabets.

„Viele Kinder und Jugendliche haben früh Gewalt erlebt", erzählt Sonam Chaurasiya. „Wir können hier andere Themen setzen." Die NGO, für die sie arbeitet, nennt sich „Slum Soccer" und wurde 2001 gegründet, da war sie noch gar nicht geboren. Chaurasiya stellt mir ihre Kolleg*innen vor und zeigt mir die Räume für die Workshops. Immer wieder geht sie auf Eltern zu und argumentiert, dass ihren Kindern Sport guttun würde. Viele Eltern gehören zu den Dalit und haben lebenslang Ausgrenzung erfahren. Sie geben ihre Kinder ungern in die Obhut anderer. „Nach einer Weile in unseren Projekten sehen sie jedoch, dass sich die Kinder positiv entwickeln", sagt Chaurasiya. Auch deshalb sind in Indien dutzende NGOs mit Sportbezug aktiv. Und doch ist ihr Einfluss sehr begrenzt.

Mangelndes Wissen über die Kolonialzeit

Die Recherche in Indien gehörte zu den besonders intensiven Reisen in meinem beruflichen Leben. Doch am Ende drängt sich eine Frage auf, die ich mir so ähnlich auch nach den Interviews in Namibia oder

Brasilien gestellt habe. Wie hätte sich der Subkontinent wohl entwickelt, wenn die britischen Besatzer nie gekommen wären oder sie sich früher zurückgezogen hätten? Eine konkrete Antwort kann es nicht geben, aber Ansatzpunkte. Die indische Ökonomin Utsa Patnaik glaubt, dass London aus Indien zwischen 1765 und 1938 Rohstoffe und Güter ins „Mutterland" transportieren ließ, die heute einem Wert von rund fünfzig Billionen Euro entsprächen.

Zum Allgemeinwissen in Großbritannien gehören solche Zahlen nicht, wie eine Umfrage des Meinungsforschungsinstituts YouGov aus dem Jahr 2020 nahelegte: 30 Prozent der Befragten glaubten, dass es den einstigen Kolonien unter britischer Kontrolle heute besser ginge. Eine andere Umfrage richtete den Fokus auf den Geschichtsunterricht: 86 Prozent der Befragten konnten sich an Schulstunden über das Königshaus Tudor erinnern, 73 Prozent an das Große Feuer von London im Jahr 1666. Aber nur 37 Prozent hatten als Unterrichtsthema die Sklaverei vor Augen, sogar nur acht Prozent den Kolonialismus.

Auch die Politik meidet einen kritischen Blick zurück. 2013 ging der damalige britische Premierminister David Cameron bei seinem Staatsbesuch in Indien auch auf das Massaker 1919 in Amritsar ein. Britische Truppen hatten dort nach Protesten hunderte unbewaffnete Männer, Frauen und Kinder in einem Park erschossen. Cameron fand das „zutiefst beschämend", aber formell entschuldigen wollte er sich genauso wenig wie seine Amtsvorgänger.

Das Empire ist Geschichte. Zur Gegenwart gehört das „Commonwealth of Nations". Dieser Bund vereinigt 56 Länder, überwiegend frühere britische Kolonien. Das Commonwealth erstreckt sich über sämtliche Kontinente und umfasst etwa ein Drittel der Weltbevölkerung. In 15 Mitgliedsländern ist König Charles III. Staatsoberhaupt. Doch das Commonwealth ist weder Militärbündnis noch Wirtschaftsgemeinschaft, die Mitglieder können einfach austreten. 2021 entfielen auf die Commonwealth-Staaten gerade mal neun Prozent des britischen Außenhandels. 43 Prozent des Handels waren dagegen mit der Europäischen Union verknüpft.

Auch das Jahresbudget des Commonwealth ist mit 26 Millionen Euro relativ niedrig. Viele der 300 Mitarbeitenden der Organisation widmen sich Jugendprogrammen oder Bildungskampagnen. Die wohl sichtbarste Initiative ist im Sport verankert: Alle vier Jahre finden die Commonwealth Games statt.

Die politische Rolle der Commonwealth Games

Im Juli 2022 mache ich mich auf den Weg nach Birmingham, wo die 22. Ausgabe dieser Spiele stattfindet. Die zweitgrößte Stadt des Vereinigten Königreichs gleicht einem Festivalcampus. Straßenkonzerte, Jugendliche in Sportkleidung, Shops mit Merchandising. Auf Plakaten, in Museen, in der Bibliothek: Die Organisator*innen werben für eine nachhaltige Veranstaltung. Mit mehr Medaillen für Frauen als für Männer, auch mit paralympischen Wettbewerben. Die Spiele sollen inklusiv sein, klimaneutral enden und die Bevölkerung zu mehr Bewegung im Alltag animieren. Mehr als 5.000 Sportler*innen aus 72 Ländern und Territorien nehmen teil.

Auch die Eröffnungsfeier im Alexander-Stadion stellt fortschrittliche Ideen der Gegenwart in den Mittelpunkt, und weniger die brutale Geschichte des Empire. Einige Choreografien der Feier spielen zwar auf die Sklaverei und die historische Ausbeutung an, aber später in seiner Rede wählt der damals noch künftige König Charles eher allgemeine Worte. Er bezeichnet Birmingham als einen symbolischen Ort für „die reiche Vielfalt und Einheit des Commonwealth". Dass in der Gastgeberstadt fast 30 Prozent der Einwohner*innen familiäre Ursprünge auf dem indischen Subkontinent haben, lässt er unerwähnt.

Es ist schließlich der Wasserspringer Tom Daley, der den symbolischen Staffelstab ins Stadion von Birmingham trägt. Daley hatte Großbritannien bei vier Olympischen Spielen vertreten. Als offen schwul lebender Mann positioniert er sich in Interviews und Reden immer wieder gegen Homophobie. Dass Daley nun die Spiele eröffnet, wird international als Botschaft an die 35 Commonwealth-Länder gedeutet, in denen Homosexualität noch immer kriminalisiert wird.

Um mehr über dieses Thema zu erfahren, lohnt sich während der Spiele ein Besuch im Pride House, in einem beliebten Kneipenviertel von Birmingham. Es ist ein Treffpunkt für queere Athlet*innen, Fans, Aktivist*innen. Es gibt Räume für Partys, Workshops oder Filmvorführungen. Im Eingangsbereich erläutert eine Ausstellung, in welchen

Commonwealth-Staaten Schwulen und Lesben das Recht auf Heirat, Adoption und Militärdienst noch verweigert wird.

„Das Pride House ist sehr relevant für die Commonwealth Games", sagt Jon Holmes, Gründer des Netzwerks „Sports Media LGBT+" und einer der Kurator*innen dieser Ausstellung. „Oft haben erst die britischen Besatzer die LGBT-feindlichen Gesetze in den Kolonien verankert. Nach ihrem Rückzug blieben die Gesetze vielfach in Kraft. Und selbst dort, wo sie aufgehoben wurden, kommt es zu Diskriminierungen und Angriffen gegen queere Personen."

Beispiel Indien. Über Jahrhunderte galt der Subkontinent als vergleichsweise liberal für sexuelle Minderheiten. Im Kamasutra wird ein drittes Geschlecht erwähnt, für trans- und intersexuelle Menschen etablierte sich der Begriff „Hijras". Die Briten jedoch sahen in den Hijras einen „Verstoß gegen den öffentlichen Anstand". 1861 führten sie in Indien das „Anti-Sodomie-Gesetz" ein, insbesondere gegen gleichgeschlechtliche Beziehungen. So verbreitete sich eine viktorianische und christlich geprägte Sexualmoral, die im Geschlechtsverkehr vor allem den Weg zur Fortpflanzung sah.

Nach der Unabhängigkeit 1947 übernahm der indische Staat diese Gesetzgebung. Erst in jüngerer Vergangenheit wurde gleichgeschlechtlicher Sex entkriminalisiert, zuletzt fanden in Delhi „Queer Pride Paraden" statt. Ein Hoffnungszeichen? Im Oktober 2023 lehnte der Oberste Gerichtshof die Legalisierung der Ehe für alle ab.

Es ist wahrscheinlich, dass sich das Commonwealth in den kommenden Jahren ändern wird. Nach dem Tod von Königin Elisabeth II. wird in einigen Ländern die Anbindung an das Vereinigte Königreich hinterfragt. In Australien kommentierte die Grünen-Politikerin Mehreen Faruqi: „Ich kann nicht um die Führerin eines rassistischen Empires trauern, errichtet auf den gestohlenen Leben und dem Land kolonisierter Völker."

Welche Zukunft hat der Staatenbund? Bereits 2021 hat Barbados die Monarchie abgeschafft und ist seither eine Republik. Derweil drängt Jamaika auf Reparationszahlungen für den britischen Sklavenhandel. Es gibt aber auch Staaten wie Ruanda oder Mosambik, die nie zum Empire gehörten, sich aber dennoch um die Aufnahme ins Commonwealth bewarben, weil sie von Wirtschaftsnetzwerken profitieren wollen.

In der Politik und der Kultur Großbritanniens entstehen seit einigen Jahren Kampagnen, Ausstellungen oder Projekte, die sich kritisch mit der Kolonialzeit befassen, aber meist sind diese in den Ballungszentren verankert. Auf Druck von außen hinterfragen staatlich finanzierte Museen wie das British Museum oder das Victoria and Albert Museum die Herkunft ihrer Objekte. Allein in London sollen acht Prozent der Statuen Verbindungen zum Kolonialismus haben. In den Buchhandlungen der Hauptstadt füllen kolonialkritische Analysen und Biografien inzwischen ganze Regale. Aber wie kann auch die breite Bevölkerung erreicht werden?

In kaum einem Land Europas wird der Sport heute so intensiv in gesellschaftliche Projekte eingebunden wie in Großbritannien. Aber kritische Perspektiven auf die eigene Geschichte kommen zu kurz. Es würde sich lohnen, auch nach Indien zu blicken, vor allem in die alte Hauptstadt Kolkata. Der Sport könnte mit populären Erzählungen einen Zugang schaffen: In den 1920er-Jahren etwa wollte das Vereinigte Königreich mit einer großen Ausstellung die Bindungen mit seinen Territorien stärken. Für diese „British Empire Exhibition" wurde im Nordwesten Londons ein Stadion erbaut. Die Architekten griffen dabei auch den Stil der indischen Mogulreiche auf. Das Stadion wurde später unter dem Namen Wembley berühmt.

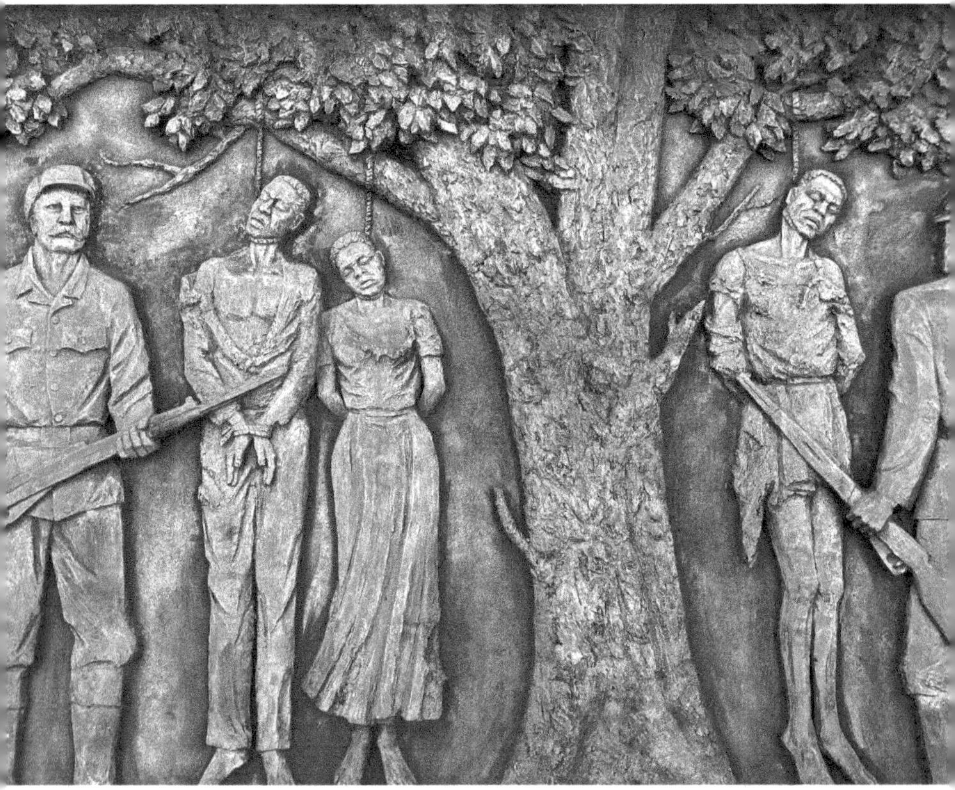

Erinnerung an den Massenmord: Mahnmale und Plaketten erinnern in Namibia an die deutsche und südafrikanische Kolonialherrschaft.

KAPITEL 5

IM KOFFERRAUM INS EXIL

In Namibia schürten deutsche Kolonialherren einst Konflikte zwischen den Volksgruppen. Nach dem Ersten Weltkrieg knüpften südafrikanische Besatzer daran an und etablierten die Apartheid. Im Fußball zog die herrschende weiße Minderheit strenge Grenzen und hielt Schwarze Spieler aus ihren Ligen fern. Heute, mehr als drei Jahrzehnte nach der Unabhängigkeit Namibias, besteht die soziale Ungleichheit fort. Sportvereinen, die auf deutschsprachige Sponsoren setzen können, geht es besser als Schwarzen Klubs. Doch in allen Bevölkerungsgruppen entwickeln Menschen Projekte für eine Annäherung.

Im Fußballverband von Namibia engagiert sich Lydia Hatzenberg für Mädchen und Frauen. Sie möchte mit Hilfe des Sports zum Nachdenken anregen, auch über die Geschichte des Landes. Vor einigen Jahren reiste sie mit Spielerinnen in den Süden Namibias. Auf ihrer Tour besuchten sie die Hafenstadt Lüderitz. 1883 war hier in der Nähe der Bremer Kaufmann Adolf Lüderitz an Land gegangen. Bald darauf wurde die Gegend „unter den Schutz" des Deutschen Reiches gestellt. Jahre später versammelten sich rund um Lüderitz deutsche Soldaten, um sich auf die Niederschlagung der aufständischen Nama vorzubereiten. Angehörige dieser Volksgruppe wurden im nahegelegenen Konzentrationslager interniert.

Lydia Hatzenberg hat viel über die deutsche Kolonialzeit in Namibia gelesen, die bis kurz nach Beginn des Ersten Weltkrieges andauerte. Sie ist sich bewusst, dass der Völkermord an den Herero und Nama von 1904 bis 1908 auch heute noch die Gesellschaft prägt. Aber sie ist nicht wegen dieses Traumas mit ihrer Gruppe damals nach Lüderitz gefahren. Stattdessen wollte sie sich mit Zacharias Lewala beschäftigen. Der Schwarze Arbeiter, der aus dem südlichen Afrika stammte, fand 1908 einen der ersten Rohdiamanten und überreichte ihn seinem weißen Vorgesetzten. Der Fund löste einen Diamantenrausch aus und machte die Kolonialherren reich.

Die Fußballerinnen nahmen in Lüderitz an einer Stadtführung teil. Der Guide zeigte ihnen eine Fleischerei, eine Bibliothek, eine Kirche und etliche Denkmäler – alle waren mit deutschen Namen versehen. Von Zacharias Lewala aber war keine Rede, erinnert Hatzenberg: „Menschen, die heute für uns Vorbilder sein könnten, werden nicht ausreichend gewürdigt." Hatzenberg hat die Führung in Lüderitz abgebrochen und ihre Spielerinnen selbst aufgeklärt.

Die drittgrößte Kolonialmacht der Welt

Die Recherche für dieses Buchkapitel führt in die namibische Hauptstadt Windhoek, rund 9000 Kilometer von Deutschland entfernt. Im Stadtzentrum spaziert man durch die „Bismarckstraße" und den „Schanzenweg". Tourist*innen bleiben für Fotos vor dem Kolonialbau der „Kaiserlichen Landvermessung" stehen. Zu den Sehenswürdigkeiten zählt auch die Christuskirche. Auf einer Tafel sind Namen gefallener deutscher Soldaten gelistet. Wenige Gehminuten weiter gedenkt ein Schriftzug an einer Festung der „Kameraden der kaiserlichen Schutztruppe". Auch anderswo in Namibia erinnern Denkmäler, Straßennamen und Gebäude an „Deutsch-Südwestafrika".

In der internationalen Kolonialismus-Debatte spielt Deutschland eher eine untergeordnete Rolle. Zu Unrecht. Bereits ab dem späten 17. Jahrhundert beteiligte sich Brandenburg mit der Brandenburgisch-Afrikanischen Compagnie (BAC) am Sklavenhandel. Später dann, 1914, war das Deutsche Kaiserreich – gemessen an der Fläche – die drittgrößte Kolonialmacht weltweit, hinter Großbritannien und Frankreich. Der deutsche Besitz umfasste unter anderem Teile der heutigen Staaten Ruanda, Tansania, Kamerun, Burundi und Togo. Doch kein Land wurde so nachhaltig kolonisiert wie das heutige Namibia im Südwesten Afrikas.

Zwischen 1884 und 1914 kamen 15.000 europäische Siedler*innen ins Land, darunter mehr als 12.000 Deutsche. Die Kolonialherren, die weniger als ein Prozent der Bevölkerung ausmachten, enteigneten Tausende Afrikaner*innen und machten sie als Lohnarbeiter*innen von sich abhängig. Zuvor hatte zwischen den einheimischen Volksgruppen ein fragiles Gleichgewicht bestanden, doch nun schürten die Deutschen Konflikte unter ihnen. Es ging um Wasser, Boden, Landwirtschaft. Aufstände wurden brutal niedergeschlagen. Zehntausende wurden getötet, verhungerten in Konzentrationslagern, verdursteten auf der Flucht.

Nach der deutschen Niederlage im Ersten Weltkrieg übernahm das britisch dominierte Südafrika die Kontrolle über Namibia. Die weißen Siedler*innen aus Südafrika knüpften an die deutsche Enteignungspolitik an und etablierten später ihr Apartheidsystem. Sie zogen Grenzen zwischen den Volksgruppen und spielten sie gegeneinander aus. Ovambo, Damara, Nama und Herero wurden in eigene „Reservate“ gedrängt. Zwischen ihnen wuchsen Misstrauen und Ablehnung. Diese soziale Hierarchie wirkte über Jahrzehnte nach, bis in die Gegenwart. Heute leben in Namibia 2,5 Millionen Menschen. Rund 14.000 von ihnen haben deutsche Wurzeln. Diese Minderheit hat noch immer großen Einfluss. 70 Prozent der kommerziellen Landwirtschaft sind im Besitz von Weißen, die weniger als fünf Prozent der Gesellschaft ausmachen.

„Je heller die Haut, desto höher der Status“

Was das für den Alltag Schwarzer Namibier*innen bedeutet, kann Lydia Hatzenberg erzählen. Sie sitzt auf der Tribüne eines kleinen Stadions in der Nähe des namibischen Fußballverbandes und blickt hinunter auf den rissigen Hartplatz. In der Ferne sind Stimmen von Schulkindern zu hören, die sich auf den Heimweg machen. „Leider hat Rassismus mein Leben lange bestimmt“, sagt die Sozialarbeiterin. „Ich möchte einen Teil dazu beitragen, dass andere davon verschont bleiben.“

Lydia Hatzenberg gehört zur Generation, die nach der Unabhängigkeit Namibias 1990 aufgewachsen ist. Sie kann traurige Anekdoten über die Ablehnung erzählen, die ihr weiße Namibier*innen entgegengebracht haben. Über ältere Herren, die das Hotelbuffet nicht mit ihr teilen wollten. Über eine Sportfunktionärin, die ihr den Zugang zur Vereinstoilette untersagte. Über eine Touristengruppe, die sich in einem Einkaufszentrum angeekelt von ihr abwandte. Solche Vorfälle passieren immer wieder, sagt Hatzenberg. Sie spricht energisch, hebt mahnend den Zeigefinger und vermittelt den Eindruck, als würde sie den Rassismus von Unbekannten nicht so sehr an sich heranlassen. Als habe sie eine unsichtbare Mauer um sich gebaut.

Doch schon bald wird klar, dass diese Mauer nicht überall funktioniert, vor allem nicht in der eigenen Familie. Ein Großvater von Lydia Hatzenberg stammte aus Kapstadt, in der Kategorisierung des südafrikanischen Apartheidsystems gehörte er zu den „Farbigen“. Die Großmutter hatte deutsche Vorfahren und war weiß. In der Familie von Lydia Hatzenberg pflegten einige Mitglieder ein ungeschriebenes Gesetz: Je heller die Haut, desto höher der soziale Status.

Die Mutter von Lydia Hatzenberg heiratete einen Schwarzen Südafrikaner und wurde deshalb von einem Teil der Familie verstoßen. Diese Ablehnung bekam später auch Lydia zu spüren: „Meine Oma sagte immer zu mir: ‚Bring bloß keinen Schwarzen Mann nach Hause, denk an deine Zukunft.‘“ Bei fast jedem Familientreffen fühlte sie sich gemustert, oft schikaniert. „Das hat mein Selbstvertrauen stark beeinflusst. Wenn ich im Alltag ein feindseliges Klima spüre, dann kommen diese Erinnerungen aus der Familie zurück.“

Lydia Hatzenberg glaubt, dass solche Übergriffe auch viele andere Familien in Namibia prägen. Es ist eine späte Konsequenz aus der Kolonialzeit. Die Konflikte, die zunächst die Deutschen und dann die Südafrikaner zwischen den Volksgruppen vorangetrieben haben, wurden von Generation zu Generation weitergetragen, und sie schwächen sich nur langsam ab.

Hatzenberg meidet inzwischen große Familientreffen. Stattdessen bewegt sie sich in Kreisen, in denen sie sich wohlfühlt und wo sie etwas bewegen kann. Sie studierte Sozialarbeit, absolvierte ein Praktikum beim Fußballverband, erhielt dort eine Festanstellung. Während unseres Treffens trägt sie ein T-Shirt mit dem Schriftzug: „Junge Mädchen verändern ihr Leben.“ Hatzenberg klärt in Workshops über Mobbing und Diskriminierung auf. Sie erklärt jungen Frauen, wie sie sich gegen Sexismus zur Wehr setzen können. Und sie erarbeitet mit Trainer*innen einen gemeinsamen Weg, um mehr zu erreichen als nur den nächsten Sieg. Noch vor einigen Jahrzehnten war so etwas völlig undenkbar.

Fußball getrennt nach Bevölkerungsgruppen

Um mehr über die historischen Umstände zu erfahren, lohnt sich ein Gespräch mit Carlos Kambaekua. Der langjährige Sportreporter hat ein Buch über „die unerzählte Geschichte" des namibischen Fußballs geschrieben.

Kambaekua sitzt in einem Café in der Independence Avenue, die früher einmal Kaiserstraße hieß. Er scrollt auf seinem Laptop durch das Manuskript und weiß genau, welches Foto auf welcher Seite platziert ist. Jahrzehntelang hat er Namen, Zahlen und Geschichten recherchiert. Wie kleine Puzzlestücke hat er sie in seinem Buch zu einer großen Erzählung zusammengefügt. Darin beschreibt er, wie der Fußball lange als staatliches Instrument für Segregation und Überlegenheitsdenken genutzt wurde.

Die wenigen verfügbaren Quellen führen Carlos Kambaekua zu der Annahme, dass der Fußball in den 1910er-Jahren von deutschen Soldaten und Siedlern eingeführt wurde. Schon bald organisierten die Kolonisten eigene Turniere, bei denen Einheimische weder als Spieler noch als Zuschauer geduldet wurden. Der Fußball wurde nach Bevölkerungsgruppen getrennt. An dieses deutsche System knüpften die Südafrikaner nach dem Ersten Weltkrieg an.

Vor der Kolonisierung hatten die unterschiedlichen Volksgruppen in Namibia weitgehend friedlich miteinander gelebt. Die Kolonialherren schürten aber Aggressionen zwischen den Gruppen. So wollten sie den Widerstand der Bevölkerungsmehrheit in Grenzen halten. Es bildeten sich Rivalitäten zwischen Volksgruppen heraus, die sich auf den Fußball übertrugen. Bereits in den 1930er-Jahren gründeten sie in den Bergbau- und Küstenstädten eigene Freizeitteams. Während die weiße Minderheit ihren eigenen Fußballverband aufbaute und ihre Wettbewerbe professionalisierte, mussten sich die Schwarzen Namibier mit Schotterplätzen zufriedengeben.

Ab den 1950er-Jahren drängte die Kolonialmacht Zehntausende Menschen unter Zwang in den Norden von Windhoek. Dort wurden den Volksgruppen getrennte „Wohnsiedlungen" zugewiesen. So entstand die Vorstadt Katutura, in der Sprache der Herero ist das „der Ort, an dem wir nicht leben möchten". Carlos Kambaekua kennt Katutura ziemlich gut. „Schwarze Menschen wurden systematisch benachteiligt", sagt er. „Tagsüber mussten sie für die Weißen hart arbeiten, doch nach Einbruch der Dunkelheit waren sie in der Innenstadt nicht mehr geduldet. An den Wochenenden jedoch bot ihnen der Fußball in Katutura ein bisschen Ablenkung."

Carlos Kambaekua hat eine tiefe Stimme. Er lehnt sich zurück und lässt seinen Kaffee kalt werden, so sehr ist er in die alten Geschichten vertieft, man könnte ihm stundenlang zuhören. Kambaekua ist in den Sechzigern aufgewachsen. Ob er seine wahren Talente entfalten konnte, kann er nicht beurteilen, denn während der Apartheid blieben ihm Bibliotheken, Kinos oder Schwimmbäder versperrt. Seine Freunde und er mussten sich das Schwimmen in Seen selbst beibringen, einige sind dabei ertrunken. Die Eltern mussten bis spätabends arbeiten, erzählt Kambaekua. „Sie konnten uns Kindern wenig Aufmerksamkeit schenken. Das ließ das System nicht zu."

Kambaekua interessierte sich für Musik und wurde in Windhoek in die Klasse eines österreichischen Gitarrenlehrers aufgenommen. Als sich weiße Eltern über den Schwarzen Schüler beschwerten, unterrichtete der Lehrer ihn bei sich zu Hause. „Ich hatte Glück. Ich hatte das Privileg, etwas zu lernen, das mir Spaß macht." Über Kontakte erhielt er einen Job beim Radio und beim Fernsehen. Lange schrieb er für die Zeitung „New Era". Kontakte, betont er, waren besonders wichtig.

Die zweite Leidenschaft neben der Musik war der Fußball. Als junger Spieler beobachtete Kambaekua ab Mitte der 1960er-Jahre, wie die Grenzen aufweichten. Schwarze und Weiße durften noch immer nicht miteinander spielen, aber immerhin gegeneinander. Kambaekua dokumentiert in seinem Buch, wie eine Schwarze Auswahl aus „Südwestafrika", so die damalige Bezeichnung für Namibia, für Freundschaftsspiele in Südafrika unterwegs war. In Bloemfontein führten sie gegen eine Auswahl weißer Polizisten nach 20 Minuten 4:0. Die Polizisten reagierten mit rassistischen Sprüchen und ordneten an, dass die Namibier nur aus der eigenen Hälfte aufs Tor schießen dürfen.

Demütigungen gehörten zum Alltag der Schwarzen Bevölkerung. In den 1970er-Jahren erhöhte sich der Druck auf das Apartheidregime. Neben den Weißen etablierten auch Schwarze und von der Regierung sogenannte „farbige" Menschen ihre Fußballverbände. Die weißen Sicherheitskräfte ließen sie gewähren, achteten aber darauf, dass sich

Schwarze und „Farbige" im Fußball nicht allzu nahekamen. Mehrfach lösten sie gemischte Teams auf und schürten Streit zwischen den Bevölkerungsgruppen.

Für das Regime galt Khomasdal als Township für „zivilisierte Nicht-Weiße". Und Katutura stand in der Hierarchie weiter unten und galt als „extrem gefährlich" für die weiße Minderheit. Zur kolonialen Kontrolle gehörte es, Unruhe und Ängste zu schüren. Das Regime schickte Spione in die Vereine. Die Schwarze Mannschaft der „Tigers" etwa musste ihren Namen ändern, weil die Behörden darin eine aggressive Symbolik vermuteten.

Das Apartheidregime wollte der unterdrückten Mehrheit den Eindruck vermitteln, dass sich ihr Bewegungsradius vergrößert. Im Fußball geriet dieser Plan mitunter außer Kontrolle, wie Kambaekua an einem Beispiel erklärt: 1975 trafen in einem Rugby-Stadion von Windhoek eine Schwarze und eine weiße Mannschaft aufeinander. Das Schwarze Team führte kurz vor Schluss 3:2, ehe der weiße Schiedsrichter der weißen Auswahl einen zweifelhaften Elfmeter zusprach. Der Elfmeter wurde pariert, doch der Schiedsrichter ließ wiederholen. Der nächste Schuss verfehlte das Tor, doch der Schiedsrichter ließ erneut wiederholen. Der dritte Versuch führte zum 3:3. Erst 40 Jahre später gab der Schiedsrichter zu, dass er Anweisungen der Behörden erhalten hatte. Die Schwarzen durften nicht gewinnen.

Die Mobilisierungskraft des Fußballs

Cassius Moeti war ein junger Mann, als sich die Nachricht von den manipulierten Elfmetern herumsprach. Jedes Wochenende verbrachte er damals im Stadion von Katutura. Ein Spiel folgte auf das nächste, bis die Dunkelheit über dem Stadtviertel hereinbrach. Cassius Moeti trägt bei unserem Interview eine dunkle Weste über dem weißen Hemd. Sein Arbeitsplatz ist das „NFA Soccer House", das Hauptquartier des namibischen Fußballverbandes. Auf seinem Schreibtisch stapeln sich Ordner und Broschüren. Moeti gilt in Windhoek als Fußballikone. Seit einigen Jahren verantwortet er das Marketing des Verbandes, und wenn man seine sonore Stimme und seine bildhaften Erzählungen eine Weile auf sich wirken lässt, dann ist man sich ziemlich sicher, dass er für diese Position eine ideale Besetzung ist.

Doch Moeti erwähnt keine legendären Spiele oder Tore. Er beschreibt lieber ein Gefühl des Aufbruchs, das sich ab den späten Sechzigerjahren ausgebreitet hatte. Etliche Länder hatten auf dem afrikanischen Kontinent ihre Unabhängigkeit erkämpft. Namibia war noch weit davon entfernt, aber die Hoffnung wuchs. Es war die SWAPO, die Südwestafrikanische Volksorganisation, die für den antikolonialen Widerstand mobil machte. Demonstrationen und Streiks waren noch verboten, aber die Menschen in Katutura entwickelten andere Netzwerke.

Der Vater von Cassius Moeti hatte 1964 zu den Gründungsmitgliedern von „Black Africa“ gehört. Dieser Klub zog Männer der Owambo an, die das System herausfordern wollten. Zwischen Training und Abendessen diskutierten sie über Politik und das Potenzial für Proteste. „Der Fußball war wie eine Bruderschaft“, sagt Moeti. „Dort haben wir uns auf ein gemeinsames Ziel eingeschworen. Und wir wussten, dass wir auf dem Platz weniger beobachtet werden als anderswo.“

Auch andere Schwarze Teams erarbeiten sich einen Kultstatus, die „African Stars“, die „Orlando Pirates“ oder die „Etosha Lions“. In den staatlich kontrollierten Medien kam der Fußball fast nie vor, das Regime pflegte Rugby als weißen Nationalsport. Die wenigen Zeitungen jedoch, die sich an ein Schwarzes Publikum richteten, stellten talentierte Fußballer auf die gleiche Stufe wie lokale Aktivisten. Die Milieus vermischten sich. Befürworter der namibischen Unabhängigkeit erkannten die Mobilisierungskraft des Fußballs und halfen bei der Ausarbeitung von Vereinssatzungen. Auch der spätere Staatspräsident Hage Geingob war zeitweilig im Fußball aktiv. 1977 wurden die Grenzen fallen gelassen: Schwarze, weiße und „farbige“ Teams konnten nun in denselben regionalen Ligen spielen.

Diese Öffnung wurde nicht überall positiv aufgenommen. In der Bevölkerung verschärften sich Streitigkeiten zwischen pragmatischen und radikalen Gruppen. Im Fußball lehnten etliche Spieler und Aktivisten einen gemeinsamen Spielbetrieb ab. Sie wollten auf Spielfeldern nicht auf Augenhöhe mit den Weißen sein, die ihnen sonst in Restaurants, Tanzlokalen und Schwimmbädern den Zutritt verwehrten. Ihr Motto: „Kein normaler Sport in einer abnormalen Gesellschaft“.

Diese rebellischen Spieler schlossen sich zusammen und bestritten 1978 einige Spiele in Südafrika und Rhodesien, dem heutigen Simbabwe. Nach ihrer Rückkehr wurde ihnen der Sport von den Behörden verboten. Kritische Fußballer lebten gefährlich, einige ließen sich im Kofferraum ins Exil nach Botswana schmuggeln. „Durch Proteste hat das Apartheidsystem Risse erhalten“, sagt der ehemalige Fußballer Cassius Moeti. „Unsere Eltern in Katutura konnten als Krankenschwestern, Busfahrer oder Putzfrauen arbeiten, vielleicht als Pastoren oder Sicherheitsleute. Aber wir, die jüngere Generation, wir wollten mehr. Wir wollten in die Politik und in die Wirtschaft. Ohne Schranken.“

Die Menschen von Katutura verschoben die Grenzen des Systems, und sie erhielten auch Unterstützung von Weißen, die von dem System profitierten. Der Lehrer Dieter Widmann zog 1976 aus Baden-Württemberg nach Windhoek. Dort nahm er eine Stelle an der Deutschen Höheren Privatschule an, einer angesehenen Schule innerhalb der weißen Minderheit. Engagements wie diese waren nicht ungewöhnlich, denn die Bundesrepublik pflegte stabile politische und wirtschaftlich lukrative Beziehungen mit dem Apartheidstaat. Die Deutschen lieferten unter anderem Güter, Maschinen und auch Waffen.

Der Lehrer Dieter Widmann betreute neben dem Unterricht als Trainer auch die Schulmannschaft im Fußball. Mit seinem VW-Bus fuhr er neugierig durch die Stadt. Irgendwann besorgte er sich eine Sondergenehmigung und erkundete Katutura, das für weiße Männer wie ihn sonst tabu war. Widmann kam mit Fußballern ins Gespräch und übernahm auch die „African Stars“, einen beliebten Klub der Herero. Er war in Namibia einer der ersten weißen Trainer einer Schwarzen Mannschaft.

Dieter Widmann ist Mitte siebzig. Im Telefoninterview schildert er seine Begegnungen in Windhoek mit einer Leidenschaft, als wären sie gestern gewesen. „Ich habe mir immer wieder Genehmigungen für Katutura geholt. Und irgendwann haben mich die Sicherheitskräfte einfach durchgewunken.“ Seine Spieler bei den African Stars durften im Alltag nicht dieselben Eingänge für Supermärkte oder Apotheken nutzen wie seine Schüler. Aber im Fußball brachte er beide Gruppen für ein Spiel zusammen. „Ich habe ihnen vor dem Spiel klargemacht, wenn ich auch nur eine rassistische Äußerung höre, dann breche ich das Spiel ab." Die Partie ging ohne Feindseligkeiten zu Ende, und es folgten weitere Spiele zwischen Schwarzen und Weißen.

Die Eigeninitiative von Dieter Widmann sprach sich bis zum „Tintenpalast" herum, dem Sitz der Regierung. Der Sportminister Kosie Pretorius ließ Widmann vorladen und fragte ihn, ob sich Schwarze und weiße Fußballer körperlich berührt hätten. Widmann antwortete, dass Fußball ein Kontaktsport sei. „Ich erzählte ihm auch, dass ich in Deutschland einmal einem Schwarzen Kollegen meine Seife geliehen habe. Das wollte der einfach nicht glauben." Mit Unterstützung deutscher Behörden entging Widmann der Ausweisung. Er erarbeitete sich einen guten Ruf und trainierte mehrere Teams, in denen zum Teil Spieler aus sieben Volksgruppen aufliefen. Einer seiner Spieler nannte seinen Sohn Dieter. Auch nach seiner Rückkehr nach Deutschland reiste Widmann für Projekte immer wieder nach Namibia.

Unabhängig – als letzter afrikanischer Staat

Ab 1976 erkannten die Vereinten Nationen als legitime Vertretung Namibias nur noch die SWAPO an, die Südwestafrikanische Volksorganisation. Der Rückzug der südafrikanischen Besatzer schien eine Frage der Zeit zu sein. Ab Mitte der Achtzigerjahre stiegen Schwarze Angestellte und Geschäftsleute vermehrt in die Mittelschicht auf. Zuvor hatten große Unternehmen ihre Werbung auf die weiße Minderheit ausgerichtet. Eine Bierbrauerei etwa nutzte einen Reiter als Symbol, in Anlehnung an eine Statue in Windhoek, die einen deutschen Kolonialsoldaten auf einem Pferd zeigt. Doch nun, Mitte der Achtziger, richtete sich die Brauerei auch an ein Schwarzes Publikum. Auf Plakaten bildeten sie Fußballszenen ab, berichtet der Afrikaforscher Dag Henrichsen in einem Aufsatz, dazu der Slogan: „Sei ein Gewinner". Die weiße Minderheit verlor ihren Einfluss in Gesellschaft und Staat, und so zog sie sich zunehmend auch aus dem Fußball zurück.

Am 21. März 1990 versammelten sich Zehntausende Menschen im größten Stadion von Windhoek. „Runter, runter", riefen sie und blickten auf die südafrikanische Flagge, die in einer Zeremonie heruntergezogen wurde. Als letzter Staat auf dem afrikanischen Kontinent erlangte Namibia die Unabhängigkeit. Kirchenglocken und Jubel hallten durch die Stadt. Bald darauf wurde das Stadion in Independence Stadium umbenannt. Doch der Optimismus in der Gesellschaft sollte nicht lange andauern.

Mehr als 100 Jahre nach der deutschen Herrschaft und mehr als 30 Jahre nach dem Ende der südafrikanischen Besatzung wirkt der Kolonialismus nach. Der Gini-Index, der die soziale und ökonomische Ungleichheit von Staaten misst, weist Namibia als eines der Länder mit dem größten sozialen Gefälle weltweit auf. Laut einer Erhebung des namibischen Statistikamtes sind 70 Prozent des kommerziellen Farmlandes im Besitz weißer Farmer*innen, die aber nur rund fünf Prozent der Bevölkerung ausmachen. Deutsch ist noch für 14.000 Menschen in Namibia die Muttersprache. Viele Unternehmen, Netzwerke und Vereine werden jedoch von deutschsprachigen Namibiern geführt.

Wer sich über diese Minderheit in Medien aus Deutschland informieren möchte, der erhält schnell den Eindruck, dass es sich bei den deutschsprachigen Namibier*innen um eine verschworene Gruppe handelt, die in der Vergangenheit verharrt. Eine Minderheit, die in Namibia die deutschsprachige „Allgemeine Zeitung" liest und sich im deutschen Buchladen mit Kolonialnostalgie eindeckt. Harald Hecht möchte in unserem Interview einen anderen Eindruck vermitteln: „Wir haben als deutschsprachige Namibier über Jahrzehnte Privilegien genossen. Daraus ergibt sich für uns eine staatsbürgerliche Pflicht. Wir wollen uns zum Wohle dieses Landes einsetzen."

Harald Hecht scheint seine Familiengeschichte gut zu kennen. Einer seiner Urgroßväter war mit der deutschen „Schutztruppe" ins Land gekommen, seine Großeltern wanderten nach dem Ersten Weltkrieg nach Namibia aus. Sein Vater und dessen Freunde wurden nach dem Zweiten Weltkrieg für die Verbrechen der Nazis in Mithaftung genommen. Sie trauten sich kaum noch, Deutsch in der Öffentlichkeit zu sprechen, sie fürchteten als deutschsprachige „Südwestler" um den Fortbestand ihrer Minderheit.

Harald Hecht selbst ist in den Siebzigerjahren in Walvis Bay aufgewachsen, einer kleinen Stadt an der Atlantikküste. Sein Vater war als Trainer aktiv und nahm ihn zum Fußball mit. Hecht kann sich gut an eines der ersten Schulturniere erinnern, in dem weiße und Schwarze Jungen gemeinsam kickten. Etliche Lehrer*innen und Eltern aus staatlichen Schulen lehnten diese Annäherung ab. Auch das war ein

Symptom für Zukunftsängste, sagt Hecht: „Einige Deutschsprachige fürchteten, dass das Land unter einer Schwarzen Mehrheitsregierung zurückfallen würde, dass zum Beispiel die Straßen verfallen."

Doch nicht alle dachten so. Eine Gruppe kritischer Namibier*innen deutscher Herkunft setzte sich schon in den Achtzigern für die Unabhängigkeit ein. Sie glaubten, dass das Ende der Apartheid und die Öffnung für internationale Investoren einen Wirtschaftsaufschwung auslösen könnten. Der Steuerberater Harald Hecht ging einen Schritt weiter. Nach Jahrzehnten des Unrechts wollte er sich in den Versöhnungsprozess einbringen und Menschen zusammenbringen. Dabei half ihm der Fußball.

„Der Sport hilft uns, einen gemeinsamen Nenner zu finden"

Einen großen Teil seiner Freizeit verbringt Harald Hecht auf dem Gelände der „Ramblers", eines der bekanntesten Fußballvereine in Namibia. Im Vereinsheim sind die Regale mit Pokalen vollgestellt. An den Wänden hängen Wimpel und gerahmte Zeitungsartikel. Der kleine Tresen und der massive Stammtisch könnten genauso gut in Würzburg, Gelsenkirchen oder Flensburg stehen. Auf den Teamfotos wird schnell klar: Je länger die Aufnahmen zurückliegen, desto weniger sind die Teams von Diversität geprägt. Ein Plakat erinnert an die „West Germany Tour" der Ramblers 1988. Fast alle Spieler und Trainer waren weiß.

Während der Kolonialzeit orientierten sich die Fußballteams der Schwarzen Bevölkerungsmehrheit an den Volksgruppen. Auch in der weißen Minderheit gründeten britische oder portugiesische Siedler*innen eigene Mannschaften. Man wollte unter sich bleiben. Zu den wichtigsten Klubs deutschsprachiger Namibier*innen gehörten der Deutsche Turn- und Sportverein (DTS), der Sportklub Windhoek SKW und die Ramblers, gegründet 1945.

Harald Hecht ist seit bald 30 Jahren als Funktionär bei den Ramblers aktiv. Er steuert seinen Geländewagen durch den Pionierspark im Südwesten von Windhoek. In dieser Gegend leben viele Weiße mit höheren Einkommen. Als Gärtner, Reinigungskräfte oder Sicherheitsleute beschäftigen sie häufig Schwarze, die früh morgens aus der

Vorstadt Katutura anreisen und sich abends wieder auf den Heimweg machen. Viele von ihnen kennen diesen Ablauf noch aus der Apartheid. Der Staat übt inzwischen keinen Zwang mehr aus, aber der Druck besteht indirekt fort, um Geld für ihre Familien zu verdienen.

Die Ramblers haben ihr Vereinsgelände im Pionierspark 1981 zu „günstigen Konditionen“ erhalten, wie es Harald Hecht formuliert: „Man darf aber nicht vergessen, dass wir das Gelände auch ausgebaut haben. Wir haben zum Beispiel einen zweiten Platz gebaut.“ Lässt sich der unrechtmäßige Profit während der Apartheid mit dem Engagement im demokratischen Nachfolgestaat ausgleichen? Lässt sich das schlechte Gewissen aus der Vergangenheit durch vorbildliches Verhalten in der Gegenwart abtragen? Solche Fragen schwingen in der Debatte mit, auch wenn sie in der weißen Minderheit offenbar selten offen ausgesprochen werden.

Als erster deutsch geprägter Klub haben sich die Ramblers in den 1980er-Jahren für Schwarze Mitglieder geöffnet. Nach der Unabhängigkeit gewannen sie 1992 die Fußballmeisterschaft. Im neuen Jahrtausend etablierten sie ein Frauenteam und die wohl beste Jugendakademie des Landes. Von den rund 300 Mitgliedern sind heutzutage noch zehn Prozent weiß. „Der Sport hilft uns, einen gemeinsamen Nenner zu finden“, sagt Hecht. „Unser Verein repräsentiert die namibische Gesellschaft.“

Aber stimmt das auch? Die Ramblers finanzieren ihr vielfältiges Vereinsleben zum einen durch Beiträge ihrer Mitglieder, die eher zur Mittelschicht gehören. Und zum anderen setzen sie auf ihren wichtigsten Sponsor, auf Ohlthaver & List. Diese Unternehmensgruppe, gegründet 1919, ist der größte private Arbeitgeber Namibias. Der Konzern wird in dritter Generation von Sven Thieme geleitet, der in Windhoek aufwuchs und einst selbst für die Ramblers spielte.

In der Wirtschaft, in der Medienbranche oder im Fußball: Oft sind Organisationen in Namibia heute wirtschaftlich stabil, die schon während der Apartheid zur Elite gehörten. Auch daraus leitet Harald Hecht eine Verpflichtung ab. In seinem Hauptberuf leitet er eine Steuerberatungsgesellschaft. Er sagt, dass er mit Förderprogrammen und Stipendien Talente aus benachteiligten Gruppen fördert, von seinen 120 Angestellten seien 85 Prozent nicht weiß. Und auch bei den Ramblers gibt es Mitgliederrabatte und einen Fahrservice für

Spieler*innen und Trainer aus Katutura. Hecht nutzt den Begriff „Affirmative Action", die gezielte Vorteilsgewährung nach strukturellem Unrecht. Ob diese Programme nachhaltig sind und von der Mehrheit der Mitglieder getragen werden, lässt sich für einen Journalisten schwer beurteilen.

Der Verband macht keinen guten Eindruck

Was sich leichter beurteilen lässt, sind die Machtverhältnisse im namibischen Fußball. Privat geführte Vereine wie die Ramblers oder der DTS verfügen über gepflegte Rasenplätze, funktionale Umkleidekabinen und schicke Vereinsheime. Die Klubs setzen oft auf Sponsoren, die von deutschsprachigen Namibiern geprägt werden. Es sind Strukturen, die ihren Ursprung während der Apartheid haben und über Jahrzehnte gewachsen sind.

Ein anderes Bild zeigt die Namibia Football Association (NFA). Der nationale Fußballverband wurde nach der Unabhängigkeit Namibias 1990 gegründet und zwei Jahre später in die FIFA aufgenommen. Die NFA hat ihr Hauptquartier in Katutura, in einem Flachbau, der nicht sonderlich einladend wirkt. Etliche Büros stehen leer. An den Wänden hängen vergilbte Wimpel, einige Fensterscheiben haben Risse. Neben dem Gebäude stapeln sich Plastikflaschen, daneben sprießt das Unkraut. Der angrenzende Fußballplatz ist steinhart und in den Umkleidekabinen riecht es nach Schimmel. Kurzum: Der Verband macht äußerlich keinen guten Eindruck.

In Namibia zeigt sich eine Entwicklung, die auch bei anderen afrikanischen Fußballverbänden zu beobachten war, nachdem sich die Statthalter der Kolonialmächte zurückgezogen hatten. In einem neuen Klima von Freizügigkeit strebten Funktionäre, die lange unterdrückt wurden, nach Macht, Prestige, Geld. In den Neunzigerjahren hatte der junge unabhängige namibische Staat ganz andere Probleme, und so konnten sich im Fußballverband Chaos und Korruption ausbreiten. Zunächst konnte die namibische Nationalmannschaft diese Probleme überdecken, etwa mit der Qualifikation für die Afrikameisterschaft 1998 in Burkina Faso. Für Jahrzehnte war Namibia als Teil von Südafrika auch im Sport isoliert gewesen – nun stiftete der Fußball eine nationale Identität und sorgte für internationale Schlagzeilen.

Doch die Konflikte zwischen den Volksgruppen, die lange von der Apartheidregierung geschürt und dann im Zaum gehalten wurden, dehnten sich auf den Fußball aus. Owambo, Damara oder Herero wollten für ihre eigenen Spieler und Funktionäre gute Positionen sichern. Immer wieder eskalierte der Streit im Verband. Die Folge: Seit einigen Jahren können sich die Gruppen nicht auf eine Profiliga einigen, der Spielbetrieb steht still.

Mehrfach setzte die FIFA von außen „Normalisierungskomitees" ein. Persönlichkeiten aus Sport und Gesellschaft sollten zwischen den Konfliktparteien vermitteln. Ein Durchbruch ist nicht in Sicht und so wächst der Reformstau. Einige Klubs in Katutura haben ihre Gelände verkauft, weil sie schnell Geld brauchten. Die größten Stadien in Namibia sind so marode, dass die Nationalmannschaft ihre Pflichtheimspiele in Südafrika bestreiten muss, im Land der einstigen Besatzer.

Harald Hecht war einer der wenigen deutschsprachigen Namibier, die sich im Fußballverband noch einbringen wollten. Er nahm an Gesprächsrunden teil, formulierte in Interviews konstruktive Ideen, erstellte einen Fünfpunkteplan für Reformen. Einige Schwarze Kollegen nahmen seine Expertise an, doch andere pflegten die Haltung, dass man sich von Weißen nicht mehr belehren lassen wolle, erst recht nicht von der deutschsprachigen Minderheit. Irgendwann zog sich Hecht aus dem Verband zurück. Mit Gleichgesinnten organisierte er eigene Turniere, damit die Talente seiner ersten Mannschaft Spielpraxis erhielten. Es ist eine der interessantesten Fragen, auf die es keine gesicherte Antwort geben kann: Wie hätte sich der namibische Fußball ohne das brutale Korsett der Kolonialmächte entfaltet?

Je teurer die Ausrüstung, desto weißer der Sport

In Katutura bleibt wenig Zeit, um sich über die Vergangenheit Gedanken zu machen. Mehr als die Hälfte der Kinder leidet hier unter Mangelernährung, viele ihrer Eltern sind HIV-positiv. Diebstahl, Drogen und Gewaltverbrechen sind Themen, die kaum noch Empörung hervorrufen. „Es gibt Kinder, die kriegen zu Hause nichts zu essen, weil ihre Eltern den ganzen Tag arbeiten müssen", erzählt die Sozialarbeiterin Thuba Sibanda. „Für viele Jugendliche besteht der Alltag nur aus Problernen. Doch wir möchten ihnen Alternativen zeigen, damit sie eigene Stärken entdecken und weiterentwickeln können."

Die Sportwissenschaftlerin Thuba Sibanda, aufgewachsen in Simbabwe, leitet in Katutura einen beliebten Jugendtreff. An einem Samstag lädt sie zu einem Rundgang ein. Am Eingang sind die Mauern mit optimistischen Botschaften bemalt: „Hör niemals auf zu träumen", „Schränkt euch nicht ein". Neben dem Computerraum laufen drei Jungs um eine Tischtennisplatte herum. In der Küche werden Snacks für den Nachmittag vorbereitet. Thuba Sibanda kann zu jedem Mitglied Anekdoten erzählen, sie grüßt, sie scherzt, sie motiviert. „Die Wohnviertel in Katutura sind immer noch nach Volksgruppen getrennt, das ist ein Relikt aus der Kolonialzeit", sagt sie. „Die Kinder wachsen mit der Frage auf: Zu welcher Volksgruppe gehörst du? Aber hier bei uns spielt diese Frage keine Rolle. Jeder kann mitmachen."

In Namibia ist Sport an ökonomische Verhältnisse geknüpft. Je teurer die Ausstattung für eine Sportart ist, desto wohlhabender sind deren Mitglieder. In Hockey, Tennis oder Rugby sind überproportional viele weiße Menschen aktiv. Auch der Radsport auf Leistungsebene blieb Schwarzen in der Regel verschlossen. Davon zeugten die Bilder von „Desert Dash", einem jährlichen Extrem-Radrennen zwischen Windhoek und der Küstenstadt Swakopmund. Die Teilnehmenden: fast alle weiß.

Thuba Sibanda wollte sich damit nicht abfinden. Sie vernetzte sich mit Sozialarbeiter*innen und sprach bei Sponsoren vor. Wenn sie eine Absage erhielt, hakte sie nach. Das Ergebnis lässt sich auf der Fläche neben dem Jugendtreff beobachten: Acht Jugendliche aus Katutura rasen mit BMX-Rädern über einen holprigen Rundkurs. Staub wirbelt auf, Freunde johlen, am Rand bereitet sich eine Gruppe auf das nächste Rennen vor. „Während der Kolonialzeit konnte man in Katutura auch mit Anstrengung und Mut seine Träume nicht verwirklichen", sagt Thuba Sibanda. „Wir möchten den Jugendlichen zeigen, dass sie heutzutage jeden Raum und jeden Sport erobern können." Ein Beispiel bietet Rennradfahrerin Olivia Shililifa, die ihre Laufbahn 2019 in Katutura begann und nun an internationalen Wettbewerben teilnimmt.

Mehr als 120 Kinder und Jugendliche sind in der Begegnungsstätte von Thuba Sibanda registriert. Die allermeisten wollen Fußball spielen, aber sie können auch zwischen 13 weiteren Sportarten wählen, etwa Schwimmen oder Schach. Regelmäßig fahren die Fußballer aus Katutura mit Minibussen in die wohlhabenden Viertel von Windhoek. Dann nehmen sie an Spielen einer Jugendliga teil, die der ehemalige namibische Nationalspieler Collin Benjamin gegründet hat. Die Kinder kicken dann auf den gepflegten Rasenplätzen, die sie aus Katutura nicht kennen. Mitunter müssen Schwarze Spieler herablassende Blicke von weißen Eltern über sich ergehen lassen, die gerade ihre Kinder zum Hockeytraining fahren.

Trotzdem möchte Thuba Sibanda niemanden allzu laut kritisieren. Windhoek ist eine vergleichsweise kleine Stadt mit gewachsenen Netzwerken. Aus einer Klasse in Katutura mit 35 Schüler*innen, sagt sie, schaffen es im Schnitt fünf an die Universität. Bei den Privatschulen ist dieser Anteil wesentlich höher. Daher schreiben sie und ihre Mitstreitenden Aufnahmeanträge für Stipendien. So erreichen etliche ihrer Mitglieder aus Katutura über eine Privatschule später eine Universität. Viele hoffen auf eine Anstellung und ein besseres Leben in Europa, bevorzugt in Deutschland.

Die Abhängigkeit von Deutschland besteht fort

Das Verhältnis Namibias zur Bundesrepublik ist kompliziert. Erst 2015 rang sich die Regierung unter Angela Merkel dazu durch, von einem Völkermord an den Herero und den Nama zu sprechen. Seither laufen schleppende Verhandlungen über Entschädigungen, genaue Formulierungen einer deutschen Entschuldigung und mögliche Projekte zwischen beiden Ländern. Vertreter der Herero und der Nama sind über all die Jahre skeptisch geblieben. Einige von ihnen fühlen sich von den Deutschen nicht ernst genommen, andere misstrauen der namibischen Regierung, die von der Volksgruppe der Ovambo geprägt wird. Anfang des 20. Jahrhunderts hatten die Ovambo weniger unter der deutschen Kolonialzeit gelitten als die Herero und die Nama. Eine Lösung, die langfristig alle Seiten zufriedenstellt, ist nicht in Sicht.

Wenn man die Sozialarbeiterin Lydia Hatzenberg nach den Verhandlungen zur Widergutmachung befragt, dann macht sie mit der Hand eine ablehnende Bewegung. „Ich bezweifele, dass Entschädigungszahlungen bei uns im Alltag ankommen würden“, sagt sie.

„Viel wichtiger ist, dass sich strukturell etwas verbessert und sich die Chancen auf Bildung erhöhen. Wir brauchen gute Absprachen und mehr Effizienz."

Die Bundesrepublik leistet in Namibia so viel Entwicklungshilfe pro Kopf wie in kaum einem anderen Land. Und der Fußball war dafür früh ein Symbol: Karl-Heinz Rummenigge nahm als Spieler 1990 in Windhoek an einem „Unabhängigkeitsspiel" teil. Deutsche Jugendteams bestritten in Namibia Testspiele. Der deutsche Trainer Heinz-Peter Überjahn führte das namibische Nationalteam zur Afrikameisterschaft 1998.

Einige Jahre später stärkte der Entwicklungshelfer Klaus Stärk als Sportdirektor die Strukturen des namibischen Fußballverbandes. Die Bundesregierung entsandte Expert*innen für Trainerfortbildungen und Sportstättenbau. Profiklubs wie Werder Bremen und die TSG Hoffenheim engagierten sich ebenfalls. Wenn man es wohlwollend betrachtet, leiten deutsche Institutionen aus einer historischen Verantwortung eine Verpflichtung ab. Kritischer formuliert: Die Abhängigkeit Namibias von Deutschland besteht noch immer, inzwischen in freundlichem Gewand.

In jedem Fall spielen diese Fußball-Beziehungen in der deutschen Öffentlichkeit kaum eine Rolle. Das ist schade, denn sie könnten zu einem kritischeren Blick auf die deutsche Kolonialgeschichte beitragen. Noch immer sind etliche Straßen in Deutschland nach Männern benannt, die von der Gewaltherrscht in Namibia profitiert haben, etwa nach dem Kaufmann Adolf Lüderitz oder dem Forscher Gustav Nachtigal.

Für Namibia ist die schwerwiegendste Konsequenz des Kolonialismus die Ungleichheit zwischen Arm und Reich, was meist bedeutet: zwischen Schwarzen und Weißen. Die mehrheitlich Schwarze Fußballnationalmannschaft hat kein vorzeigbares Stadion. Der alte Nationalsport der Weißen, Rugby, verfügt über mehrere gepflegte Plätze, einer liegt im Stadtzentrum in der Nähe des Regierungssitzes.

Es ist wohl nur eine Frage der Zeit, bis „New Era", eine der wenigen Zeitungen im Besitz von Schwarzen Verlegern, wieder über Rassismus im Sport berichtet, zum Beispiel über Schwarze Hockeyspielerinnen, die aus mehrheitlich weißen Teams gedrängt werden. Und es ist auch nur eine Frage der Zeit, bis Leserbriefe in den Zeitungen weißer Besitzer diese Vorfälle verharmlosen.

Lydia Hatzenberg will nicht resignieren. Tag für Tag fährt sie hinaus zum Fußballverband oder besucht Vereine in der Umgebung von Windhoek. Sie spricht in Workshops mit Mädchen über Gleichberechtigung und Selbstverwirklichung. Sie überzeugt Eltern davon, dass Fußball für ihre Töchter eine beflügelnde Wirkung haben kann.

Hatzenberg war für internationale Projekte in Europa unterwegs. In Deutschland, sagt sie, habe sie weniger Rassismus erlebt als in Namibia. Sie möchte trotzdem in Windhoek bleiben und sich gegen die Ungleichheit engagieren. Das politische Bewusstsein der jüngeren Generation wächst, sagt sie, auch das sei wohl eine späte Konsequenz der Kolonialzeit.

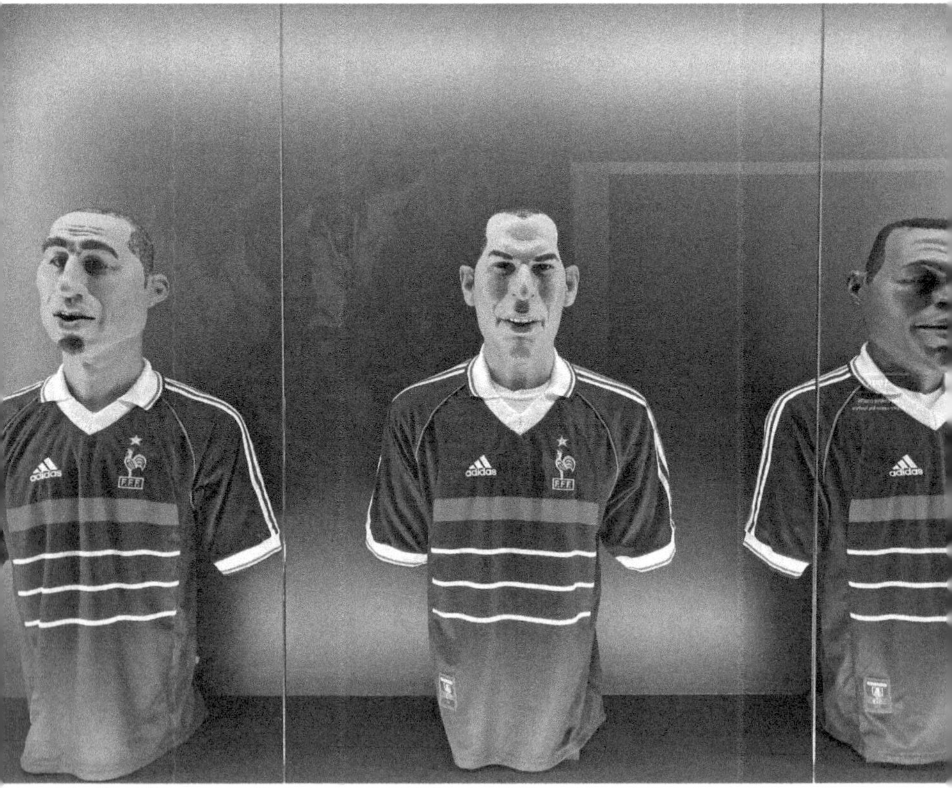

Streitbare Symbolfiguren: Das Migrationsmuseum in Paris würdigt die Einwanderungsbiografien der französischen Weltmeister von 1998.

KAPITEL 6

SCHWARZE TRIKOTS FÜR DAS GEDENKEN

Mehr als 130 Jahre herrschte Frankreich in Nordafrika über Algerien. In den Jahren der Dekolonisierung ging ein algerisches Fußballteam auf Welttournee und warb für die Unabhängigkeit. Noch heute erinnern algerische Vereine und Fans mit ihren Stadionnamen und Gesängen an Kolonialverbrechen. In Frankreich dagegen verläuft die historische Aufarbeitung zögerlich. Spieler algerischer Herkunft wie Karim Benzema stehen im Zentrum aufgeregter Debatten um Migration und Identität. Wie könnte eine konstruktive Auseinandersetzung aussehen?

Im Herbst 2022 erhielt Karim Benzema den Ballon d'Or. Der Stürmer, der Real Madrid mit seinen Toren wenige Monate zuvor zum Gewinn der Champions League führte, war nun Weltfußballer des Jahres. Benzema ist in Bron aufgewachsen, einem Vorort von Lyon, seine Eltern sind aus Algerien eingewandert. Während des Kolonialismus hatte Algerien 132 Jahre unter der Kontrolle Frankreichs gestanden. Benzema ging in seiner Dankesrede auf diese Geschichte ein, ohne allzu viele Worte zu verlieren. „C'est le Ballon d'or du peuple", sagte er über den „goldenen Ball des Volkes".

Die Preisverleihung fand am 17. Oktober 2022 statt, auf den Tag genau 61 Jahre nach dem Massaker von Paris. Am 17. Oktober 1961 hatte die französische Polizei eine nicht genehmigte, aber friedliche Demonstration von Zehntausenden Algerier*innen in der Hauptstadt niedergeschlagen. Mehr als 200 Menschen sollen getötet worden sein. Sie wurden erschossen, erschlagen oder ertranken in der Seine. Die französischen Medien berichteten über dieses Massaker jahrelang kaum – ein Symptom für die Verdrängung der französischen Kolonialverbrechen. Als Karim Benzema 2022 über den „goldenen Ball des Volkes" sprach, da dachte er offenbar auch an die algerische Unabhängigkeitsbewegung. Deren Credo lautete nämlich: „Nur ein Held: das Volk."

Benzema wählte seine Worte mit Bedacht. Ihm dürfte klar gewesen sein, dass kaum ein Thema die französische Öffentlichkeit so sehr in Wallung bringt wie das Verhältnis zwischen der einstigen Kolonialmacht und den früheren Kolonien. „In sozialen Medien bringt Benzema den Stolz auf seine algerische Herkunft zum Ausdruck", sagt der Politikwissenschaftler Sami Everett, der sich seit langem mit der Biografie Benzemas beschäftigt. „Aber er zeigt auch seine Verbundenheit zu dem Viertel, in dem er aufgewachsen ist." Der gläubige Muslim Benzema unterstützt etwa die Moscheegemeinde in Bron nahe Lyon. Immer wieder veröffentlicht er Gespräche mit Jugendfreunden und Fotos von der Hochhaussiedlung, in der er seine Jugend verbrachte.

Auch im Umgang mit Persönlichkeiten wie Karim Benzema wird deutlich, dass es in Frankreich keinen klaren Bruch zwischen der kolonialen und der postkolonialen Geschichte gibt, so lautet eine zentrale These des Forschers Everett. Und er nennt als Beispiel die Präsidentschaftswahlen 2022: Der rechtsextreme Kandidat Éric Zemmour ging in seinen Beschreibungen von muslimischen Französ*innen auch auf prominente Fußballer ein, die die Hymne nicht mitsingen würden und damit keine Vorbilder für die „französische Jugend" seien. Es waren rassistische Töne, die Jahrzehnte zuvor schon die rechtsextreme Partei Front National etabliert hatte. Ein Spieler, der im vergangenen Jahrzehnt besonders unter Beobachtung stand: Karim Benzema.

Neokoloniales Denken im Verband

„Fußballer mit biografischen Verbindungen in frühere Kolonien müssen immer wieder ihre Loyalität zum französischen Staat unter Beweis stellen", sagt Sami Everett, der an der University of Cambridge forscht. „Die Erfolge dieser Spieler werden häufig mit der französischen Kultur verknüpft, aber für ihre Verfehlungen macht man die Herkunft verantwortlich." Karim Benzema wurde im Oktober 2015 für einen Erpressungsversuch angeklagt. Er und andere sollen den Nationalmannschaftskollegen Mathieu Valbuena mit einem Video unter

Druck gesetzt haben, das diesen beim Sex mit einer Prostituierten zeigt. Benzema wurde aus dem Nationalteam ausgeschlossen. Aber erst sechs Jahre später, im November 2021, wurde er wegen Beihilfe zur versuchten Erpressung rechtskräftig verurteilt und erhielt eine Bewährungsstrafe. Benzema streitet die Tat nach wie vor ab.

Zwischen 2015 und 2021 verzichtete der französische Nationaltrainer Didier Deschamps auf eine Berufung Benzemas in die Équipe Tricolore. In Interviews suggerierte Deschamps, dass der Charakter Benzemas den Zusammenhalt in der Mannschaft schwächen würde. Everett glaubt jedoch, dass es weitere Gründe für den langjährigen Ausschluss von Benzema gab: Der damalige Stürmer von Real Madrid äußerte sich in spanischen Medien und in seinen sozialen Kanälen mehrfach über Rassismus im Fußball. „Diese Reaktionen scheinen seine Sperre für das Nationalteam verlängert zu haben", sagt Sami Everett, der ebenfalls Wurzeln in Algerien hat. „Diejenigen, die sich gegen die Fußball-Institutionen stellen, werden offensichtlich bestraft."

Auch im Oktober 2023, nach dem Terrorangriff der Hamas gegen Israel und der folgenden Eskalation im Gazastreifen, stand der Stürmer im Zentrum einer Debatte. Benzema, der inzwischen für den saudiarabischen Klub Al Ittihad spielt, schrieb auf X, früher Twitter: „Alle unsere Gebete gelten den Bewohnern von Gaza, die wieder einmal Opfer dieser ungerechten Bombardierungen sind, die weder Frauen noch Kinder verschonen."

Benzema erwähnte das Massaker der Hamas nicht. Der französische Innenminister Gérald Darmanin warf ihm vor, dass er Kontakte zur Muslimbruderschaft habe, einer Organisation, die in etlichen Ländern als Terrororganisation eingestuft wird. Auf Nachfrage wollte Darmanin keine Beweise vorlegen. Benzema wies die Anschuldigung scharf zurück und sprach von einer „politischen Kampagne" gegen sich. Viele seiner Fans werteten die Attacke als Rassismus gegen Muslime.

Der Forscher Everett bringt noch ein anderes Beispiel an: 2011 gelangten Inhalte einer Gesprächsrunde aus dem französischen Fußballverband FFF an die Öffentlichkeit. Demnach diskutierten Funktionäre, wie sie in den Ausbildungszentren die Zahl von Schwarzen und arabischen Spielern begrenzen können. Zudem stand offenbar eine

Quote zur Debatte, wonach noch maximal 30 Prozent der Jugendspieler eine doppelte Staatsbürgerschaft haben sollen.

An der Runde nahm auch Laurent Blanc teil, zu jener Zeit Trainer des französischen A-Nationalteams. Der Weltmeister von 1998 soll über die Körperlichkeit Schwarzer Spieler gesprochen und neokoloniale Denkmuster offenbart haben. So ging Blanc angeblich auf Nachwuchszentren ein, in denen Thierry Henry und Nicolas Anelka trainiert hatten. „Man hat den Eindruck, dass sie wirklich denselben Prototyp von Spielern trainieren, groß, stark, kraftvoll", soll Blanc gesagt haben. „Was ist derzeit groß, stark, kraftvoll? Die Schwarzen." Er wünsche sich Spieler „mit unserer Kultur" und „unserer Geschichte".

Laurent Blanc blieb trotz seiner Aussagen als Nationaltrainer im Amt und hätte seinen Vertrag auch über 2012 hinaus verlängern können, doch nach dem Scheitern im Viertelfinale der Europameisterschaft im selben Jahr trat er zurück. Dagegen wurde Mohamed Belkacemi von seinen Aufgaben im französischen Verband entbunden. Der Jugendtrainer algerischer Herkunft, der in den Vorstädten nach Talenten suchte, hatte an der besagten Funktionärsrunde mit Blanc teilgenommen und das Gespräch aufgezeichnet. Er wollte Beweise für Aussagen sammeln, die er zuvor schon öfter gehört hatte.

Zehn Prozent der französischen Bevölkerung haben heute familiäre Verbindungen zu Algerien. Debatten wie jene um Karim Benzema bestärken bei ihnen das Gefühl, dass sie als Nicht-Weiße und als Angehörige des muslimischen Glaubens nach kritischeren Maßstäben beurteilt werden. „In der französischen Öffentlichkeit werden die Vorstellungen von guter Staatsbürgerschaft oft durch koloniale Untertöne geprägt", sagt Everett. „Das wird auch im Fußball deutlich." Möglich sei das nur, weil in großen Teilen der französischen Gesellschaft das Wissen über den Kolonialismus fehle, über Rassismus, Gewalt und Ausbeutung.

Anpassung und Selbstaufgabe

Bereits 1830 hatte die französische Invasion in Algerien begonnen. In keinem anderen Gebiet Nordafrikas ließen sich so viele französische Siedler*innen nieder. Die Kinder der Kolonialherren saßen in denselben Klassenzimmern wie die Kinder der Kolonisierten, aber nach dem Unterricht gab es keinen Austausch zwischen ihnen. Die Führungsaufgaben in Verwaltung und Wirtschaft lagen in französischer Hand. Muslim*innen hatten kaum Bürgerrechte. Ihnen wurde die Versammlungsfreiheit verweigert, sie hatten zu gehorchen und durften auch keine Vereine gründen.

Im Fußball wollten die französischen Kolonialisten im frühen 20. Jahrhundert unter sich bleiben. Von den Einheimischen durften in Tunesien, Marokko oder Algerien, wenn überhaupt, nur Kollaborateure mitspielen. Nur langsam öffnete sich diese Szene. In einigen algerischen Vereinen wurden Quoten für muslimische Mitglieder eingeführt. Sie mussten sich strengen Regeln beugen – und vor allem dem kulturellen Einfluss aus Frankreich.

Der Politikwissenschaftler Sami Everett lenkt den Fokus noch auf eine andere Biografie: In Paris stieg der Rechtsanwalt Jules Rimet ab den 1920er-Jahren zu einem der einflussreichsten Fußballfunktionäre auf, als Präsident der 1904 gegründeten FIFA und als Mitbegründer der Weltmeisterschaft. Der französische Christdemokrat wollte die Welt mit Hilfe des Fußballs „zivilisieren". Und das in einer Zeit, in der sich die französische Kirche zunehmend dem Staat unterordnen musste. In diesem Säkularisierungsprozess erhielten bürgerliche Organisationen wie Vereine eine wachsende Bedeutung. Jules Rimet bezeichnete den Fußball selbstbewusst als „Mittel der Verständigung und Freundschaft zwischen den Völkern". Eine idealisierende Formulierung, die das Vokabular von Sportfunktionär*innen über Generationen prägen sollte – bis in die Gegenwart.

Rimet wollte dieses Ethos auch in den Kolonien verbreiten, ohne dabei auf Ungerechtigkeiten einzugehen. „Zu dieser Philosophie gehörte ein rassistisches Überlegenheitsdenken", sagt Sami Everett. „Den Untertanen in den Kolonien wurde ein Diskurs über den zivilisatorischen Wert des Sports aufgezwungen." Ob Kultur, Pfadfinder oder Fußball: Vereine mit dem Etikett „europäisch" galten in Algerien als Lernorte für die französische Sprache und für vermeintliche Weltoffenheit. So sollten sich Muslime auf eine mögliche Migration nach Frankreich vorbereiten. Sami Everett: „Jules Rimet glaubte an einen nahtlosen Übergang von der Kolonisierung über die Einwanderung bis zur Assimilation." Also bis zu Anpassung und Selbstsaufgabe.

Widerstand und Krieg

Seit Ende des 16. Jahrhunderts hatte sich Frankreich Kolonien angeeignet. Anfang der 1930er-Jahre besaß Paris das zweitgrößte Kolonialreich, mit Besitzungen in 50 Ländern und Gebieten, vor allem in West- und Zentralafrika. Die Fläche war 22-mal so groß wie Frankreich selbst. Doch allmählich regte sich Widerstand in den nordafrikanischen Gebieten. Viele muslimische Spieler lehnten im Fußball eine Assimilation ab, sie etablierten eigene Vereine und mobilisierten für den Kampf gegen die Kolonialherren. Vereine wie Al Ahly in Kairo, Wydad in Casablanca oder Espérance in Tunis. Etliche Spieler und Funktionäre dieser Klubs sollten zu einflussreichen Politikern aufsteigen.

In Algerien formierte sich 1921 wohl als erster größerer muslimischer Sportverein Mouloudia Club d'Alger (MCA). Der Name Mouloudia orientiert sich am Geburtstag des Propheten Mohammed. Und auch die Vereinsfarben hatten schon früh eine symbolische Bedeutung. Das Grün stehe für das Paradies und den Islam, und das Rot sei die Lieblingsfarbe des Propheten gewesen. Auch andere islamische Symbole wie Mondsichel und Stern sind im Vereinslogo enthalten. Bis heute haben sich im Maghreb mehr als 40 Sportvereine den Namen Mouloudia zugelegt.

In den 1930ern gewann in Algerien eine islamische Reformbewegung an Kraft. Der einflussreiche Theologe Abdelhamid Ben Badis gründete mehrere Sportvereine. „Fitness und Kraft wurden quasi zu religiösen Werten erhoben", sagt der Islamwissenschaftler Jakob Krais, der sich mit Algerien intensiv befasst hat. „Auch mit Hilfe des Sports sollte eine neue Generation auf den Widerstand gegen den Kolonialismus vorbereitet werden."

Das Selbstbewusstsein wuchs. In den Stadien stimmten muslimisch-arabische Fans Gesänge gegen „europäische" Vereine an. Aber nicht nur dort: In etlichen Cafés breitete sich die Chaabi-Musik aus, angelehnt an das arabische Wort „shaab", Volk. Eine Mischung aus arabischen und andalusischen Melodien. In ihren Liedern gingen die Gruppen auf gesellschaftliche Themen ein, auch auf soziale Missstände. Ihre Zuhörer: Arbeiter, Künstler, Politiker und Fußballanhänger. „Oft diskutierten sie über ihre Vereine und hörten Spielkommentare im Radio. Sie sammelten Spenden für muslimische Klubs und widmeten ihnen eigene Lieder", erzählt der aus Algerien stammende Journalist Maher Mezahi, der über den Fußball in Nordafrika berichtet.

Doch noch war an die formelle Unabhängigkeit nicht zu denken. Algerien gehörte rechtlich zu Frankreich, es herrschte Reisefreiheit. „Doch den Algeriern wurde bis ins Jahr 1946 das allgemeine Wahlrecht vorenthalten", schreibt der französische Weltmeister von 1998 und Aktivist Lilian Thuram in seinem Buch „Das weiße Denken." „Selbst danach gab es nur ein eingeschränktes Wahlrecht. Man traute den Einheimischen nicht zu, ihre eigenen Volksvertreter zu wählen."

Was man in Frankreich jedoch schätzte, waren günstige algerische Arbeitskräfte. Ab den 1930er-Jahren zog es immer mehr Gastarbeitende nach Frankreich. 1938 berichtete die Zeitung „Paris-Soir": „Im französischen Fußballexport kann man in dieser Saison besonders die Ausbeutung Nordafrikas feststellen. Marseille, französischer Meister, konnte sechs Spieler ergattern. Das ist die beste Referenz."

Nach dem Zweiten Weltkrieg benötigte Frankreich für den Wiederaufbau wesentlich mehr Arbeitskräfte. Bis Mitte 1962 kamen jährlich bis zu 350.000 Menschen aus Algerien. Viele kehrten wieder zurück, andere blieben dauerhaft. Im französischen Fußball suchten finanzschwache Vereine nach günstigen Spielern. 1945 spielten neun algerische Profis in Frankreich, drei Jahre später waren es doppelt so viele. Mustapha Zitouni zum Beispiel wechselte 1953 nach Cannes, Rachid Mekhloufi ging ein Jahr später zur AS Saint-Étienne. Beide wurden in Algerien als Vorbilder für den sozialen Aufstieg angesehen.

In der Regel durften algerische Spieler aber nur nach Frankreich wechseln, wenn sie zuvor in Algerien bei einem „europäischen" und nicht bei einem „muslimischen" Verein aktiv gewesen waren. Die Grenzen zwischen diesen Sphären zogen französische Entscheidungsträger. Dass sich diese historische Entwicklung heute so genau nachzeichnen lässt, ist auch Stanislas Frenkiel zu verdanken. Der Historiker von der Universität Artois im Norden Frankreichs hat sich in seiner akademischen Laufbahn auch den Verbindungen zwischen Frankreich und Algerien verschrieben. Sein Buch „Le football des immigrés", der Fußball der Immigranten, setzt Maßstäbe. Frenkiel beleuchtet darin auch das wohl wichtigste Kapitel im algerisch-französischen Fußball.

1954 formierte sich in Algerien die Nationale Befreiungsfront (FLN) und zog gegen Frankreich in den Krieg. Zwei Jahre später forderte die FLN den Rückzug muslimischer Algerier*innen aus französischen Institutionen. Das galt auch für Fußballer im algerischen Spielbetrieb, der in der Obhut des französischen Verbandes lag. Zudem spielten 1957 noch 32 Algerier in den beiden höchsten Ligen Frankreichs. Prompt wanderten etliche von ihnen aus.

Die FLN änderte ihre Politik und gründete 1958 eine „Freiheitsmannschaft". In einer konspirativen Aktion setzten sich zehn algerische Spieler aus Frankreich ab. Darunter auch die Spitzenkräfte Rachid Mekhloufi und Mustapha Zitouni, die mit dem französischen Nationalteam an der WM 1958 in Schweden teilnehmen sollten. Stattdessen wollten sie, wie die FLN in einer Mitteilung erläuterte, eine „algerische nationale Identität" fördern.

Stanislas Frenkiel analysiert in seinem Buch die gravierenden Folgen dieser Teamgründung: Frankreich drohte den Ländern, die das FLN-Team empfangen würden, mit wirtschaftlichen Sanktionen. Und wurde dabei von der FIFA unterstützt, die auf ihre Nationalverbände einwirken wollte, oft jedoch vergeblich. Zwischen 1958 und 1962 bestritt die FLN-Mannschaft rund 100 Spiele gegen Nationen, die mit der algerischen Unabhängigkeitsbewegung sympathisierten, etwa gegen China, die Sowjetunion, Vietnam oder Kuba. Die FLN legte Wert darauf, dass vor den Spielen die algerische Hymne gesungen und die algerische Flagge gehisst wurde. Der algerische Revolutionär Ferhat Abbas behauptete, die Mannschaft habe die Unabhängigkeit Algeriens um zehn Jahre vorangebracht.

Der brutal geführte Algerienkrieg ab 1954 kostete wohl mehr als 500.000 Menschen das Leben. Mit zunehmender Zeit lehnten mehr und mehr Französ*innen den Konflikt ab, denn es kam auch in ihren Städten zu Attentaten und Terroranschlägen. Zudem wuchsen die Militärkosten rasant und die Rohstoffausbeute in der wichtigsten französischen Kolonie schien kaum noch zu wachsen. Am 5. Juli 1962 erklärte Algerien seine Unabhängigkeit. Paris musste sich an den Gedanken gewöhnen, die Atomwaffentests woanders durchzuführen – und nicht mehr in Algerien.

Das Kriegsende löste Migrationswellen aus. In Frankreich wurden algerischstämmige Menschen, die „französischen Muslime“, dazu ermuntert, die algerische Staatsbürgerschaft anzunehmen. Eine Million Französ*innen verließen wiederum Algerien. Dagegen lehnte Frankreichs Präsident Charles de Gaulle eine Aufnahme der Harkis ab. So nannte man die mehr als 90.000 algerischen Gehilfen der französischen Armee während des Krieges. Rund 10.000 Harkis wurden als Vergeltung für ihre Kollaboration ermordet.

Die „zweite" Unabhängigkeit

Der junge algerische Staat suchte derweil nach Identifikationsmitteln. Die FLN wollte den Fußball als Symbol für ihr sozialistisches Entwicklungsmodell einspannen, stets in Abgrenzung zur einstigen Kolonialmacht. Der staatlich kontrollierte Fußballverband Algeriens untersagte den Wechsel junger Spieler in europäische Ligen. Mit wenigen Ausnahmen für „Volkshelden“. Elf Spieler aus der revolutionären FLN-Mannschaft durften nach Frankreich zurückkehren. Unter ihnen war Rachid Mekhloufi, der mit Saint-Étienne noch dreimal die französische Meisterschaft gewinnen sollte.

In Frankreich betrachtete die Mehrheitsgesellschaft die Algerier*innen nun weniger als Landsleute, sondern als undankbare Ausländer, schreibt Stanislas Frenkiel. Bei Troyes im Nordosten des Landes erhielt der algerische Spieler Abdelkrim Kerroum Drohbriefe. Sein Klub stellte ihm eine spartanische Unterkunft bereit. Der Rassismus führte dazu, dass immer mehr algerische Spieler Frankreich verließen.

Frankreich und Algerien waren seit 132 Jahren verbunden, und so war auch im Fußball eine schnelle Trennung nicht möglich. Der französische Verband unterstützte den jungen algerischen Verband beim Aufbau von Sportstrukturen. Französische Trainer und Lehrer waren in den Städten Oran und Algier zu Gast. Die algerische Regierung pflegte jedoch einen nationalistischen Ton und feierte sich als revolutionäres Vorbild für die „Dritte Welt“. Freundschaftsspiele gegen Teams aus anderen ehemaligen Kolonien sollten diesen „Kampf um Selbstbestimmung“ unterstreichen.

Ein Höhepunkt fand am 17. Juni 1965 statt. Die algerische Nationalmannschaft bestritt ein Freundschaftsspiel gegen den amtierenden

Weltmeister Brasilien mit Pelé. Der Austragungsort war Oran im Nordwesten des Landes, in der Heimatregion des damaligen algerischen Präsidenten Ahmed Ben Bella, der einst selbst als Fußballer bei Olympique Marseille gespielt hatte. Das geplante zweite Spiel gegen Brasilien drei Tage später fand nicht mehr statt. Zwischenzeitlich wurde Ben Bella von seinem Verteidigungsminister Houari Boumedienne aus dem Amt gedrängt. „Das neue Regime benannte das Stadion nach dem 19. Juni 1965 um, dem Tag des Putsches", erzählt der algerische Sportwissenschaftler Mahfoud Amara, der an der Qatar University in Doha lehrt.

Boumedienne wollte den französischen Einfluss in der algerischen Gesellschaft zurückdrängen. Seine Regierung ließ die Öl- und Gasindustrie, in der französische Unternehmen lange den Ton angaben, verstaatlichen. Sie drosselte die Migration algerischer Arbeiter*innen nach Frankreich und förderte die arabische Sprache in Verwaltung und Schulen. Boumedienne lehnte Einladungen aus Frankreich ab. Er wartete, bis die ehemalige Kolonialmacht auf ihn zukam.

Im April 1975 besuchte der französische Präsident Valéry Giscard d'Estaing Algerien. Zum ersten Mal seit fast 13 Jahren wurden für einen offiziellen Anlass wieder französische Flaggen gehisst und die Hymne gespielt. Vier Monate später fand die erste internationale Sportveranstaltung im unabhängigen Algerien statt. 2500 Athlet*innen aus 15 Nationen nahmen an den Mittelmeerspielen in Algier teil. Der Sportkomplex dafür war nach dem 5. Juli benannt worden, dem Unabhängigkeitstag.

„Die algerische Regierung wollte ihre Souveränität mit Medaillen unter Beweis stellen", sagt Mahfoud Amara. Und das Finale des Fußballturniers zwischen dem Gastgeber und Frankreich bot eine passende Kulisse dafür. Trainer der algerischen Mannschaft war Rachid Mekhloufi, der einstige Kopf des revolutionären FLN-Teams. Auf französischer Seite stand Michel Platini am Beginn seiner großen Karriere. Nach der ersten Halbzeit des Endspiels führte Frankreich 2:1. In der Pause betrat der Stabschef von Boumedienne die Kabine der algerischen Spieler und forderte einen „Sieg um jeden Preis". Auf den Tribünen riefen viele der 70.000 algerischen Zuschauer*innen „Rache, Rache".

Das französische Team konnte seinen Vorsprung bis kurz vor dem Ende behaupten. Boumedienne wollte der Demütigung entgehen und verließ mit seiner Gefolgschaft vorzeitig das Stadion. Aus der Ferne hörte er den Jubel nach dem späten Ausgleichstreffer. Er kehrte auf seinen Platz zurück und sah den algerischen Sieg nach Verlängerung. Der Spieler Omar Betrouni sprach von einem Gefühl, „als hätten wir unsere Unabhängigkeit noch einmal erreicht". Später soll Boumedienne im kleinen Kreis gesagt haben, dass er bei einem Sieg Frankreichs die Medaillenzeremonie gestört hätte.

Die algerische Regierung fühlte sich in ihrem militanten Sozialismus bestätigt und beanspruchte eine Führungsrolle in Afrika. Boumedienne grenzte sich von französischen Einflüssen ab und verstärkte seine Arabisierungspolitik. Auch im Sport verstärkte die algerische Regierung ihre Kontrolle: Sponsoren waren tabu, und so wurden die großen Vereine an staatliche Unternehmen gekoppelt. Fußballer galten offiziell als Botschafter der Regierung, ihr Slogan: „Vom Volk für das Volk". Boumedienne brauchte Erfolg, um über die gesellschaftlichen Spannungen hinwegzutäuschen. Bei den Afrikaspielen vor heimischem Publikum 1978 gewann die algerische Mannschaft das Fußballturnier. 1979 erreichte ihre Nachwuchsauswahl bei der Jugend-WM das Viertelfinale.

Der Geheimdienst mischt sich ein

Das Selbstbewusstsein des postkolonialen Staates wuchs. 1979 wurde algerischen Staatsbürger*innen die Auswanderung nach Frankreich untersagt. Fußballer durften vor ihrem 28. Geburtstag keinen Profivertrag abschließen und galten als Amateure. Auch das ein Zeichnen gegen den „Imperialismus".

Viele Algerier*innen fühlten sich aber weiterhin zur französischen Kultur hingezogen, zu Musik, Filmen, Essen. Besonders beliebt im algerischen Fernsehen waren die Übertragungen der französischen Liga. Auch die Zeitung „France Football" hatte eine beachtliche Leserschaft. Es war nicht verwunderlich, dass vereinzelt algerische Fußballer ohne Erlaubnis nach Frankreich übersiedelten. Sie sehnten sich nach einem sportlich höheren Niveau und wollten die aufkommende Korruption unter algerischen Sportfunktionären hinter sich lassen. „Dafür nahmen sie in Kauf, dass sie in Europa oft ein Drittel weniger verdienten als ihre französischen Mitspieler", schreibt Stanislas Frenkiel in seinem Standardwerk zum Thema.

Frenkiel macht das an einem Beispiel deutlich: Ali Bencheikh war einer der erfolgreichsten Spieler Algeriens in den 1970er-Jahren gewesen. Er gewann mit MC Algier viermal die algerische Meisterschaft und 1976 die afrikanische Champions League. 1978 nahm er diskret ein Angebot des FC Nantes an. Kurz nach seiner Ankunft in Paris wurde er von Männern aufgesucht, die sich als Mitarbeiter des algerischen Konsulats vorstellten, aber wahrscheinlich für den Geheimdienst tätig waren. Sie forderten ihn zur Rückkehr nach Algerien auf und begleiteten ihn bis zum Flughafen. Bencheikh willigte ein, er war erst 23 Jahre alt und prägte den algerischen Fußball noch bis Mitte der Achtziger.

Der Fußball war als antikoloniale Bastion etabliert. Im Frühling 1982 bereitete sich die algerische Nationalmannschaft auf ihre erste Weltmeisterschaft vor. Ihr Verband lehnte lukrative Angebote von Adidas und Puma ab. Die Spieler trugen stattdessen Kleidung des staatlichen Unternehmens Sonitex. Auf ihren Trikots wurde der Landesname in arabischer Sprache abgebildet. Wenige Wochen vor der WM wurde der sowjetische Nationaltrainer Evgeni Rogov durch den algerischen Fußballhelden Rachid Mekhloufi ersetzt. Für den Erfolg nominierte der Verband einige Spieler, die zu jener Zeit noch in Frankreich aktiv waren. Die Bedingung: Sie durften während des Unabhängigkeitskrieges nicht mit französischen Behörden kooperiert haben.

Das algerische Team begann die WM 1982 in Spanien mit einem sensationellen 2:1 gegen Deutschland. Sportminister Abdennour Bekka sagte, dass dieser Sieg „mehr für die Nation getan habe als jeder andere Botschafter in der Welt". Im zweiten Spiel verlor die algerische Mannschaft 0:2 gegen Österreich, im dritten gelang ihr ein 3:2 gegen Chile. Die erstaunliche Vorrundenbilanz: 4:2 Punkte. Nach dem „Nichtangriffspakt" zwischen Deutschland und Österreich in Gijón (1:0) im letzten Spiel schied Algerien aus. Viele Afrikaner*innen sahen darin eine späte Demütigung des kolonialen Europas. Verdienstvolle Nationalspieler wie Salah Assad und Rabah Madjer nutzten die Stimmung und baten um Sondergenehmigungen. Die Regierung gestattete ihnen den Wechsel zu französischen Vereinen.

Die 1980er-Jahre waren in Algerien von Wirtschaftskrisen geprägt. Die Einnahmen für Gas- und Ölexporte gingen zurück, der Aufbau von Industrie und Landwirtschaft verlief schleppend. Die revolutionären Parolen des Einparteienstaates verfingen nicht mehr. Die FLN hoffte offenbar, dass sich die Bevölkerung durch Fußball ablenken lasse. Doch bei ihrer zweiten Weltmeisterschaft 1986 in Mexiko schoss das algerische Team nur ein Tor und schied in der Vorrunde aus.

Revolutionäre Lieder für die WM

Die Spannungen in Algerien wuchsen. Im Oktober 1988 attackierten Jugendliche Symbole des Einparteienstaates, Ministerien, Behörden, Rathäuser. Das Militär schlug brutal zurück, Hunderte Menschen starben. Doch viele Algerier*innen ließen sich nicht entmutigen. In Stadien riefen Fans Parolen gegen Gewalt. Aber auch: „Wir wollen ein Boot nach Australien." Und: „Wir wollen nicht in die Armee."

Eine besondere Plattform bot die Afrikameisterschaft, die 1990 erstmals in Algerien ausgetragen wurde. Zuschauer*innen stimmten Gesänge für unterschiedliche politische Strömungen an: für die Islamische Heilsfront (FIS), für die FLN oder für eher liberale und säkulare Gruppierungen. Fast 30 Jahre nach der Unabhängigkeit stritten die Algerier*innen intensiv um ihre Identität. Die Fußballer gewannen das Finale der Afrikameisterschaft 1:0 gegen Nigeria. Der Torschütze Chérif Oudjani, geboren in Lens, war einer der wenigen Spieler, die ausschließlich für französische Klubs aktiv waren.

Der Demokratisierungsprozess mündete 1990 in die ersten freien Wahlen. Die Islamische Heilsfront gewann mit großem Abstand und ließ die Regierungspartei FLN hinter sich. Noch vor der zweiten Runde annullierte das Militär die Wahl, löste das Parlament auf und verbot die Islamische Heilsfront. Die Folge: Ein zehn Jahre langer Bürgerkrieg zwischen der Regierung und islamistischen Gruppen, mit schätzungsweise 150.000 Toten. Unter den Opfern waren dutzende Spieler, hunderte Mitglieder von Fanklubs und auch Rachid Harai, der Präsident des algerischen Fußballverbandes.

Die Lage befriedete sich um die Jahrtausendwende. Mit Unterstützung des Militärs wurde Abdelaziz Bouteflika 1999 zum algerischen Präsidenten gewählt. Er präsentierte sich als Versöhner und gewährte

Islamisten Amnestie. Die Wirtschaft und der Export von Rohstoffen stagnierten, die Jugendarbeitslosigkeit war hoch, die revolutionäre Rhetorik verfing in der Bevölkerung nicht mehr. Aber wie könnte eine postkoloniale Erzählung in Algerien funktionieren?

Im November 2009 strebte die algerische Fußball-Nationalmannschaft die WM ein Jahr später in Südafrika an, ihre erste Teilnahme seit 1986. Die Regierung von Bouteflika akzeptierte inzwischen auch Nationalspieler mit doppelter Staatsbürgerschaft, die also in Frankreich sozialisiert wurden. Lange war das kaum vorstellbar gewesen. Algerien musste sich in den entscheidenden Qualifikationsspielen gegen den Nachbarn Ägypten durchsetzen, sportlich und politisch, der Sieger wäre der einzige WM-Teilnehmer aus der arabischen Welt. Beide Teams hatten die dritte Qualifikationsrunde mit der gleichen Anzahl an Punkten, Toren und Gegentoren abgeschlossen. Daher sollte ein Spiel in einem Drittstaat die Entscheidung bringen, die Wahl fiel auf die sudanesische Stadt Omdurman.

Die Regierung brachte eine Logistik auf den Weg, die es im unabhängigen Algerien wohl noch nie gegeben hatte. Sie organisierte in wenigen Tagen fast 50 zivile und militärische Flugzeuge für tausende Fußballfans. Sie überzeugte den Sudan, kurzzeitig die Visumspflicht für Algerier*innen auszusetzen. Vor Ort unterstützten algerische Behörden ihre Fans bei der Versorgung und bei der Suche nach Unterkünften. So waren die algerischen Fans den Rivalen aus Ägypten zahlenmäßig überlegen. Algerien gewann 1:0 und qualifizierte sich für WM. Wieder einmal folgten zwischen beiden Fanlagern Ausschreitungen mit Verletzten.

In Algerien aber wollte man davon nichts wissen. Hunderttausende jubelten auf den Straßen. Die Fahrt der Mannschaft vom Flughafen zum Präsidentenpalast dauerte mehr als zwei Stunden. Die Regierung ließ revolutionäre Lieder spielen. An Häuserwänden wurden Plakate des Präsidenten aufgehängt. Nach Jahrzehnten der Gewalt und Instabilität sprach Abdelaziz Bouteflika von einer „großen Vision für die Zukunft". Für eine Weile geriet in Vergessenheit, dass er 2008 die Verfassung ändern ließ, um nach zwei fünfjährigen Amtszeiten doch wieder kandidieren zu dürfen. Bei Wirtschaftsgipfeln in Afrika brachte Bouteflika gern den Fußball für Diplomatie in Stellung. Und auch die algerische Diaspora freute sich auf die WM, vor allem die große Diaspora in Frankreich.

Barrikaden im Straßenkampf

Doch die Beliebtheit von Bouteflika war von kurzer Dauer. Nach dem „Arabischen Frühling" 2011 schränkte sein Regime das Recht auf Demonstrationen und Versammlungen stark ein. Bouteflika, der sich an der Macht halten konnte, erlitt 2013 einen schweren Schlaganfall. Er war fortan auf einen Rollstuhl angewiesen und konnte kaum noch sprechen. Bei politischen Anlässen wurde häufig nur noch ein gerahmtes Foto von ihm aufgestellt. „Es gibt keinen Präsidenten, es gibt nur ein Foto", sang der Musiker und Fußballfan Mouh Milano. Sein Lied wurde auf YouTube und im Stadion des Klubs USM in Algier zu einem Hit.

Bouteflika galt als Marionette einer korrupten Elite, die seit der Unabhängigkeit 1962 wenig zustande gebracht hatte. Trotz Krankheit kündigte er im Februar 2019 die Kandidatur für eine fünfte Amtszeit an. Bald darauf demonstrierten Hunderttausende in Algerien gegen das Regime. Wieder mit dabei: die Ultras der großen Fußballvereine. Sie waren im Straßenkampf geschult. Sie wussten, wie man Barrikaden errichtet und schnell die Laufrichtung ändert. Sie hatten gelernt, Unbeteiligte vor Tränengas zu schützen und Geheimdienstler in den eigenen Reihen auszumachen. Doch ihre Beteiligung ging darüber hinaus.

„Die Stadien in Algerien waren ein Freiraum für junge Männer, die sich nach Zugehörigkeit sehnten", sagt der Journalist Maher Mezahi, der sich mit Fankulturen in Nordafrika beschäftigt. „Beim Fußball konnten sie über ihre Sorgen sprechen, es gab keine Zensur." Die ersten Ultra-Gruppen nach der Jahrtausendwende hatten ihre Liebe zum Fußball besungen. Doch nach dem „Arabischen Frühling" wurden ihre Themen politischer. Es ging um Korruption, Arbeitslosigkeit, steigende Mieten und Fluchtversuche übers Mittelmeer. Auch um Drogenkonsum und Hoffnungslosigkeit. Die Lieder waren mitunter vulgär, doch sie gehörten bald zur Popkultur.

Mezahi beschreibt in einem Aufsatz für den Sammelband „Das rebellische Spiel" die Musiktraditionen der algerischen Fankurven und nennt darin auch Unterschiede zu Europa: Das Gesangsrepertoire der deutschen oder italienischen Ultras besteht meist aus kürzeren Anfeuerungsrufen für ihre Mannschaften. Die Ultras in Algerien hingegen komponieren Lieder mit mehreren Strophen, manche sind länger als vier Minuten.

Das bekannteste Lied während der Proteste 2019 war wohl „La Casa del Mouradia", in Anlehnung an den Präsidentenpalast in der Hauptstadt Algier im Viertel El Mouradia. Das Lied ist eine Parodie auf die spanische TV-Verbrecherserie „La casa de papel", Haus des Geldes. In Algerien sangen Zehntausende das Lied, auch die Zeile: „Wir haben das Leben satt, das wir leben." Besonders laut hallte es durch die Straßen, als das algerische Nationalteam 2019 die Afrikameisterschaft gewann.

Urheber des Liedes „La Casa del Mouradia" waren „Ouled El Bahdja", die Söhne von Algier. Diese Fangruppe aus dem Umfeld des Vereins USM möchte nicht vordergründig mit den Traditionen der italienischen Ultras in Verbindung gebracht werden, sondern sie beruft sich auf die algerische Kultur. Vor allem auf die Chaabi-Musik, die bereits seit den 1930ern während der Kolonialzeit gesellschaftliche Themen mit Fußball in Verbindung brachte. 2016 starb Amar Ezzahi, eine der großen Chaabi-Ikonen Algeriens. Die Fans von USM zeigten im Stadion ein Porträt von ihm.

„Diese Musikkultur entsteht nicht spontan, sondern sie ist gut organisiert", sagt Mezahi, der unter anderem für BBC und Al Jazeera berichtet. Ultras nehmen Lieder in Tonstudios auf, entwerfen Videos und veröffentlichen sie in sozialen Medien, damit andere Mitglieder die Texte lernen können. Mit dem Verkauf von CDs, Plakaten und Fahnen finanzieren sie Hilfsaktionen für Benachteiligte. Während der Proteste 2019 gegen Bouteflika gewann ihre Bewegung an Kraft.

Zu einer weiteren Hymne damals wurde das Lied „Ultima Verba", darin heißt es: „Wir sind das Hindernis für dich, oh Regierung. Und unser Feuer wird niemals gelöscht." Das Lied, das ebenfalls von der Gruppe „Ouled El Bahdja" stammt, ist eine Hommage an das gleichnamige Gedicht von Victor Hugo. Der französische Schriftsteller beschrieb darin Mitte des 19. Jahrhunderts im Exil die Geltungssucht von Napoleon III., der sich selbst zum Kaiser hatte ausrufen lassen.

„Ultima Verba" macht deutlich, dass junge Fußballfans den kolonialen Einfluss Frankreichs nicht ausblenden. Der algerische Rapper Soolking ließ sich davon inspirieren und veröffentlichte eine eigene

Version (Liberté), mittlerweile mit rund 400 Millionen Aufrufen bei YouTube. Und so greifen die Fans in ihren Liedern weitere Themen auf: umweltschädliches Fracking in der Sahara oder Schmuggelwaren, von denen auch der Staat profitiert. Einige Protestlieder erreichen die Stadien und Straßen in anderen arabischen Ländern, zum Beispiel den Libanon 2019, als Hunderttausende gegen die Regierung in Beirut demonstrierten. Bis heute führen die algerische Regierung und ihr Sicherheitsapparat das Land autoritär. Viele Menschen leben in Armut oder verlassen es.

Mehr als drei Viertel der Menschen in Nordafrika sind unter 30. Auch in Algerien hat die große Mehrheit die Kolonialzeit und den Unabhängigkeitskampf nicht erlebt. Dennoch sind Symbole allgegenwärtig: Stadien sind nach revolutionären Persönlichkeiten oder historischen Daten benannt. Fans von Mouloudia präsentieren Banner von Ali La Pointe, einem Guerillakämpfer der FLN, der von französischen Fallschirmjägern getötet wurde. Der Klub CR Belouizdad in Algier benannte sich nach dem Unabhängigkeitsbefürworter Mohamed Belouizdad. Und die Ultras des Vereins MO Constantine zeigen das Konterfei von Ouled Ben Badis. Der Reformgelehrte hatte vor 100 Jahren islamische Einflüsse gegen die Franzosen behauptet.

Die ewige Debatte über die „Banlieues"

Die Biografien von algerischen Persönlichkeiten gehören im Land der einstigen Kolonialmacht nicht zum Allgemeinwissen. Doch eine wachsende Gruppe von Aktivist*innen und Akademiker*innen möchte das ändern. In diesem Zusammenhang lohnt sich ein Besuch im Musée de l'Histoire de l'immigration in Paris. Das Migrationsmuseum ist im Südosten der Hauptstadt im Palais de la Porte Dorée untergebracht, wo 1931 die Pariser Kolonialausstellung stattgefunden hatte. Damals wollte die französische Regierung die „traditionelle Kunst und Handarbeit" aus ihren Gebieten präsentieren. Im Vordergrund standen der „Austausch der Kulturen" und der „französische Nutzen in Übersee". Und so verharmlosten hunderte Kunstwerke, Konzerte und „Völkerschauen" die Ausbeutung und den Rassismus zu jener Zeit. Noch heute erinnern die Motive an der Außenfassade des Museums daran.

„Es ist ein relativ neues Thema, kritisch auf den Kolonialismus zu blicken", sagt Constance Rivière, die Direktorin des Migrationsmuseums, in einem Zoom-Interview. „Lange herrschte in der Gesellschaft die Vorstellung, dass Frankreich im Zentrum der Welt stehen würde." Die neue Dauerausstellung, die im Sommer 2023 eröffnet wurde, bricht mit dieser Tradition. Es ist ein differenzierter Rundgang durch fast 400 Jahre der französischen Geschichte. „Kaum ein Thema wird in Frankreich so kontrovers und polemisch diskutiert wie Migration", sagt sie. „Wir möchten ganz nüchtern Informationen bereitstellen, so dass sich unsere Besucher*innen eine fundierte Meinung bilden können."

Das Migrationsmuseum zeichnet die algerisch-französischen Beziehungen im Detail nach. Insbesondere nach dem Zweiten Weltkrieg hatten sich in der Peripherie der französischen Großstädte hunderttausende Algerier*innen niedergelassen. Dort wurden in den Industriegebieten viele Arbeitskräfte für den Wiederaufbau der Wirtschaft gesucht. Jene Barackensiedlungen, die sogenannten „Banlieues", prägen bis heute die Wahrnehmung vieler Menschen in Frankreich von Einwanderung, Identität und Sicherheit. Eine Wahrnehmung, die sich schnell ändern kann, zumindest oberflächlich.

Auf einer Innenwand im Migrationsmuseum zeigt eine große Schwarzweiß-Fotografie jubelnde Männer mit einem Pokal. Schräg gegenüber stehen in einer Vitrine drei Marionetten in blauroten Trikots, sie sollen die Weltmeister von 1998 darstellen, David Trezeguet, Zinédine Zidane und Marcel Desailly. Der historische Heimsieg Frankreichs wurde von Medien, Intellektuellen und Sportfunktionären als Triumph einer multikulturellen Gesellschaft gedeutet. Das Credo „black, blanc, beur" war in aller Munde, „schwarz, weiß, arabisch". Der prominenteste Spieler: Teamkapitän Zinédine Zidane, Sohn algerischer Einwanderer*innen, die vor dem Unabhängigkeitskrieg nach Frankreich gekommen waren.

Nach dem 3:0 im Finale gegen Brasilien wurde vor allem die französische Talentförderung gelobt. Aber: „Dieses System zielt darauf ab, postkoloniale Jugendliche aus der Banlieue zu erziehen und sie an die Werte der französischen Republik zu gewöhnen", schreibt der Politikwissenschaftler Sami Everett in einem Essay und zieht Parallelen zum französischen FIFA-Patron Jules Rimet, der im frühen 20. Jahrhundert die Welt mit Hilfe des Fußballs „zivilisieren“ wollte: „So wie damals soll Fußball die einheimischen algerisch-muslimischen Jugendlichen durch guten Bürgersinn und Sportlichkeit formen.“

Das erste „Freundschaftsspiel" versinkt im Chaos

Die Emotionen nach der WM 1998 und dem Gewinn der Europameisterschaft 2000 ließen eine differenzierte Debatte über die Einwanderungsgesellschaft nicht zu. Im Gegenteil: Die Regierungen Frankreichs und Algeriens glaubten, dass die Zeit reif sei für das erste Freundschaftsspiel zwischen beiden Nationen. Doch sie täuschten sich. Bereits vor der Partie in Paris im Oktober 2001 erhielt Zidane Morddrohungen. Mehr als 1.000 Polizist*innen sicherten das Umfeld des Stade de France. Etliche der 80.000 Zuschauer*innen pfiffen die französische Hymne aus. Einige von ihnen warfen Flaschen auf den französischen Premierminister Lionel Jospin. Nach dem 4:1 für Frankreich stürmten Fans den Rasen, einige mit algerischen Flaggen, das Spiel wurde abgebrochen.

Die rechtsextreme Front National machte vermehrt Stimmung gegen Französ*innen mit Einwanderungsgeschichte. Ihr Vorsitzender Jean-Marie Le Pen erreichte 2002 bei den Präsidentschaftswahlen die Stichwahl. Und das gesellschaftliche Klima nach den Anschlägen vom 11. September 2001 in New York führte auch in Frankreich dazu, dass die Lage schnell eskalieren konnte: Im Oktober 2005 befanden sich Teenager aus Einwandererfamilien im Pariser Vorort Clichy-sous-Bois auf dem Heimweg von einem Fußballspiel. Sie fühlten sich von einem Polizeiauto verfolgt und wollten nicht in eine Kontrolle geraten. Der 15-jährige Bouna Traoré und der 17-jährige Zyed Benna versteckten sich in einem Elektrizitätswerk, erlitten dort Stromschläge und starben.

Noch in derselben Nacht brachen im Nordwesten von Paris Krawalle aus. Der damalige Innenminister und spätere Präsident Nicolas Sarkozy bezeichnete die Randalierer als „Abschaum“ und „Gesindel“. Er sagte, man müsse die „Banlieue“ mit dem „Kärcher“ reinigen. In den folgenden drei Wochen griffen die Ausschreitungen auf andere Städte in Frankreich über, erinnert Everett in seinem Essay: „Voller Wut über die kolonialen Ungerechtigkeiten der Vergangenheit und die rassistischen Ungerechtigkeiten der Gegenwart, die in Sarkozys Worten zum Ausdruck kamen, sowie genervt vom alltäglichen Kampf gegen die rassistische Profilierung bei Kontrollen und Durchsuchungen, die strukturelle Diskriminierung bei der Beschäftigung und beim Zugang zu Wohnraum, mobilisierten junge Franzosen nord- und westafrikanischer Herkunft mit voller Kraft."

Mehrere Menschen kamen bei den Ausschreitungen zu Tode, tausende Autos wurden verbrannt, und die Lage beruhigte sich nur vorübergehend. Immer wieder griff die Polizei in Vorstädten hart durch, immer wieder kam es zu Unruhen mit Verletzten. Sami Everett sagt im Interview: „Der Sicherheitsdiskurs hat eine rassifizierte Dichotomie geschaffen: zwischen einer angeblich gewalttätigen Peripherie, der Banlieue, und einem zivilisierten Stadtzentrum."

In diesem Klima wurde Nicolas Sarkozy 2007 zum französischen Präsidenten gewählt. Mit seiner Partei, der konservativen UMP, wollte er den historischen Blick auf den Kolonialismus beeinflussen. Ein Gesetz sollte die „positive Rolle der französischen Präsenz im Ausland" herausstellen, „insbesondere in Nordafrika". Zudem wollte Sarkozy ein Ministerium für „nationale Identität" schaffen. Etliche Wissenschaftler*innen traten aus Beratergremien der Regierung zurück.

Die französischen Spieler, deren Eltern oder Großeltern in früheren Kolonien aufgewachsen waren, bekamen den Rechtsruck besonders zu spüren. Während der WM 2010 in Südafrika berichtete „L'Équipe", dass der Stürmer Nicolas Anelka, dessen Eltern aus Martinique stammen, den Nationaltrainer Raymond Domenech in der Kabine als „dreckigen Hurensohn" beschimpft habe. Zeitungsfotos, die von ganz anderen Situationen stammten, legten den Eindruck nahe, dass Anelka auf Domenech losgehen wollte. Anelka und einige Mitspieler wiesen die Vorwürfe scharf zurück, doch der französische Verband schloss ihn von der WM aus.

Etliche Teamkollegen wollten das nicht akzeptieren. Der Kapitän Patrice Evra, geboren im Senegal, vermutete institutionellen Rassismus gegen Anelka und mobilisierte seine Kollegen für einen Trainingsboykott vor dem letzten WM-Vorrundenspiel. Der Verband setzte Evra auf die Bank und warf ihm vor, die „nationale Einheit Frankreichs" zu untergraben. Die Sportministerin Roselyne Bachelot kommentierte: „Die Spieler verhalten sich wie unreife Bengel." Und rechte Politiker bezeichneten die nicht-weißen Spieler als „Integrationsverweigerer".

Jahre später gab auch Raymond Domenech zu, dass Anelka ihn nie übel beschimpft habe.

Die Erzählung von der vielfältigen Fußballrepräsentanz Frankreichs war auf Jahre hinaus verstummt. 2014 bei der WM in Brasilien scheiterte die Mannschaft im Viertelfinale an Deutschland. Medien und Fans kritisierten muslimische Nationalspieler dafür, dass sie im Turnier während des Ramadans fasteten.

Spezielle Trikots mit afrikanischen Symbolen

Kontroversen wie diese bestimmen im französischen Sport die Migrationsdebatte, aber es geht auch anders, wie ein Besuch in Marseille deutlich macht. Die Stadt am Mittelmeer ist seit ihrer Gründung durch griechische Seefahrer ein wichtiges Zentrum für Einwanderung und Handel. Während der Kolonialisierung Nordafrikas im 19. Jahrhundert stellte Marseille für Frankreich den wichtigsten Hafen dar.

In den folgenden Jahrzehnten kamen hier Millionen Menschen aus dem Maghreb an, vor allem aus Algerien. Man kann diese Geschichte im Stadtzentrum noch nachempfinden. Unterschiedliche Kleidungsstile fallen einem ins Auge, afrikanische Flaggen und Symbole, Geschäfte und Teehäuser algerischer Prägung. In einigen Regalen liegt der Koran aus. Und immer wieder zu hören: die arabische Sprache.

Der Reporter Maher Mezahi wohnte für einige Jahre in Marseille und lebt nun in Algier. Seine Großeltern stammen aus Algerien, er selbst ist in Kanada aufgewachsen. Mezahi besuchte mehrere Heimspiele von Olympique Marseille im Stade Vélodrome. Er sagt, dass sich die Stadtgesellschaft auf den Tribünen spiegeln würde. Im September 2022 verfolgen wir gemeinsam ein Ligaspiel gegen Stade Rennes. Die Ultras von Olympique singen, klatschen, trommeln. Immer wieder hallt Pyrotechnik so laut unter dem Dach, dass man sich die Ohren zuhalten muss. Auch hier hört man mitunter Arabisch, auch hier ist die eine oder andere algerische Flagge zu sehen.

„Olympique möchte alle Menschen in der Stadt ansprechen", sagt Mezahi. „Der Verein beteiligt sich an den sogenannten Afrika-Tagen der Stadt. Dann gibt es eine Reihe von Veranstaltungen, die den afrikanischen Kontinent feiern." Olympique lädt frühere Spieler afrikanischer Herkunft ein. Spezielle Vereinstrikots mit afrikanischen Symbolen sind in den Fanshops von Olympique schnell vergriffen. Beliebt sind auch die Jugendturniere in den Vororten. Aber Fanprojekte wie in Deutschland, die den Fußball für Sozialarbeit, Bildung und Gewaltprävention nutzen, gibt es in Frankreich nicht. Und auch bei Olympique Marseille dürfte es auf absehbare Zeit keinen Klubpräsidenten algerischer Abstammung geben.

Die Debatte ist seit langem verfahren. Man erlebt das in La Castellane, im Norden von Marseille. Das Viertel ist in internationalen Medien als Inbegriff für die „muslimische Parallelgesellschaft“ beschrieben worden. Als eine Hochhaussiedlung, die durchdrungen sei von Gewalt, Kriminalität und Drogenhandel. Doch La Castellane ist auch das Viertel, in dem Zinédine Zidane aufgewachsen ist. Es wäre also ein interessanter Ort, um Aspekte der französisch-algerischen Gegenwart zu erkunden. An den Straßen sitzen junge Männer mit Sonnenbrillen und Kapuzenpullis. Sie machen einem höflich, aber unmissverständlich klar: Journalisten, Politiker oder irgendwelche Beamten sind hier unerwünscht.

Mit Szenen wie diesen schüren rechte Politiker und Medien ihre Ablehnung gegen arabische Einwanderermilieus. Aber die Wahrheit ist komplexer. Maher Mezahi kann lange über französische Kolonialverbrechen an Algerier*innen sprechen. Immer wieder liest er in sozialen Medien, dass Französ*innen mit arabisch klingenden Nachnamen nicht zu Vorstellungsgesprächen eingeladen werden. Dass sie vor der Disko abgewiesen werden oder sich bei rassistischen Schwiegereltern lieber als Italiener ausgeben. Er liest von muslimischen Amateurkickern und Schiedsrichtern, die frustriert ihr Hobby aufgeben.

Mezahi will Traumata durch Rassismus nicht als Entschuldigung für Kriminalität durchgehen lassen. Aber hätte Frankreich seine Kolonialzeit vor Jahrzehnten kritisch aufgearbeitet, vielleicht wäre die Situation jetzt eine andere. In Frankreich hatte man bis in die späten 1990er-Jahre gar nicht vom Algerienkrieg gesprochen, sagt er, sondern von „Operationen zur Aufrechterhaltung der Ordnung in Nordafrika“.

Es ist es wohl nur eine Frage der Zeit, bis Menschen in Vierteln wie La Castellane, Brüssel-Molenbeek oder Duisburg-Marxloh wieder pauschal als Terroristen, IS-Kämpfer oder Schlägerbanden dämonisiert werden. Während der WM 2022 ging der Jubel über den Erfolg der marokkanischen Mannschaft in einigen europäischen Städten in Gewalt über. Polizisten wurden verletzt und Autos in Brand gesetzt. Was weniger in den Medien diskutiert wurde: Welche sozialen, politischen und historischen Umstände begünstigten die Aggressionen? Und vor allem: Wie kann man sie bei künftigen Generationen vermeiden?

„Orientalismus" und die WM in Katar

Die WM 2022 ist auch in größerem Zusammenhang von Interesse. In Nordafrika hatte der wohlhabende Golfstaat Katar mit seinen großen Gasvorkommen nicht den besten Ruf. Hunderttausende Menschen aus Algerien, Marokko und Ägypten leben seit Jahrzehnten in Katar. Als Teil der großen Gastarbeitergemeinden fühlen sich viele als Bürger*innen zweiter Klasse. Während der WM habe sich das geändert, beobachtete Dunja Ramadan, Politikredakteurin der „Süddeutschen Zeitung": „Viele Araber haben sich mit Katar solidarisiert. Sie hatten das Gefühl, dass die geballte Kritik aus Europa in eine unverhältnismäßige, teils rassistische und exotisierende Kritik umschlug."

Ramadan hat mehrfach in Doha recherchiert. Sie hat kritisch über Menschenrechtsverletzungen, Frauenrechte und Homophobie berichtet, und sie hat immer wieder das Alltagsleben in Katar beschrieben, die Stammesstrukturen, die Religion, die unterschiedlichen Kulturen. Ein derart breites Themenspektrum war nur in wenigen deutschen Medien zu beobachten, meist lag der Fokus auf unwürdigen Arbeitsbedingungen. Ramadan glaubt, dass in vielen Redaktionen eine Mischung aus Unwissen und Voreingenommenheit geherrscht habe. Also hatte der katarische Emir recht, als er eine Kampagne vorwarf, gespickt mit Rassismus und Islamophobie?

Es lohnt sich, noch einmal den Klassiker „Orientalismus" von Edward Said aus dem Jahr 1979 zur Hand zu nehmen. Der US-amerikanische Literaturforscher palästinensischer Herkunft analysiert darin eine jahrhundertealte Tradition des europäischen Überlegenheitsdenkens gegenüber dem Nahen Osten. Häufig wird die verzerrte Wahrnehmung des Westens nicht durch ablehnende Parolen ausgedrückt, sondern mit wohlmeinendem Humor.

Beispiele dafür gab es auch während der WM: Der ZDF-Experte Sandro Wagner bezeichnete ein Traditionsgewand katarischer Männer als „Bademantel". Ein französisches Magazin stellte das katarische Nationalteam in einer Karikatur als Terroristen dar. Im dänischen Fernsehen wollte ein Moderator die Nähe zwischen den marokkanischen Spielern und ihren Müttern unterstreichen – er hielt eine Zeichnung mit Affen in die Kamera, die sich umschlingen.

Innerhalb der weltweiten, intensiven WM-Berichterstattung mögen diese drastischen Beispiele eher Ausnahmen sein. Doch vermutlich wurden zehntausende Artikel, Dokumentationen und Online-Fotostrecken mit Wüste, Kamelen, Falken oder mit der glitzernden Skyline von Doha illustriert. Der Alltag der allmeisten Menschen in Katar hat damit wenig zu tun. „Sportredaktionen und Nahostkorrespondenten haben teils sehr unterschiedliche Blickwinkel auf die WM gehabt", sagt Robert Chatterjee, stellvertretender Chefredakteur des Nahost-Magazins „Zenith". „Die Reproduktion von immer gleichen Bildern zu Katar und die teilweise ungenaue Berichterstattung führen am Ende dazu, dass die katarische Regierung berechtigte Kritik beiseite wischen kann."

Die katarische Herrscherfamilie reagierte vor der WM trotzig auf die Kritik aus dem Westen. Und so wurde das kurzfristige Bierverbot in den Stadien und die Untersagung der One-Love-Armbinde auch in anderen arabischen Staaten als Stoppschild gegen die neokoloniale Maßregelung verstanden. Und der umjubelte Einzug Marokkos ins WM-Halbfinale bot eine Kulisse für die vermeintliche panarabische Solidarität. Tatsächlich aber waren kaum arabische Architekten und Unternehmen an den WM-Großprojekten beteiligt gewesen. Nur Staatsbürger*innen aus sechs der 22 arabischen Staaten können ohne Einschränkungen nach Katar einreisen. Und auch Gastarbeitende aus dem Maghreb müssen oft Monate auf ihr Gehalt warten.

Die WM 2022 hätte eine gute Gelegenheit geboten, um mehr über die Verbindungen zwischen Europa und der arabischen Welt zu erfahren, zwischen kolonialer und postkolonialer Geschichte. Sami Everett und andere Forschende vertreten die These, dass Frankreich viele Erfolge seiner Unterhaltungsindustrie dem Maghreb zu verdanken hat: „Die algerische Kultur ist ein integraler Bestandteil der französischen Identifikationsmuster."

Wie französisch ist die französische Mannschaft?

Hunderte französisch-algerische Fußballer haben ihre Ausbildung in Clairefontaine erhalten, im Leistungszentrum des französischen Verbandes FFF nahe Paris. Spieler wie Karim Benzema entschieden sich für eine Laufbahn im französischen Nationalteam. Andere zogen die Mannschaft aus dem Land ihrer Vorfahren vor. Der bekannteste von ihnen, Riyad Mahrez, führte das algerische Nationalteam 2019 zum Gewinn der Afrikameisterschaft. Mahrez, der mit Manchester City elf Titel gewann, wird aber nicht nur in Algerien verehrt. Seine Kindheit verbrachte er in Sarcelles, einer Kleinstadt nördlich von Paris. 2022 wurde ein Stadion in Sarcelles nach ihm benannt. Regelmäßig berufen sich dort Turniere, Sportfeste und soziale Projekte auf seinen Namen.

Fußballer wie früher Zinédine Zidane oder heute Riyad Mahrez feiern mit einem Nationalteam Erfolge, aber sie fühlen sich mit zwei Nationen verbunden. Wissenschaftler*innen der Erasmus-Universität Rotterdam haben herausgearbeitet, dass diese „multiplen Zugehörigkeiten" seit Beginn der Weltmeisterschaften alltäglich sind. Im Zeitraum von 1930 bis 2018 sei der Anteil der Spieler, die für ein Land spielten, in dem sie nicht geboren wurden, stabil geblieben: jeweils zwischen acht und zwölf Prozent. „Die Anwesenheit von Fußballern mit Migrationshintergrund ist nicht zufällig, sondern wurde auch durch lange Prozesse der Kolonisierung und Dekolonisierung geprägt", sagt Gijs van Campenhout, der das Forschungsprojekt „Sport and Nation" in Rotterdam mitgestaltet hat.

In der WM-Geschichte bis 2018 zählt die französische Nationalmannschaft die meisten Fußballer, die im Ausland geboren wurden. Diese 61 Spieler stammten laut Gijs van Campenhout aus 19 Ländern, vorwiegend aus ehemaligen französischen Kolonien wie Algerien, Marokko und Senegal. Bereits in den 1930er-Jahren waren neun in Algerien geborene Spieler für die französische Auswahl aufgelaufen. Seither wird das Team von politischen Debatten begleitet.

So auch 2018, als die französische Mannschaft in Russland die WM gewann. Von ihren 22 Spielern hatten 14 afrikanische Wurzeln. „Afrika hat gewonnen, Afrika ist Weltmeister", sagte der Komiker Trevor Noah in der US-amerikanischen „Daily Show": „Ich weiß, dass Frankreich gewonnen hat, aber ich erkenne auch meinen afrikanischen Bruder in der französischen Mannschaft an." Als Reaktion auf diese Worte veröffentlichte der französische Botschafter in den USA, Gérard Araud, einen offenen Brief. Darin betonte er, dass Frankreich seine Bürger nicht nach „Rasse, Religion oder Migrationshintergrund" beurteile. Und: „Indem Sie die Nationalmannschaft als afrikanische Mannschaft bezeichnen, leugnen Sie die französische Staatsangehörigkeit der Spieler."

Trevor Noah antwortete mit den Worten: „Ich möchte nicht unhöflich sein, aber diese Menschen wurden nicht zufällig ausgewählt. Ich finde, das spiegelt eher die koloniale Vergangenheit Frankreichs wider." Durch Kommentare wie diese fühlten sich konservative und rechte Politiker*innen in Frankreich provoziert. Wieder diskutierten sie die Frage, inwieweit die französische Mannschaft tatsächlich französisch sei. Der Migrationsforscher Gijs van Campenhout dagegen möchte die Diskussion ins Positive wenden: Der Sieg Frankreichs wurde nämlich auch in Kamerun gefeiert, wo der Vater von Stürmer Kylian Mbappé geboren wurde. Auch im Kongo, wo der Reservetorhüter Steve Mandanda aufwuchs. Sogar in den Philippinen, wo die Wurzeln ihres Kollegen Alphonse Aréola liegen.

In der Debatte um Einwanderung und Identität geht eine wichtige Entwicklung unter, sagt Gijs van Campenhout: „Die Hauptrichtung der Spielermigration hat sich in den vergangenen 20 Jahren eher umgekehrt." In der WM-Geschichte bis 2018 haben sich 114 Spieler, die in Frankreich geboren und aufgewachsen sind, für die Nationalteams von 14 anderen Ländern entschieden, hauptsächlich in ehemaligen Kolonien. Allein bei der WM 2018 traten von den insgesamt 736 teilnehmenden Spielern 84 für ein Land an, in dem sie nicht geboren wurden. 29 dieser Spieler, mehr als ein Drittel, wurde in Frankreich geboren.

„Die Fußballverbände von Marokko oder Tunesien suchen in Europa nach Spielern mit doppelter Staatsbürgerschaft", sagt Gijs van Campenhout. Auch der algerische Verband pflegt ein Scoutingsystem in der europäischen Diaspora. Bei der WM 2010 liefen für Algerien 16 Spieler auf, die in Frankreich geboren wurden, bei der WM vier Jahre später waren es 17. Riyad Mahrez war der bekannteste von ihnen, und ihm dürften viele weitere folgen.

Den Fußballverbänden und ihren Scouts geht es um Erfolge, Prestige, langfristige Profite. Doch in den vergangenen Jahren hat sich im Umfeld dieser Industrie auch eine zivilgesellschaftliche Nische gebildet, die den Fußball für soziale Begegnungen nutzt. Eines dieser Projekte besuche ich während meiner Recherche in Paris. Im 18. Stadtbezirk sind auf dem Dach eines Parkhauses kleine Kunstrasenplätze eingerichtet. Hier bringt die NGO „Fútbol Más" regelmäßig Mädchen und Jungen aus den angrenzenden Vierteln zusammen. Viele von ihnen stammen aus Afrika und leben erst seit kurzem in Paris.

„Der Fußball kann dazu beitragen, dass sich die Jugendlichen schneller an ihre neue Umgebung gewöhnen", sagt die Sozialarbeiterin Claire Seang. „Hier lernen sie Leute kennen und fühlen sich sicher. Hier werden sie nicht ständig mit Problemen konfrontiert." Seang sitzt auf dem Kunstrasenplatz und stellt ihren Spielerinnen die Trainingsübungen vor. Die Gruppe will sich verausgaben und gemeinsam besser werden. Hin und wieder sucht eine Spielerin das Gespräch mit Seang. Dann geht es unter anderem um Schwierigkeiten in der Schule, anstrengende Geschwister oder Gewalt in der Nachbarschaft.

Claire Seang hört zu und stellt Fragen, sie scheint bei den Mädchen Respekt zu genießen. Vielleicht liegt das auch daran, dass sie selbst eine Einwanderungsgeschichte hat. Ihre Eltern wuchsen in Kambodscha auf. Das Land in Südostasien war früher eine Kolonie und gehörte bis 1953 zu „Französisch-Indochina". Später errichteten die Roten Khmer eine brutale Diktatur, der mehr als 1,5 Millionen Menschen zum Opfer fielen. Auch etliche Familienmitglieder von Claire Seang wurden getötet. Ihre Eltern lebten lange in Flüchtlingslagern in Indonesien und Thailand, ehe sie in Paris eine neue Heimat fanden.

„Als ich in der Schule war, haben wir uns mit dem französischen Kolonialismus beschäftigt", sagt Seang. „Aber die Auswirkungen bis in die Gegenwart kamen zu kurz." Seang ist Anfang 30. Ihre Generation stellt kritischere Fragen als die ihrer Eltern. Und sie hofft, dass die Teenager vor ihr auf dem Bolzplatz irgendwann noch weiter gehen werden. „Natürlich reden wir auch über Rassismus-Erfahrungen", sagt Seang. „Aber wir gehen behutsam vor. Wir wollen die Spielerinnen ermutigen und nicht verängstigen." Die NGO „Fútbol Más" erreicht nach eigenen Angaben weltweit 25.000 Kinder und Jugendliche, in

Paris sind es allein 500, viele von ihnen stammen aus Algerien, aus der einst wichtigsten französischen Kolonie.

Neue Beziehungen und alte Spannungen

Auch mehr als 60 Jahre nach Ende des Algerienkrieges bestehen Spannungen. Die algerische Regierung fordert von Frankreich seit langem eine kritische Aufarbeitung der Kolonialzeit. Im Dezember 2017 reiste Emmanuel Macron für wenige Stunden nach Algerien. Als erster französischer Präsident brachte er sein Bedauern zum Ausdruck, aber eine formale Entschuldigung für Kriegsverbrechen vermied auch er. Die Zeitung „Le Monde" zitierte ihn mit den Worten: „Die algerische Nation zehrt seit 1962 von einer Erinnerung, in der es heißt: Frankreich ist das Problem." Zudem bescheinigte Macron dem algerischen Staat ein einseitiges Geschichtsbild. Er sagte, dass Algerien vor der Kolonialisierung als Nation gar nicht existiert habe.

Nach diesen Aussagen berief die algerische Regierung ihren Botschafter in Paris vorübergehend ab. Das französische Militär durfte nicht mehr den algerischen Luftraum überfliegen. Und auch bei Visa-Angelegenheiten gab es Ärger: Algerische Behörden wollten etliche abgelehnte Asylbewerber aus Frankreich nicht wieder aufnehmen. Mehrere algerische Ministerien verbannten die französische Sprache aus ihrer Korrespondenz und führten Arabisch verpflichtend ein.

Doch der erste französische Präsident, der nach dem Algerienkrieg geboren wurde, ist flexibel. Nach dem russischen Angriffskrieg auf die Ukraine und den ausbleibenden Gas- und Öllieferungen aus Russland mussten sich die europäischen Staatschefs nach anderen Quellen umschauen. Algerien hat enorme Rohstoffvorkommen. Im Oktober 2021 reiste Macron nicht für wenige Stunden, sondern für drei Tage nach Algerien. Zur Delegation gehörten sieben Minister. Gleich am ersten Tag kündigte Macron die Öffnung der Archive und die Gründung einer französisch-algerischen Historikerkommission an.

Wie ernsthaft die Aufarbeitung der Kolonialzeit gemeint ist, bleibt abzuwarten. In jedem Fall verliert Frankreich weiterhin an Einfluss. „Frankreich ist nach China nur noch der zweitgrößte Handelspartner Algeriens und liefert nur noch 10,6 Prozent der Importe", schreibt Mirco Keilberth in der „Süddeutschen Zeitung". „Das sprachlich, geografisch und wirtschaftlich eng verbundene Frankreich wird durch die Konkurrenten China, Türkei und Russland verdrängt."

Darüber hinaus haben sich seit 2020 in fünf Ländern West- und Zentralafrikas Militärs an die Macht geputscht. Immer wieder wurden dabei Stimmen laut, den wirtschaftlichen und kulturellen Einfluss der einstigen Kolonialmacht Frankreich zurückzudrängen. „Françafrique", eine Wortschöpfung für die Verflechtungen, soll bei vielen bald Geschichte sein, auch in Algerien.

Es bleibt faszinierend, wie algerische Fußballer und Fans an die Kolonialzeit erinnern. Ein Beispiel bietet die Mannschaft von Entente Sportive in Sétif, 250 Kilometer östlich von Algier gelegen. Ihr Stadion wurde nach dem 8. Mai 1945 benannt, dem Beginn der vielleicht größten Katastrophe von Sétif.

Zu jener Zeit demonstrierten Tausende Algerier*innen in Sétif gegen die Repression der französischen Armee. Bei Ausschreitungen kamen mehrere Dutzend Französ*innen ums Leben. Daraufhin bildeten die Kolonialherren „Selbstverteidigungsmilizen" und organisierten Racheakte. Mitunter mussten sich algerische „Untertanen" vor der französischen Fahne auf den Boden werfen. Im Mai und Juni 1945 wurden mindestens 6.000 Algerier*innen getötet. Eine angemessene Aufarbeitung und Entschuldigung der französischen Regierung blieb bislang aus. Seit langem spielt die Fußballmannschaft von Sétif in schwarzen Trikots, in der Farbe der Trauer. Es ist eine ständige Erinnerung daran, was 1945 passiert ist. Und was sich niemals wiederholen darf.

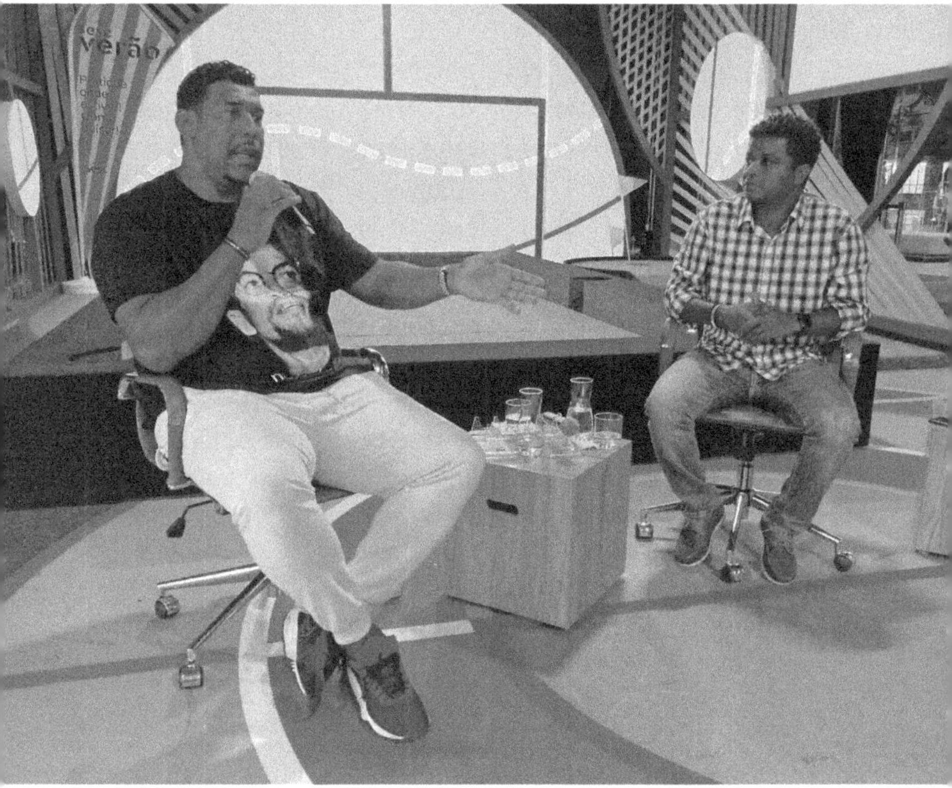

Einsame Mahner: Der ehemalige Torhüter Mário Aranha (links) und der Aktivist Marcelo Carvalho klären über Rassismus auf.

KAPITEL 7

TRADITION DER VERLEUGNUNG

Nach dem Kolonialismus wollten Brasiliens Regierungen die Kluft zwischen weißen Eliten und ehemaligen Sklav*innen mit einem neuen Nationalgefühl verringern. In ihrer angeblichen „Rassendemokratie" verbreitete sich der Mythos, dass Schwarze Menschen im Fußball eine natürliche Begabung für das Spiel haben, nicht aber für die Führungsaufgaben. Heute werden Aktivisti*nnen, die sich gegen strukturellen Rassismus stark machen, als Provokateure dämonisiert. Denn brasilianische Vereine hoffen auf den Verkauf ihrer Talente nach Europa – und festigen damit alte Abhängigkeiten.

Die Avenida Paulista gehört mit ihren Banken, Firmensitzen und kulturellen Einrichtungen zu den wichtigsten Boulevards von São Paulo. Am frühen Abend staut sich der Verkehr an den Kreuzungen, Tausende Menschen eilen aus ihren Büros in die Metrostationen. Die Restaurants und Bars in den Seitenstraßen füllen sich. In einem der Kulturzentren hat sich vor den Fahrstühlen eine Schlange gebildet. Von der Aussichtsplattform in der 17. Etage hat man einen guten Blick über die größte Stadt Brasiliens. Und auch sonst hat das Kulturzentrum einiges zu bieten: Lesungen, Sportkurse, Spiele für Kinder. Der Geräuschpegel ist hoch.

Im Erdgeschoss neben dem Eingang lässt sich Mário Lúcio Duarte Costa nicht aus der Ruhe bringen. Er hat sich am Fenster einen Platz gesucht und beobachtet den Trubel. Der ehemalige Torhüter ist unter dem Namen Aranha bekannt, Spinne. In gut einer Stunde will er im Saal nebenan über Rassismus im Stadion sprechen. Mário Aranha hat im brasilianischen Profifußball mehr als 300 Spiele bestritten, die meisten für den FC Santos vor gut einem Jahrzehnt. Die Gäste im Kulturzentrum scheinen ihn nicht zu erkennen, doch das ist ihm egal. Er hat mit seiner sportlichen Vergangenheit abgeschlossen, er spricht über andere Themen, immer und immer wieder.

Mário Aranha hat nichts dagegen, dass ich ihm kurz vor der Veranstaltung einige Fragen stelle. Er sitzt nun in einer Umkleide, die sonst für Künstler*innen bestimmt ist. An den Wänden hängen Spiegel, das Licht leuchtet grell. „Für die offizielle Fußballwelt existiere ich nicht mehr", sagt er mit ruhiger Stimme. „Ich war einer der Ersten, die sich laut gegen Rassismus positioniert haben. Einige Funktionäre fühlten sich dadurch provoziert und schlugen zurück."

Die Laufbahn von Mário Aranha erlebte ihren Bruch 2014. Im Pokalspiel gegen Grêmio Porto Alegre wurde der Torwart des FC Santos von gegnerischen Fans rassistisch beleidigt. Aranha war geschockt und forderte einen Spielabbruch. Der Schiedsrichter unterbrach kurz, doch später notierte er im Spielbericht, dass Aranha das Spiel verzögert und das Publikum provoziert habe. Fernsehkameras zeigten aber, wie Fans ihn mit Affenlauten diskriminierten.

Wieder zeigte sich ein Muster im brasilianischen Fußball. Trotz klarer Beweise gilt das Opfer als mitschuldig. Funktionäre von Grêmio Porto Alegre stützten die These, dass Aranha die Fans herausgefordert habe. Einer der Vizepräsidenten warf ihm eine „große Show" vor. Dennoch wurde Grêmio aus dem Pokalwettbewerb ausgeschlossen. Einige Täter erhielten Stadionverbot.

Schon bald darauf kehrte Mário Aranha für Ligaspiele nach Porto Alegre zurück. Nestor Hein, der juristische Direktor von Grêmio, bezeichnete Aranha als „gefährliche Person". Grêmio stellte im Stadion eine Kamera auf, die jede Bewegung und Geste des Torwarts einfangen sollte. Ein Teil des Publikums buhte ihn mit Inbrunst aus. Nach dem Spiel wurde Aranha von Journalisten aus Porto Alegre umringt und hartnäckig befragt. „Einige Funktionäre haben mir vorgeworfen, dass ich mich bekannter machen wolle", sagt Aranha. „Das ist Unsinn. Ich möchte die Menschen aufklären, denn Rassismus strukturiert fast jeden Teil unserer Gesellschaft."

Im Kulturzentrum an der Avenida Paulista nimmt Mário Aranha auf der Bühne Platz. Neben ihm sitzt der Moderator Marcelo Carvalho,

Gründer des „Observatório da Discriminação Racial no Futebol". Dieses Projekt dokumentiert seit 2014 Rassismus-Vorfälle im brasilianischen Fußball. Mehrere Stunden am Tag recherchieren Carvalho und seine wenigen Mitstreiter*innen in sozialen Medien. Auf ihrer Internetseite erfassen sie nur Fälle mit klarer Beweislage, die zuvor schon in Medien aufgegriffen wurden. Mit ihrem kleinen Budget wollen sie keinen Rechtsstreit riskieren. Seit 2022 finanziert der brasilianische Fußballverband CBF die Kosten für ihren Jahresbericht. Doch das sei nur ein Alibi, sagt Carvalho. Er hält es für ausgeschlossen, dass ein aktueller Nationalspieler an seinen Veranstaltungen teilnehmen würde.

Mário Aranha trägt ein schwarzes T-Shirt mit dem Konterfei des Bürgerrechtlers Malcolm X. Vor 20 Zuhörer*innen spricht er über die Macht von Sponsoren und Fernsehanstalten: „Spieler, die es an die Spitze geschafft haben, wollen ihren Wohlstand nicht mit politischen Aussagen riskieren." Doch die Ursachen für die Zurückhaltung liegen tiefer, sagt er, gerade bei Schwarzen Spielern. Aranha musste sich schon in der Jugend Verhaltensweisen aneignen, um vor rassistischen Polizisten nicht als verdächtig zu gelten. Er vermied das Rennen auf der Straße und das Tragen von Basecaps und Kapuzenpullis. Er hatte stets seinen Ausweis und die Kaufbestätigung seines Handys dabei. „So lernt man, halbwegs sicher durchs Leben zu kommen."

Die Zuhörer*innen an der Avenida Paulista stellen Fragen, und viele gehen über den Fußball hinaus. Mário Aranha antwortet ausführlich. Er ist im Bundesstaat Minas Gerais aufgewachsen, im Südosten Brasiliens. Schon als Jugendlicher suchte er in Büchern und Dokumentationen nach Informationen über die Sklaverei, die im Schulunterricht kaum diskutiert wurden.

Im Jahr 1500 wurden portugiesische Seefahrer auf ihrem Weg nach Indien durch starke Winde weit in den Westen abgetrieben und landeten im heutigen Brasilien. Bis weit ins 19. Jahrhundert hinein wurden mehr als fünf Millionen Menschen aus Afrika nach Brasilien verschleppt – etwa zehnmal so viele wie in die USA. Davon gehen Forschende der „Trans-Atlantic Slave Trade" aus, einer Datenbank, die an der Rice University in Texas angesiedelt ist.

Die Kolonialherren mordeten, vergewaltigten und ließen die verschleppten Menschen, die die unmenschliche Überfahrt überlebt hatten, hart arbeiten. Sie bekämpften indigene Völker, die hier seit Jahrtausenden gesiedelt hatten. Viele Ureinwohner*innen starben an eingeschleppten Krankheiten, andere begingen Suizid. „Wir können den aktuellen Rassismus nur verstehen, wenn wir ungeschönt auf den Kolonialismus blicken", sagt Mário Aranha. „Das ist unangenehm, aber da müssen wir durch."

Der ehemalige Torhüter möchte sich als Autor an der historischen Aufarbeitung beteiligen. 2022 hat er ein Buch über José do Patrocínio veröffentlicht: Der Schriftsteller und Aktivist aus Rio de Janeiro hatte im 19. Jahrhundert wegweisende Bücher gegen Rassismus veröffentlicht. 1888 schaffte Brasilien als weltweit letztes Land die Sklaverei ab. Doch natürlich, sagt Aranha, herrschte unter den Eliten weiterhin eine „Mentalität von Sklavenhaltern".

Bewunderung für das weiße Europa

Nach dem offiziellen Ende des Kolonialismus orientierten sich etliche der nun unabhängigen Staaten in Lateinamerika an der „Rassenlehre" europäischer Wissenschaftler. Die brasilianische Regierung wollte die Gesellschaft durch europäische Einwanderung „aufweißen". Sie übertrug Staatsbürgerschaften, Ländereien und Stipendien an Hunderttausende Siedler*innen aus Deutschland, Italien, Spanien oder Portugal. Die Schwarze Bevölkerung, die mehr als 350 Jahre ausgebeutet worden war, erhielt weder Unterstützung noch Entschädigung. Migrant*innen aus Afrika wurde zunehmend die Einreise verweigert.

Diese Orientierung am weißen Europa wirkt bis heute nach und zeigt sich auch im Stadtbild von São Paulo. Im Viertel Pacaembu ist ein großer Platz nach Charles William Miller benannt. Der Sohn eines schottischen Ingenieurs gilt als Mitbegründer des Fußballs in Brasilien. 1894 soll er in São Paulo mit zwei Lederbällen aus der Heimat das erste Spiel zwischen Arbeitern organisiert haben. Großbritannien war zu jener Zeit der größte Auslandsinvestor in Brasilien. Bald darauf etablierten Nachfahren europäischer Einwanderer*innen auch in anderen Städten Vereine und Ligen.

Für einige Jahre blieb Fußball in Brasilien ein exklusiver Zeitvertreib für die weiße Oberschicht. Der englische Ursprung des Spiels sickerte auch in die Sprache ein: Die Brasilianer*innen sprechen zum Beispiel beim Schuss von chute, eine Ableitung von shoot.

An der Südseite des Charles-Miller-Platzes liegt das Estádio do Pacaembu, eines der bekanntesten Stadien im Bundesstaat São Paulo. In den Katakomben ist seit 2008 das Nationale Fußballmuseum untergebracht. Am Eingang treffe ich Marcel Diego Tonini aus dem wissenschaftlichen Team des Museums. Wer in Archiven zum Rassismus im brasilianischen Fußball recherchiert, kommt an seinem Namen nicht vorbei. Der Sozialwissenschaftler hat Aufsätze und Studien über die Ausgrenzung Schwarzer Spieler verfasst, aber auch über deren Einflüsse und Errungenschaften. Er hat diesem Thema seine Doktorarbeit gewidmet.

Tonini zeigt mir einen der ersten Räume im Museum. An den Wänden hängen gerahmte Fotos aus dem frühen 20. Jahrhundert. Darauf blicken steif wirkende Herren mit Krawatten und hellen Sommerhüten auf ein Spielfeld. Und Händler mit Schnurbärten führen ihre Frauen zum Vereinsfest aus. Auf einigen Bildern sind Schwarze Spieler zu sehen. Aber eine ausführliche Einordnung zum kolonialen Kontext fehlt im Museum.

Marcel Diego Tonini ist erst nach der Ausstellungseröffnung zum wissenschaftlichen Team gestoßen. Er hält sich mit Kritik an seinem Arbeitgeber zurück. Aber man merkt schnell: Dürfte er die Entscheidungen treffen, dann würde der Fokus im Museum auf anderen Persönlichkeiten liegen. Und der Platz vor dem Stadion hätte als Namenpaten nicht Charles Miller.

Die aristokratischen Vereine der 1910er-Jahre beharrten auf dem Amateurstatus. Nachfahren von Sklav*innen konnten sich das Fußballspielen zeitlich und finanziell nicht leisten. Erst langsam gründeten Schwarze Arbeiter an den Rändern der wachsenden Städte ihre eigenen Teams. Spieler wie Carlos Alberto eroberten den Raum für künftige Generationen. Bei seinem Verein Fluminense in Rio rieb er sich mit Reispuder ein, damit seine Haut heller wirkte. Während des Spiels ruinierten Schweißtropfen seine Schminke und gegnerische Zuschauer verhöhnten ihn.

Besonders prägend war Arthur Friedenreich. Der Sohn eines deutschstämmigen Kaufmanns und einer afrobrasilianischen

Wäscherin entwickelte sich zu einem der treffsichersten Stürmer der Geschichte. Der deutsche Publizist Martin Curi, der lange in Brasilien gelebt hat, geht in seiner Biografie über Friedenreich auch auf Rassismus ein: Häufig wurden Fouls an Schwarzen Spielern von Schiedsrichtern nicht geahndet. Um sich dem Erscheinungsbild der Weißen anzunähern, glättete Friedenreich seine Haare oder spielte mit Haarnetz. Er schoss so viele Tore wie nach ihm nur Pelé, doch Kinos und Schwimmbäder durfte er nicht betreten.

Nur wegen der gehobenen Stellung seines Vaters durfte Friedenreich 1914 das erste Spiel überhaupt mit der brasilianischen Nationalmannschaft bestreiten. Er führte die Auswahl 1919 zum Gewinn der noch jungen Südamerika-Meisterschaft. Aber nur rund 30 Jahre nach dem Ende der Sklaverei wehrten sich Kräfte der Oberschicht gegen eine Aufweichung der „Rassentrennung". Sie wollten christlich und gebildet erscheinen, nicht „afrikanisch" und „primitiv".

Im Sommer 1920 war der belgische König Albert in Brasilien zu Gast. Zu seinen Auftritten gehörte eine Parade mit aufstrebenden Sportvereinen. Offizielle Fotos zeigen ihn ausschließlich mit weißen Fußballern. In wirtschaftlich schwierigen Zeiten wollte die brasilianische Regierung den Handel mit Europa intensivieren und nicht als „unterentwickeltes Land" gelten. Staatspräsident Epitácio Pessoa gab 1921 offenbar die Anweisung, dass das Nationalteam ohne Schwarze Spieler an der Südamerika-Meisterschaft teilnehmen solle. Auch bei den ersten Weltmeisterschaften 1930 und 1934 trat Brasilien mit weißen Mannschaften auf.

Doch in den 1930er-Jahren wuchs der Widerstand gegen diese erzwungene Homogenität. Bei einigen Klubs zerstritten sich Mitglieder in der Diskussion um Schwarze Teilhabe. Zeitungen berichteten vermehrt über Spieler wie Fausto dos Santos, der in Rio de Janeiro bei Vasco da Gama und Flamengo erfolgreich war. Sie beschrieben ihn als „hungrigen schwarzen Mann, der nach dem Ball jagt, als wäre es ein Teller mit Essen".

Bei der WM 1938 in Frankreich war Brasilien erstmals mit einer multiethnischen Mannschaft vertreten. Sie besiegte vier europäische Teams und belegte am Ende überraschend Rang drei. Torschützenkönig wurde mit sieben Treffern der afrobrasilianische Stürmer Leônidas da Silva. Er und seine Kollegen wurden später im Hafen von Rio von Tausenden euphorisch empfangen. Mit dabei: etliche Mitglieder der brasilianischen Regierung.

„In Brasilien beträgt die Höchststrafe 30 Jahre, ich leide nun schon 50"

Um die Dimension dieses Erfolges zu erfassen, bittet Marcel Diego Tonini in die Bibliothek des Fußballmuseums. Der große Raum am Ende der Ausstellung ist von gläsernen Trennwänden umgeben. Die Bücher in den Regalen sind so dicht gestellt, dass man kaum hinausschauen kann. Tonini hat viel Zeit in der Bibliothek verbracht. Vermutlich könnte er mit geschlossenen Augen nach den Büchern von Gilberto Freyre greifen. Der Soziologe und Anthropologe zählte in der ersten Hälfte des 20. Jahrhunderts zu den wichtigsten Intellektuellen Brasiliens. Sein bekanntestes Werk: „Herrenhaus und Sklavenhütte".

Gilberto Freyre und andere Denker prägten die sogenannte „Democracia racial", die „Rassendemokratie". In Büchern und Artikeln deuteten sie die ethnische Vielfalt der Gesellschaft als Fundament für Gleichberechtigung und Fortschritt. Getúlio Vargas, zwischen 1930 und 1945 sowie zwischen 1951 uns 1954 Staatspräsident, griff diese Theorie auf. Er wollte die Kluft zwischen Eliten und ehemaligen Sklav*innen mit einem neuen Nationalgefühl verringern. Auf Jahrzehnte hinaus positionierte sich der Staat als Gegensatz zur „Rassentrennung" in den USA oder zur Apartheid in Südafrika. Politiker wie Getúlio Vargas betonten, dass es in Brasilien keine Gesetze zur Ausgrenzung von Schwarzen gebe. Was sie nicht erwähnten: Die Diversität war auch ein Ergebnis von Vergewaltigungen und erzwungenen Beziehungen von Kolonialisten mit Schwarzen Frauen.

„Der Fußball war ein wichtiges Instrument für diese Mythenbildung", sagt Tonini und verweist auf Zeitungsartikel, die Gilberto Freyre rund um die erfolgreiche WM 1938 veröffentlicht hat. Darin heißt es unter anderem: „Die Brasilianer spielen Fußball, als wäre es ein Tanz. Das ist wahrscheinlich der Einfluss derjenigen Bewohner, die afrikanisches Blut in sich haben." Freyre hat mit Schwarzen Spielern Begriffe wie Überraschung, List und Raffiniertheit verbunden. Der Sozialwissenschaftler Tonini sieht darin heute einen gewendeten Rassismus:

„Freyre legte nahe, dass Schwarze eine natürliche Begabung für Fußball haben, eine Art kulturelle DNA. Diese Interpretation wurde von Generation zu Generation weitergetragen."

Tonini zieht in der Bibliothek ein weiteres maßgebliches Buch aus dem Regal und legt es auf den Tisch: „O Negro no Futebol Brasileiro", Schwarze im brasilianischen Fußball, erstmals erschienen 1947. Darin beschreibt der angesehene Sportjournalist Mário Filho den allmählichen Aufstieg von Schwarzen Spielern. Auch Filho sieht im Fußball ein Medium für die „Demokratisierung unter den Rassen". Ein Spiel, in dem es weniger Barrieren gebe. Auch er geht im Detail auf körperliche Eigenschaften ein. So entsteht der Eindruck, dass fußballerische Talente unter Afrobrasilianern vererbbar seien. Das Vorwort im Buch stammt von Gilberto Freyre. Die Autoren scheinen sich einig zu sein: Eine Gesellschaft, die ihre Schwarzen Fußballer wie nach der WM 1938 so dankbar empfangen hat, sei weniger anfällig für Rassismus.

Allerdings konnte dieses Konzept der Realität nicht standhalten. Im Fußballmuseum von São Paulo ist an der Kopfseite eines dunklen Raumes eine Leinwand befestigt. Bilder in Schwarzweiß zeigen Szenen aus dem finalen WM-Spiel 1950 im Maracanã. Das kreisförmige Stadion von Rio war als symbolischer Ort gegen die soziale Ungleichheit geplant worden. Unabhängig von Ethnie, Einkommen und Status sollten die Plätze einen nahezu gleichen Abstand zum Spielfeld bieten.

Die Filmaufnahmen zeigen die Vorfreude der Zuschauer*innen, Brasilien war Favorit gegen Uruguay. Doch dann verlangsamt sich die Bildfolge. Die Lautsprecher füllen den Raum mit dem Geräusch eines Herzschlages, der schneller wird. Der Gastgeber verliert vor mehr als 170.000 Zuschauern mit 1:2. Auf der Suche nach Schuldigen konzentrieren sich damals Journalisten auf die Spieler João Bigode und Juvenal Amarijo – und vor allem auf Torwart Moacyr Barbosa. Alle drei waren Afrobasilianer.

Der Fußballhistoriker Tonini hat Bücher und Filme zu diesem nationalen Trauma analysiert. Darin werden die Schwarzen Spieler als feige, undiszipliniert und überemotional dargestellt. Torhüter Barbosa, der bei Vasco da Gama fast 700 Spiele bestritt, konnte diesen Ruf nicht mehr abstreifen. Vor der WM 1994 wurde ihm offenbar der Zugang ins brasilianische Teamquartier verwehrt, aus Sorge, die aktuellen Spieler könnten verflucht werden. Im Jahr 2000 sagte Barbosa in einem Interview: „In Brasilien beträgt die Höchststrafe 30 Jahre, ich leide nun schon 50."

Einige Fernsehbilder von 1950 zeigen Barbosa nach den Gegentoren mit gebeugtem Kopf. Andere Spieler sind niedergeschlagen und weinen. Tonini möchte diese Szenen der Ohnmacht nicht im Museum wiedergeben, „denn sie können rassistische Vorurteile reproduzieren". Stattdessen gestaltete er eine Sonderausstellung mit, die 2021 im Fußballmuseum zu sehen war, rund um den 100. Geburtstag Barbosas. Diese Ausstellung mit dem Titel „Reaktionszeit" verknüpfte die allgemeine Entwicklung des Torwartspiels mit den Erfolgen Barbosas. Der Rassismus gegen ihn war auch ein Thema, aber nicht das dominierende. Und auch die Dauerausstellung soll nach einer Überarbeitung konstruktiver auf das Thema Diversität eingehen.

„Eine glückliche Schwarze Frau ist ein revolutionärer Akt"

Mit den Debatten der jüngeren Vergangenheit verändert sich die Darstellung der Schwarzen Fußballgeschichte und bringt Projekte hervor, die vor zehn Jahren noch undenkbar waren. Über Zoom bin ich mit vier afrobrasilianischen Journalisten und einer Journalistin verabredet. Sie arbeiten in unterschiedlichen Funktionen für „Grupo Globo", die größte Mediengruppe Lateinamerikas. Im Juli 2020, zwei Monate nach der Ermordung von George Floyd in den USA, gingen Rafaelle Seraphim, Diego Moraes, Marcos Luca Valentim, Pedro Moreno und Thales Ramos mit ihrem eigenen Podcast an den Start. Darin verbinden sie Sport, Kultur und Politik aus afrobrasilianischer Perspektive. Ihr Programmtitel: „Ubuntu Sportklub", in Anlehnung an die südafrikanische Philosophie der Verbundenheit und deren Motto: „Ich bin, weil wir sind."

Es ist daher nicht verwunderlich, dass die fünf das Videotelefonat nur gemeinsam bestreiten wollen. „Ich habe in der Redaktion nie offenen Rassismus gegen mich erlebt", sagt die Redakteurin Rafaelle Seraphim. „Aber die Tatsache, dass ich in unserem Büro häufig die einzige Schwarze Frau bin, ist ein Resultat von jahrhundertealtem Rassismus." Auf ihrem X-Account hat sie eine Botschaft platziert: „Eine glückliche Schwarze Frau ist ein revolutionärer Akt."

In Brasilien liegen die großen Medien in den Händen von wenigen Unternehmerdynastien. Das Globo-Netzwerk mit seinen Sendern, Zeitungen und Internetportalen ist allgegenwärtig. Und es hatte lange den Ruf, eher konservativ zu sein. In den vergangenen Jahren haben Schwarze Angestellte aber ein informelles Netzwerk aufgebaut, um sich gegenseitig zu unterstützen. Der „Ubuntu Sportklub" sei ein Ergebnis dieser Entwicklung, sagt der Mitgründer Pedro Moreno: „Wir möchten das System von innen heraus verändern und möglichst viele Kolleg*innen für unsere Themen sensibilisieren."

Dazu gehört auch, nicht ständig auf Empörung, Betroffenheit oder Mitleid zu setzen. Der „Ubuntu Sportklub" porträtiert Schwarze Ikonen wie Michael Jordan oder Muhammad Ali. Er schafft Öffentlichkeit für weniger bekannte Sportlerinnen wie die Ringerin Aline da Silva oder die Surferin Nuala Costa. Der „Ubuntu Sportklub" zieht Parallelen zu Rap, Wissenschaft, moderner Kunst. Und ja, er analysiert auch die psychosozialen Folgen von Diskriminierung. „In unserer Gesellschaft wurde der Austausch über Rassismus lange vermieden", sagt der Redakteur Marcos Luca Valentim. „Mit dem Oberthema Sport können wir den Zugang erleichtern."

Valentim hat auf Instagram rund 90.000 Follower. Auf Fotos trägt er seine Dreadlocks offen. Männer wie er haben sich in sozialen Medien einen Raum erarbeitet, der ihnen in Fernsehen und Radio lange versperrt blieb. Immer wieder erhält Valentim Nachrichten von Jugendlichen, die sich für sein Engagement und sein Erscheinungsbild bedanken. Der „Ubuntu Sportklub" hat bald 150 Episoden veröffentlicht und bietet zudem Praktika für angehende Journalist*innen an. Immer mal wieder wird den Gründer*innen in Aussicht gestellt, dass ihre Podcast-Themen in die prominenten TV-Sendungen von Globo einfließen sollen. Doch dann werden sie wieder vertröstet. Marcos Valentim wirkt deshalb nicht sonderlich traurig. Sondern eher motiviert.

Rund 51 Prozent der Brasilianer*innen identifizieren sich selbst als Schwarz oder pardo, „gemischt". Hinter Nigeria hat Brasilien die größte Schwarze Bevölkerung der Welt. Noch spiegelt sich das bei weitem nicht in den Führungsgremien der Unternehmen, Parteien oder

Fußballklubs wider. Dass die Repräsentanz der Afrobrasilianer*innen durch Projekte wie den „Ubuntu Sportklub“ aber wächst, ist auch den Reformen von Lula zu verdanken.

Democracia Corinthiana gegen Bolsonaro

Der eher linke Präsident ließ in seiner ersten Amtszeit Anfang des Jahrtausends ein Quotensystem für Schwarze, „braune“ und indigene Studierende erarbeiten. Mit einem vergleichbaren Model wollten US-amerikanische Universitäten schon seit den 1970er-Jahren die Ungleichheit in der Bildung verringern. Doch in Brasilien sträubten sich Politik und Wissenschaft lange gegen eine Bevorzugung gesellschaftlicher Gruppen. Denn sie sahen darin einen Gegensatz zur „Rassendemokratie“, jener Staatsideologie, die ab den 1940ern die Chancengleichheit als selbstverständlich betrachtet hatte.

Im ersten Jahrzehnt des 21. Jahrhunderts verzeichnete die brasilianische Wirtschaft dank steigender Rohstoffexporte ein beachtliches Wachstum. Mit Hilfe von Sozialprogrammen ebnete Lula rund 30 Millionen Menschen den Weg aus der Armut. Mit hohen Popularitätswerten konnte der Präsident den Widerstand gegen soziale Quoten zurückdrängen. So wurden an staatlichen Hochschulen bestimmte Zulassungsplätze für benachteiligte Gruppen reserviert. Unter Lulas Nachfolgerin Dilma Rousseff wurde dieses System auf die Verwaltung und andere öffentliche Einrichtungen ausgedehnt.

Und wie funktioniert das in der Praxis? Danilo Pássaro hat als Treffpunkt für das Interview den Campus der Universität von São Paulo vorgeschlagen. Er studiert hier Geschichte und hat gleich in 90 Minuten eine Prüfung. Doch nervös wirkt er deshalb nicht. Pássaro legt seine Arme auf den Tisch und spricht konzentriert. Zum Beispiel über seine Jugend in Brasilândia, einem Stadtteil im Norden São Paulos, der Ende der 1990er eine der höchsten Mordraten des Landes verzeichnete. „Der Alltag wurde von Gewalt und Gangs bestimmt“, sagt Pássaro. „Die meisten Toten waren junge Schwarze Männer.“ Danilo Pássaro hat Gewalt erlebt, mal aus der Nähe, mal aus der Distanz. Dass er nun an einer der renommiertesten Universitäten Lateinamerikas studiert, hat er auch den neuen Quoten zu verdanken. Aber eben nicht nur.

Pássaro wirft ein, dass man beim Thema Bildung viel früher ansetzen müsste. An den Rändern der Metropolen, sagt er, haben Eltern zwei oder drei Jobs. Mitunter seien sie für Hin- und Rückfahrt mehr als drei Stunden in Bussen unterwegs. „Meine Mutter konnte mir nicht viel bei den Hausaufgaben helfen, aber sie hat mich unterstützt und zum Lernen angetrieben. Wie eine Kriegerin!" Eine andere zentrale Frage ist: Wo finden Jugendliche außerhalb der Familie Zugehörigkeit?

Schon als Junge ist Danilo Pássaro zu den Heimspielen von Corinthians gegangen, einem der wichtigsten Fußballklubs des Landes, verwurzelt im Osten São Paulos. Mit Ehrfurcht blickte er auf die singenden, wogenden, klatschenden Massen. Er interessierte sich besonders für die Gaviões da Fiel, die Falken der Treue. Kritische Fans hatten diese Organisation Ende der 1960er-Jahre während der Militärdiktatur gegründet. Mittlerweile haben die Falken mehr als 110.000 Mitglieder. „Als ich 13 war, hat mir die Gruppe einen gewissen Schutz geboten", erzählt Pássaro. „Wir haben aufeinander aufgepasst. Und jedes Mitglied konnte seine Talente einbringen."

Auf seinem schwarzen T-Shirt ist das Konterfei von Sócrates abgebildet, des wohl berühmtesten Spielers in der Geschichte von Corinthians. Anfang der Achtziger hatte der ausgebildete Arzt mit einigen Kollegen die Democracia Corinthiana entwickelt. In dieser Selbstverwaltung wurde über zentrale Fragen des Vereinslebens abgestimmt. Auf ihren Trikots trugen die Spieler Wahlaufrufe und Botschaften gegen die Diktatur. Einmal betraten sie den Rasen mit einem Banner: „Gewinnen oder verlieren, aber immer mit Demokratie." Nach dem Ende der Militärdiktatur 1985 verlor die Democracia Corinthiana an Einfluss.

Danilo Pássaro, geboren 1992, ist in einer stabilen Demokratie aufgewachsen. Und er hatte nicht für möglich gehalten, dass der brasilianische Rechtsstaat noch einmal in Gefahr geraten würde. In einem hochumstrittenen Verfahren wurde Dilma Rousseff 2016 als Präsidentin abgesetzt. „Das war ein politisch motivierter Putsch und wir konnten nicht mehr länger zuschauen", sagt Pássaro. Bald darauf erweckten er und andere Fans die Democracia Corinthiana zu neuem Leben.

Und die Polarisierung in der Gesellschaft nahm zu. Im Oktober 2018 wurde Jair Bolsonaro zum Präsidenten gewählt. Der ehemalige Fallschirmjäger hetzte gegen Schwarze, indigene und queere Menschen.

Er mobilisierte in sozialen Medien, unterstützte religiösen Fanatismus und berief Hunderte Militärangehörige in den Regierungsapparat, schreibt der langjährige Korrespondent Niklas Franzen in seinem Buch „Brasilien über alles". Der ultrarechte Bolsonaro habe es verstanden, „den Klassenhass von oben zu bündeln und ihn mit Vorurteilen gegen Minderheiten weiter anzutreiben".

Es waren Jahre der politischen Feindseligkeit und mit einem dramatischen Anstieg von Hassverbrechen. Im März 2018 wurde die Schwarze Soziologin und Stadträtin von Rio, Marielle Franco, von Paramilitärs ermordet. Immer wieder hatte sie sich gegen Polizeigewalt stark gemacht. Im November 2020 wurde der Afrobrasilianer João Alberto in Porto Alegre von Sicherheitskräften eines Supermarktes zu Tode geprügelt. Mitglieder afrobrasilianischer Religionen wie Candomblé und Umbanda hatten es zunehmend schwer. Viele nicht-weiße Politiker*innen und Künstler*innen gingen ins Ausland. Präsident Bolsonaro kürzte die Budgets für soziale und antirassistische Programme.

Während der Amtszeit von Bolsonaro organisierte die Democracia Corinthiana große Protestaktionen. Gegen Menschenfeindlichkeit, gegen die Verharmlosung von Corona, gegen die Abholzung des Regenwaldes. Einige Male demonstrierten die Fans in São Paulo gemeinsam mit ihren großen Rivalen, mit den Ultras von Palmeiras, Santos und dem FC São Paulo. Dann zogen sie im Zentrum über die Avenida Paulista, trommelten, zeigten Transparente, zündeten Pyrotechnik. So auch im Januar 2023: Wenige Tage zuvor hatten tausende Anhänger Bolsonaros in der Hauptstadt Brasília den Kongress gestürmt. Sie wollten nicht akzeptieren, dass Lula nach 2003 zum zweiten Mal das Präsidentenamt übernommen hatte.

In den Jahren unter Bolsonaro haben sich große Teile der brasilianischen Fankultur politisiert. „Viele Leute fühlen sich in Parteien oder traditionellen politischen Bewegungen nicht mehr aufgehoben", sagt Danilo Pássaro. „Wir können rund um den Fußball eine neue Form der Partizipation etablieren." Für neue Mitglieder der Democracia Corinthiana steht beim ersten Treffen stets ein Austausch über Politik und Geschichte an. Pássaro wünscht sich, dass es ihr Verein Corinthians mit Nachwuchsspielern und Mitarbeitenden in der Geschäftsstelle ähnlich halten würde.

Auf seiner Facebook-Seite sieht man ihn in nachdenklicher Pose. Hinter ihm ragt ein Hügel mit Backsteinbauten und Wellblechdächern hervor. Armenviertel wie diese prägen die Peripherie vieler Großstädte Brasiliens. Pássaro ist seit 2018 Mitglied der PSOL, der „Partei für Sozialismus und Freiheit", gegründet 2004 von enttäuschten Abgeordneten der Arbeiterpartei Lulas. Zudem gehört Pássaro zum Stab von Sônia Guajajara. Die Menschenrechtsaktivistin hat 2023 unter Lula das neu geschaffene Ministerium für indigene Völker übernommen.

Auf dem Campus der Universität von São Paulo hat Danilo Pássaro noch zehn Minuten Zeit, bis seine Prüfung beginnt, doch von Aufregung noch immer keine Spur. Mit ruhiger Stimme und festem Blick sagt er, dass man aus der Amtszeit Bolsonaros viel reparieren müsse. Dessen rechtsextreme Gefolgschaft hat Stimmung gegen Reformen gemacht, die vor einigen Jahren noch als selbstverständlich galten, zum Beispiel gegen Uni-Quoten für Schwarze Studierende.

Was Bolsonaros Anhänger selten erwähnen: Einige weiße Anwärter*innen auf einen Studienplatz gaben eine falsche Identität an, um von den Quoten zu profitieren. Sie hatten sich ihre blonden Haare rasiert, trugen Mützen oder verdunkelten ihr Gesicht mit Makeup, schrieb die brasilianische Journalistin Cleuci de Oliveira 2017 im US-amerikanischen Magazin „Foreign Policy". Die Folgen an den Hochschulen: Konflikte, Verdächtigungen, strengere Kontrollen. Vereinzelt achteten Kommissionen bei Bewerbungen stärker auf „Haartyp", „Schädelform" und „dicke Lippen". Einige Studierende entgegneten, man dürfe Rassismus nicht mit Rassismus bekämpfen.

Die Quoten sind nur ein Beispiel. In Brasilien mit seiner einzigartigen Vielfalt entzünden sich oft Diskussionen über Identitäten, Definitionen und „Hautfarben". Noch immer glauben Millionen Brasilianer*innen an den alten Mythos der „Rassendemokratie", an die Gleichbehandlung von Schwarzen und weißen Menschen. Doch es lässt sich schnell das Gegenteil belegen.

Havanna FC – der antirassistische Klub

In Brasilien wird alle 23 Minuten ein junger Schwarzer Mann getötet. In den Gefängnissen sitzen 750.000 Menschen, zwei Drittel von ihnen sind Schwarz. Afrobrasilianer*innen haben eine geringere Lebenserwartung und verdienen im Schnitt 40 Prozent weniger als Weiße mit gleicher Qualifikation. Noch heute beschäftigen viele weiße Mittelschichtfamilien Schwarze Hausangestellte, die bei ihnen in fensterlosen Räumen leben. Wenn in Stellenausschreibungen nach einem „guten Erscheinungsbild" gesucht wird, dann sollen sich meist Weiße angesprochen fühlen. Von den Brasilianer*innen, die in Armut leben, sind 70 Prozent Schwarz.

Der strukturelle Rassismus ist eng mit der ökonomischen und sozialen Ungleichheit verknüpft – eine Folge des Kolonialismus und der Sklaverei. An einem Sonntagmorgen fahre ich zusammen mit Monika Ottermann in den Nordosten von São Paulo. Sie lebt seit bald 35 Jahren in Brasilien und arbeitet unter anderem als Übersetzerin. Etliche Interviews für dieses Buchkapitel wären ohne sie nicht zustande gekommen. Zudem engagiert sich Ottermann für die Wohnungslosenbewegung MTST, eines der größten sozialen Netzwerke Brasiliens. Seit den 1990er-Jahren macht MTST Gebäude und Grundstücke für arme und wohnungslose Menschen nutzbar, mit Hilfe von Demonstrationen und Verhandlungen, aber auch mit Besetzungen von leerstehenden Flächen.

In der Vorstadt Santo André besuchen wir eine dieser Besetzungen, benannt nach Lélia Gonzalez, einer afrobrasilianischen Feministin. Es ist ein unebener Hügel mit provisorischen Bauten, mit Zelten, Wellblechdächern und Holzverschlägen. In der Ferne lassen sich noch einige Hochhäuser von São Paulo erkennen. Viele Familien, die in dieser Siedlung untergekommen sind, hatten auf dem offiziellen Wohnungsmarkt keine Chance mehr. Wir sprechen mit einer Frau, die während der Pandemie ihren Laden aufgeben musste, doch beklagen will sie sich nicht. Stattdessen bringt sie sich in der Besetzung ein. Die Bewohner*innen kochen zusammen, treffen sich im Gemeinschaftsbereich und pflegen den Garten. Oder sie kicken auf einem Bolzplatz.

Für eine bessere Ausstattung in den Siedlungen hat die Wohnungslosenbewegung in São Paulo ein Netzwerk geknüpft. Einer ihrer Partner ist der Havanna Fußballclub in Guarulhos, nicht weit vom internationalen Flughafen entfernt. Das holprige Spielfeld wird von grauen Wohnblöcken gesäumt. Vor dem Vereinsheim sitzen Mitglieder auf roten Plastikstühlen und genießen den Sonntagnachmittag. Ihr Lachen hallt weit über das Gelände.

Wer im Internet nach antirassistischen Sportvereinen in São Paulo sucht, der landet früher oder später bei Havanna, gegründet von einem linken Freundeskreis. Lionel Fontanesi ist als Spieler und Trainer seit Jahren dabei. Er trägt ein weißes Trikot mit rotem Vereinswappen. Jedes Mitglied auf dem Gelände begrüßt er mit Umarmung. „Für uns ist Fußball ein Instrument der Bewusstseinsbildung", sagt er. „Wir möchten offen für alle sein, aber manchmal reicht das leider nicht."

Es gibt in São Paulo tausende Ausstellungen, Konzerte oder Sportangebote, die keinen Eintritt kosten, und trotzdem erreichen sie häufig nur ein Publikum aus der Mittelschicht. Viele Menschen aus der Peripherie haben wegen ihrer Arbeit kaum Freizeit, sie können sich die Bustickets nicht leisten oder fühlen sich an den Kulturorten nicht willkommen. „Wir gehen auf die Leute zu und werben für unseren Klub", erzählt Fontanesi. „Aber wir wollen dabei nicht belehrend wirken."

Er arbeitet als Lehrer in einem Viertel, in dem sich nur wenige Familien Urlaub leisten können. In seiner Schule hat Fontanesi ein Fußballprojekt aufgelegt. Dort kann er mit Schüler*innen auf andere Art ins Gespräch kommen als im Unterricht. Auch bei Havanna helfen Fontanesi und seine Kollegen den jungen Mitgliedern bei den Hausaufgaben. Sie vermitteln Nebenjobs, werben für eine gesunde Ernährung, stellen Kontakte zu Psycholog*innen her.

Als einer von wenigen Vereinen im Umkreis fördert Havanna auch Spielerinnen. In ihrem Vorstand sitzt eine Schwarze Frau, das ist sehr selten im brasilianischen Amateursport. „Für uns ist Fußball eine Form der nachhaltigen Freizeitgestaltung", sagt Fontanesi. Rund um die Trainingseinheiten moderiert er gern politische Gesprächsrunden. Dann geht es um Lebensmittelspenden, Fußballkultur oder um die Wohnungslosenbewegung MTST. Mehrfach hat Havanna in deren Siedlungen mit Material und Spenden ausgeholfen. Es ist ein Engagement, das der Klub ausbauen will.

Der Havanna Fußballclub zählt 70 Mitglieder, sein Einfluss ist lokal begrenzt. Vereine, die sich an der Basis in São Paulo offensiv gegen soziale Ungleichheit und damit auch gegen Rassismus stellen, lassen sich an zwei Händen abzählen. Und das in einer Stadt mit mehr als zwölf Millionen Einwohnenden. Der Fußball als beliebteste Alltagskultur bildet einen Gegensatz zu anderen Bereichen. Wer sich mit offenen Augen durch São Paulo bewegt, stößt früher oder später auf emanzipatorische Projekte, auf Konzerte indigener Musiker*innen oder Ausstellungen afrobrasilianischer Künstler*innen. Warum also steht der Fußball im Antirassismus eher am Rand?

Die hohen Erwartungen an Pelé

Gut 90 Autominuten von São Paulo entfernt liegt die Küstenstadt Santos. Das bekannteste Museum hier ist in einem historischen Gebäude untergebracht und widmet sich einem einzigen Mann. Auf einer Fläche von 4.000 Quadratmetern illustrieren rund 2500 Exponate das Leben von Pelé, der fast 20 Jahre für den FC Santos gespielt hatte. Gleich am Eingang posieren Touristen für Fotos neben einer übergroßen Pelé-Statue. Es folgt ein Rundgang mit Pokalen und Trikots, mit Schuhen und vergilbten Fotos. Es ist eine Heldenerzählung, mit der sich viele Museumsbesucher*innen identifizieren können.

Ein Buchkapitel über Rassismus im brasilianischen Fußball wäre ohne eine Erwähnung von Pelé nicht vollständig. Erinnert sei noch einmal an den Sportjournalisten Mário Filho und dessen Buch „O Negro no Futebol Brasileiro". In der Auflage von 1964 erweiterte Filho seine Chronik über die „Schwarzen im brasilianischen Fußball". Er glaubte, dass die „Demokratisierung" mit Pelé zu einem Abschluss kommen würde. Schließlich war es kaum vorstellbar, dass der Fußball noch einen größeren Nationalhelden hervorbringen könnte. Der Mythos der „Rassendemokratie" erhielt das prominenteste Gesicht. Die Rede war von „O Rei". Pelé, der König.

Ab den 1960er-Jahren tourte der FC Santos für lukrative Freundschaftsspiele über alle Kontinente. Das Kulturgut Fußball erhöhte die Bekanntheit Brasiliens und verlieh dem Militärregime, das sich 1964 an die Macht geputscht hatte, eine freundliche Fassade. TV-Aufnahmen zeigen Pelé rund um die siegreiche WM 1970 im Austausch mit Regierungsmitgliedern. Diese Bilder wurden ihm noch Jahrzehnte später als Anbiederei ausgelegt. Pelé, so der Vorwurf, hätte sich ein Beispiel an Ali nehmen sollen. Der US-amerikanische Boxer sprach sich gegen Rassismus und Unterdrückung aus.

Dieser Vergleich wurde auch nach dem Tod von Pelé im Dezember 2022 in Nachrufen erwähnt. Der brasilianische Journalist Gabriel Leão fand das unfair und kommentierte bei Al Jazeera: „Pelé spielte einen Sport, der von Weißen dominiert wurde, sah sich mit Medien konfrontiert, die von Weißen kontrolliert wurden, und lebte in einer gnadenlosen Diktatur, die von Weißen geführt wurde. Er wusste, dass eine Konfrontation ihn nicht weit bringen würde."

Wie sich der Fußball der Diktatur unterordnete, zeigte 1972 der „Pokal der Unabhängigkeit" in Brasilien. Ein Freundschaftsturnier zum 150. Jahrestag der brasilianischen Unabhängigkeit. Im Finale besiegten die Gastgeber das Team der einstigen Kolonialmacht Portugal 1:0. João Havelange, zu jener Zeit wichtigster Sportfunktionär Brasiliens, nutzte das Turnier, um sich für sein späteres Amt als FIFA-Präsident zu empfehlen. Eine differenzierte Debatte über den Kolonialismus aber fand rund um den „Pokal der Unabhängigkeit" nicht statt.

Pelé aber wollte sich nach seiner Karriere – Brasilien war ab 1985 wieder eine Demokratie – als Geschäftsmann etablieren. Er äußerte sich selten zum Thema Rassismus. Allerdings machte er sich für Kinder und benachteiligte Gruppen stark: als Schirmherr verschiedener Stiftungen, als Botschafter von UNESCO und Ende der Neunziger für kurze Zeit als Brasiliens Sportminister. Zudem spielte er in Filmen mit, reiste um die Welt und ließ sich von Königin Elisabeth II. zum Ritter schlagen. Und das in einer Zeit, in der Afrobrasilianer*innen in Medien noch ein seltener Anblick waren, erinnert der Reporter Gabriel Leão: „Meist tauchten sie in Seifenopern auf, die sich mit dem Thema Sklaverei beschäftigten, oder als Nebenfiguren in Fernsehsendungen, die oft verspottet wurden."

In der Geschichte hat Pelé seinen festen Platz als sportliche Jahrhundertfigur. Doch sein zivilgesellschaftliches Wirken wird eher oberflächlich diskutiert. Im „Museu Pelé" in Santos ist über den afrobrasilianischen Kontext fast nichts zu erfahren. Und auch im Vereinsmuseum des FC Santos im Stadion strahlen in den Vitrinen Pokale und Medaillen. So entsteht der Eindruck, dass die Institutionen des Fußballs politische Diskussionen eher vermeiden wollen.

Diese Haltung ist in einem größeren Kontext nicht verwunderlich. Zwar existieren in den linksliberalen Kreisen von São Paulo, Rio oder

Brasília viele antirassistische Projekte, doch eine angemessene staatliche Aufarbeitung des Kolonialismus, der Sklaverei und der Militärdiktatur ab 1964 gab es bislang nicht. Überdies haben Millionen Brasilianer*innen wenig Zeit für politisches Engagement, denn sie müssen täglich mit schwerer Arbeit ihre Existenz sichern. So orientieren sie sich vor wichtigen Wahlen eher an der Ausstrahlung der Kandidat*innen und weniger an den Wahlprogrammen.

Das Schweigen der Ex-Profis

Der Rechtsextreme Jair Bolsonaro passte seine Strategie daran an. In sozialen Medien, vor allem bei WhatsApp, verbreiteten seine Anhänger*innen Hass und Verschwörungstheorien gegen politischen Gegner*innen. Bolsonaro brachte prominente Stimmen aus wichtigen Gesellschaftsbereichen auf seine Seite. Zum einen aus der evangelikalen Kirche, einer teils fundamentalen Strömung des Protestantismus, der 30 Prozent der Bevölkerung angehören. Und zum anderen aus dem Fußball.

Im Dezember 2018 war Bolsonaro bereits gewählt, aber noch nicht im Amt. In São Paulo feierte Palmeiras seinen zehnten Meistertitel. Bolsonaro ging im Trikot mit der Nummer 10 auf den Rasen und küsste das Wappen. Umringt von den Spielern stemmte er den Pokal. Dutzende aktuelle und ehemalige Profis unterstützten seine Kampagne öffentlich, darunter Neymar, Rivaldo und Ronaldinho. Spieler von Atlético Paranaense aus dem Süden warben auf ihren T-Shirts mit Parolen von Bolsonaro. Bei Kundgebungen trugen vieler seiner Anhänger*innen das kanariengelbe Trikot des Nationalteams, auch in Abgrenzung zum Rot der Arbeiterpartei von Lula.

Was bedeutet es für das Engagement gegen Rassismus im Fußball, wenn so viele Fußballer einen Rassisten unterstützen? „Wir wurden um Jahre zurückgeworfen, es war einfach furchtbar“, sagt Walter Casagrande und nimmt einen großen Schluck aus seiner Wasserflasche. Wir sitzen im Arbeitszimmer seiner Wohnung im Westen von São Paulo. Neben der Tür hängen dutzende Trikots an einem Kleiderständer, in einigen davon hat Casagrande selbst gespielt.

Anfang der 1980er-Jahre zählte Casagrande bei der Democracia Corinthiana zu den politisch aktivsten Spielern Brasiliens, er war damals noch keine 20 Jahre alt. Mit Corinthians gewann er zweimal die Meisterschaft. Er glaubte, mit wachsender Bekanntheit einen gewissen Schutz vor der Militärdiktatur zu haben, und trotzdem wurde er einmal verhaftet. Casagrande äußerte sich auch danach zu politischen Themen – und er spielte auf beachtlichem Niveau Fußball, unter anderem 19-mal für das brasilianische Nationalteam und sechs Jahre bei Vereinen in Italien.

Ich habe auf meinen Reisen für dieses Buch einige ehemalige Spieler getroffen, die ernüchtert sind, frustriert, auch resigniert. Aber Casagrande scheint seine Kritik an der Fußballindustrie mit der gleichen Energie vorzubringen wie vor zehn oder 20 Jahren. Er spricht über Verflechtungen im brasilianischen Verband, das Profitstreben der Fernsehanstalten und halbherzige Sanktionen gegen Rassismus. Manchmal schwillt seine Stimme an, er beugt sich nach vorn auf den Tisch. „Für viele bin ich zu laut", sagt er. „Bei den Fernsehsendern überlegt man 100-mal, ob man mich für Gesprächsrunden noch einlädt."

Im Fußball sind die Jobs für ehemalige Profis begehrt, dessen ist sich Casagrande bewusst. Mit Anfang 60 verdient er seinen Lebensunterhalt mit Zeitungskolumnen und Spielanalysen im Fernsehen. Gut 20 Jahre war er auch für die Globo-Gruppe tätig, doch nach unterschiedlichen Vorstellungen trennten sie sich. „Ich kann mich einfach nicht verbiegen, ich möchte mir diese Unabhängigkeit bewahren", sagt er. Bei Instagram hat Casagrande rund als 315.000 Follower. Lulas Arbeiterpartei PT wollte ihn für die Kongresswahl 2022 als Kandidaten aufstellen, aber er lehnte ab.

Casagrande möchte die Privilegien, die er sich als Fußballer und als Ikone der Linken erarbeitet hat, anderweitig nutzen. Er arbeitet beispielsweise mit indigenen Gruppen zusammen. Jair Bolsonaro hatte deren Gebiete mehr und mehr für den Rohstoffabbau vereinnahmt. Casagrande besuchte die indigene Gruppe der Pataxó in der Siedlung Katurãma, 600 Kilometer nördlich von São Paulo. Sie steckten ein symbolisches Fußballfeld ab und protestierten für den Schutz der Ländereien. Medien griffen das Thema wegen Casagrande auf. Unterstützer*innen von Bolsonaro feindeten ihn dafür an.

Casagrande polarisierte auch während der WM 2022. Als einer von wenigen brasilianischen Fußballprominenten kritisierte er die Menschenrechtsverletzungen in Katar. Und er machte sich über ehemalige Nationalspieler lustig, die auf Kosten der FIFA auf den Ehrentribünen saßen und die autokratischen Gastgeber aufwerteten, über Weltmeister wie Ronaldo, Cafu oder Roberto Carlos. „Diese Leute möchten auch nach ihren Karrieren ein bisschen Rampenlicht abbekommen", sagt Casagrande. „Dafür gehen sie ein Schweigeabkommen ein und folgen dem Kurs der FIFA. Das ist Unterwürfigkeit."

„Fußball ist die Fortsetzung der Sklaverei"

Unterwürfigkeit. Es lohnt sich, diesen Gedanken im größeren Rahmen zu deuten. Die Kolonialzeit in Brasilien dauerte mehr als 300 Jahre. Auch nach der Unabhängigkeit 1822 schickte das Land Rohstoffe nach Europa, Zuckerrohr, Soja oder Kaffee. Die Zeit der Sklaverei endete offiziell 1888, doch Afrobrasilianer*innen wurden nicht entschädigt und blieben rechtlos. Stattdessen förderte die Regierung europäische Einwanderung, um die Gesellschaft „aufzuweißen".

So habe sich gegenüber Europa ein brasilianischer Minderwertigkeitskomplex herausgebildet, schreibt der Autor Martin Curi in seinem Buch „Brasilien. Land des Fußballs": „Zum Sinnbild dieses Wirtschaftsmechanismus wurde Schokolade. So wurde Kakao in Brasilien angepflanzt und billig exportiert, um dann in Form von Schweizer Schokolade wieder teuer importiert zu werden." Im Fußball hat sich ein ähnliches Abhängigkeitsverhältnis entwickelt.

Ein Beispiel dafür lässt sich in der Kleinstadt Porto Feliz finden, zwei Autostunden westlich von São Paulo. Auf einer Fläche von mehr als zehn Hektar liegt eine der modernsten Fußballakademien Brasiliens. Spielfelder, die von Palmen gesäumt sind. Flachbauten mit Schwimmbad und Fitnesszentrum. Räume für Unterricht, Physiotherapie, Ernährungsberatung. Talente im Alter von elf bis 18 Jahren sollen hier an den Profifußball herangeführt werden. Der Betreiber ist kein Traditionsklub aus der ersten Liga, sondern eine Vermarktungsagentur: Die Traffic-Gruppe hält etliche TV-Übertragungsrechte in Lateinamerika und ist an einigen Sportmedien beteiligt.

Der Nachwuchs soll nicht nur trainieren, sondern auch unter Wettbewerbsbedingungen spielen. Deshalb gründete Traffic 2005 den Verein Desportivo Brazil, der in regionalen Ligen im Großraum São

Paulo aktiv ist. Der Klub hat keine Tribünen und keinen Fanshop. Sein wichtigstes Ziel: der Export von Talenten nach Europa. Dafür stieg Traffic beim Verein Estoril Praia in Portugal ein, wo sich brasilianische Spieler wegen der gemeinsamen Sprache leichter eingewöhnen können.

Es ist eine Entwicklung, die sich in Brasilien schon vor Jahrzehnten abgezeichnet hat. In den großen europäischen Ligen wuchsen die Einnahmen durch TV-Rechte und Sponsorenverträge. Und in Brasilien wollten Klubs, Spielerberater und Vermarkter wie Traffic daran teilhaben. Insbesondere in der Umgebung von São Paulo und Rio de Janeiro wurden zahlreiche Fußballakademien und Ausbildungsvereine gegründet. Über Konzerne wie Bayer oder Red Bull, die in Lateinamerika aktiv sind, entstanden Verbindungen zu europäischen Vereinen. Aus der brasilianischen Nationalmannschaft, die 1990 an der WM teilnahm, waren noch zehn Spieler in der heimischen Profiliga aktiv. 1998 waren es noch acht, 2022 gerade mal drei.

„Angesichts ihres Erfolges entsteht in der öffentlichen Vorstellung ein Stereotyp von Fußballspielern, das nicht ohne Vorurteile ist", schreibt Martin Curi in seinem Buch über den brasilianischen Fußball. „Im Allgemeinen werden sie wie folgt beschrieben: schwarz, aus bescheidenen Verhältnissen stammend, arme Kindheit, unvollständige Ausbildung, ohne Besitz und große Lebensperspektiven."

Von den rund 1.000 brasilianischen Fußballern, die Jahr für Jahr nach Europa wechseln, kommen nur wenige in Spitzenklubs unter. Viele müssen sich mit kleinen Gehältern in Aserbaidschan, Moldawien oder Zypern begnügen. Hunderte andere versuchen es in Australien, Japan oder Katar. Es ist schwer zu schätzen, doch brasilianische Klubs und Vermarkter wie Traffic dürften in den vergangenen 30 Jahren mehrere hundert Millionen Euro verdient haben. Sicher ist: FIFA, UEFA und Vereine wie der FC Bayern oder Real Madrid haben mit ihren brasilianischen Spielern Milliarden erzielt.

Von den europäischen Funktionären blicken nur wenige hinter die Fassade der Ausbildungsindustrie. Etliche Akademien erfüllen die Standards, doch häufig berichten Spieler und Eltern über unwürdige Bedingungen: defekte Duschen, rationiertes Essen, ausbleibende Reisekosten. 2012 starb in einem Zentrum von Vasco da Gama ein

14-jähriger Spieler an einem Herzleiden. Offenbar war die medizinische Versorgung unzureichend. 2019 kamen auf einem Areal von Flamengo zehn Jugendspieler bei einem Feuer ums Leben. Sie waren in Containern mit vergitterten Fenstern untergebracht. Wegen fehlender Sicherheitszertifikate hatte die Verwaltung von Rio Bußgelder gegen Flamengo verhängt. Noch Jahre später mussten Eltern der Opfer um Entschädigung streiten.

Skandale wie diese werden in brasilianischen Medien intensiv diskutiert und auf Chaos und Korruption im Fußball zurückgeführt. Doch es gibt wenige Beobachter, die eine historische Linie zurück in die Kolonialzeit ziehen. Einer von ihnen ist der ehemalige Schiedsrichter Márcio Chagas da Silva, der früher selbst viel Rassismus erlebt hatte. „Auf den Fußballplätzen sind Schwarze Spieler die Protagonisten", sagt er. „Doch sobald sie den Rasen verlassen, sind die meisten von ihnen unsichtbar und stumm. Schwarze Spieler werden beherrscht. Und sie müssen in der Regel auf Anweisungen von weißen Trainern, Managern und Schiedsrichtern hören."

Márcio Chagas ist eine der wortmächtigsten Stimmen gegen Rassismus. Seine Videos auf Instagram erreichen zehntausende Menschen. Ich bin mit ihm für ein Zoom-Gespräch verabredet. Chagas redet energisch und blickt konzentriert in seine Kamera, er möchte viele Beispiele nennen. Mitunter muss ihn Dolmetscherin Monika Ottermann etwas bremsen, damit bei der Übersetzung keine Details verloren gehen. „Fußball ist die Weiterführung der Sklaverei", sagt er. „Schwarze junge Spieler werden gehandelt wie eine Ware. Ihre Körperkraft wird in Prozenten verkauft, denn Vereine und Marketingagenturen wollen gleichermaßen profitieren."

Fußball als Fortsetzung der Sklaverei, also eines fast vier Jahrhunderte währenden Gewaltsystems? Márcio Chagas weiß, dass er mit solchen Vergleichen womöglich überzieht, aber er möchte auf die Strukturen des Rassismus hinweisen, auf die historischen Ursachen, die während seiner Schulzeit in den Achtzigern kaum diskutiert wurden. Und er möchte seine persönlichen Traumata offensiv angehen. In der Hoffnung, dass auch andere dann nicht mehr schweigen.

Der Verband geht gegen Kritiker vor

Márcio Chagas wuchs in Porto Alegre auf, im südlichen Bundesstaat Rio Grande do Sul, wo der Anteil der Schwarzen Bevölkerung vergleichsweise gering ist. Während seiner Jugend interessierte er sich für viele Sportarten, für Basketball, Judo, Volleyball, aber hängengeblieben ist er beim Fußball. Nicht als Spieler, dafür empfand er sich nicht gut genug, sondern als Schiedsrichter. Chagas mochte es, die Regeln seines Lieblingssports für andere durchzusetzen. Er wurde von Jahr zu Jahr besser, schneller, präziser, doch der Preis für seinen Erfolg war hoch.

Während seiner Schiedsrichter-Laufbahn habe er rund 200 rassistische Anfeindungen auf und neben dem Platz erlebt, erzählt Márcio Chagas. Doch manchmal kam der Rassismus auch ohne martialische Sprache aus: Anfang des Jahrtausends sollte er ein internationales Jugendspiel pfeifen. Eine argentinische Mannschaft blieb zunächst 20 Minuten in der Kabine und verzögerte den Anpfiff. Später erfuhr Chagas, dass die Spieler eine so wichtige Partie keinem Schwarzen Schiedsrichter anvertrauen wollten. Bei späteren Anlässen wärmte sich Chagas mitunter in den Katakomben auf. So sollten sich feindselige Zuschauer nicht zu früh von ihm provoziert fühlen.

„Im Fußball war es ähnlich wie in Politik und Wirtschaft", sagt Márcio Chagas. „Schwarze Menschen, die in Führungspositionen kommen wollten, müssen sich erstmal lange unterordnen und Befehle entgegennehmen." Anfang des Jahrtausends wollte er zum FIFA-Schiedsrichter aufsteigen. Er war abhängig von der Gunst der meist weißen Funktionäre im brasilianischen Verband. Jede Kritik am System, glaubte er, hätte ihm eine schlechte Bewertung seiner Leistungen einbringen können.

Chagas hegte Zweifel daran, dass er seinen Lebensunterhalt jemals als Schiedsrichter bestreiten könnte. Er studierte im Lehramt Sport, als einziger Afrobrasilianer in seinem Jahrgang. Nach dem Studium arbeitete er in Schulen, Sportstudios, Jugendeinrichtungen. Und so konnte er seinen Wunsch finanziell aufrechterhalten. Im Jahr 2014 stand er kurz vor der Aufnahme in den Schiedsrichter-Bereich der FIFA.

Im selben Jahr leitete Márcio Chagas in Rio Grande do Sul das Finale der regionalen Meisterschaft. Fans des Klubs Esportivo aus der

Stadt Bento Gonçalves beschädigten sein Auto, legten Bananen darauf ab und beschimpften ihn. Chagas erstattete Anzeige und hoffte, dass der Fußballverband Esportivo aus dem Wettbewerb ausschließen würde. Stattdessen erhielt er den Anruf eines wütenden Verbandsfunktionärs, der Justiz und Medien lieber außen vor gelassen hätte. Chagas sagt in unserem Interview: „Mir wurde vorgeworfen, dass ich übertreiben würde.“ Esportivo musste eine Geldstrafe zahlen und fünf Heimspiele in einem anderen Stadion bestreiten, doch der Klub durfte weiterspielen.

Vielen politischen Kräften ging diese Strafe nicht weit genug. Wenige Wochen vor der heimischen Weltmeisterschaft 2014 lud die damalige Präsidentin Dilma Rousseff den Schiedsrichter Chagas und zwei Spieler, die von Rassismus betroffen waren, in die Hauptstadt Brasília ein. Chagas gab Interviews, nahm an Podiumsdiskussionen teil, klärte in Schulen über Rassismus auf. Doch den Verbandsleuten im Fußball war er zu politisch geworden. „Man hat mir eindeutig zu verstehen gegeben, dass ich als Schiedsrichter keine Entwicklungschance mehr habe. Deshalb habe ich meine Laufbahn beendet.“

Vor diesem Hintergrund lässt es sich vielleicht besser verstehen, dass Márcio Chagas den Fußball mit kolonialen Mustern in Verbindung bringt. Er ist bei Fernsehsendern ein viel gefragter Kommentator. Rassistische Beleidigungen in sozialen Medien, die er als junger Schiedsrichter noch ignoriert hätte, bringt er nun zur Anzeige. „Wir brauchen abschreckende Sanktionen. Klubs mit rassistischen Fans dürfen nicht mit milden Geldstrafen davonkommen.“

Strukturelle Abhängigkeiten bleiben bestehen

Es sind wenige Wortführer, die im brasilianischen Fußball härtere Strafen fordern. Zu ihnen gehören Márcio Chagas, der frühere Santos-Torwart Mário Aranha oder der Corinthians-Fan Danilo Pássaro. Ihre Forderungen dürften die Entwicklung beschleunigt haben. Im Februar 2023 stellte der brasilianische Fußballverband sein neues Konzept gegen Rassismus vor. Fortan könnten Vereine mit einem Punktabzug und höheren Geldstrafen belegt werden. Zudem sollen rassistische Vorfälle nicht nur an Sportgerichte, sondern auch an Polizei und Staatsanwaltschaften gemeldet werden.

Márcio Chagas findet diese Maßnahmen sinnvoll, und doch wirkt er in unserem Gespräch skeptisch. Er spricht über Schulungen für Schiedsrichter, Förderprogramme für Schwarze Trainerinnen, Projekte in Schulen. Es sind Ideen, die lange kursieren, doch bei einigen Regionalverbänden noch immer auf Ablehnung stoßen. Daran konnte auch Ednaldo Rodrigues bislang wenig ändern. Seit 2022 ist der Finanzprüfer aus dem Bundesstaat Bahia der erste Schwarze Präsident des brasilianischen Fußballverbandes. Márcio Chagas sagt: „Wenn es die Fußballverbände im Kampf gegen Rassismus und Ungleichheit ernst meinen würden, dann müssten sie ihr ganzes Profitsystem grundlegend ändern."

Womit wir bei den Sportgroßereignissen wären. Im Jahr 2009 wurden die Olympischen Sommerspiele für 2016 nach Rio vergeben. Lula, zu jener Zeit Brasiliens Präsident, ließ seinem Stolz freien Lauf: „Brasilien hat sein internationales Bürgerrecht gewonnen. Wir sind nicht mehr zweite Klasse, wir sind erste Klasse. Wir wurden kolonisiert und deswegen hatten wir die Manie, uns klein zu fühlen. Wir dachten, dass alle können, nur wir nicht."

Die Wachstumsraten führten zu einem neuen Selbstbewusstsein in der brasilianischen Politik. Lula überreichte etlichen Staatsgästen das Trikot des Fußballnationalteams. Für die WM 2014 in Brasilien hätte sich die FIFA mit acht Spielorten zufriedengegeben, doch Politiker, Sportfunktionäre und Bauunternehmer hofften auf höhere Investitionen und setzten zwölf Stadien durch. Noch waren die baldigen Wirtschaftskrisen nicht absehbar.

Während der WM und der Olympischen Spiele in Rio durften sich rund um die Sportstätten nur Großsponsoren der FIFA und des Internationalen Olympischen Komitees präsentieren, lokale Unternehmen wurden an den Rand gedrängt. Längst stehen etliche Stadien und Hallen leer. Die hohen Bau- und Betriebskosten werden die Steuerhaushalte für Jahrzehnte belasten. „Die WM 2014 hat den brasilianischen Fußball noch mehr zu einem Produkt der Eliten gemacht", sagt Márcio Chagas. „Menschen mit geringem Einkommen können sich Tickets für Ligaspiele kaum noch leisten."

Staatspräsident Lula hatte den Weltsport in Brasilen als Symbol der späten Dekolonisierung beschrieben. Tatsächlich haben von WM und

Olympia vor allem Sportverbände, Sponsoren und Medien mit Sitz in Europa und Nordamerika profitiert. Und die strukturellen Abhängigkeiten bleiben bestehen: Millionen Brasilianer*innen schließen ein Abo im Bezahlfernsehen ab, um ihre prominenten Landsleute in der Bundesliga oder in der Premier League spielen zu sehen. In der brasilianischen Liga dagegen sind viele Klubs verschuldet und Stadien marode. Immer wieder führt Fangewalt zu Todesopfern.

Es ist eine Frage der Zeit, bis wieder einmal Schwarze Nationalspieler beschimpft werden. Zuletzt hatte es Edenílson bei Internacional Porto Alegre und Vinícius Júnior bei Real Madrid getroffen. Wäre das vor 20 Jahren passiert, hätten die Spieler womöglich geschwiegen, doch inzwischen senden sie klare Botschaften. Vinícius Júnior hatte in sozialen Medien nahegelegt, dass Rassismus in der spanischen Gesellschaft stark verbreitet sei. Brasilianische Regierungsmitglieder unterstützten ihn, es folgten sogar diplomatische Auseinandersetzungen mit der spanischen Politik.

„Das ist ein Fortschritt", sagt der ehemalige Schiedsrichter Márcio Chagas. „Aber jenseits der Empörung müssen wir noch andere unbequeme Fragen stellen. Warum wachsen Schwarze Spieler mit dem Gedanken auf, dass sie später als Trainer oder Manager keine Chance haben?" Márcio Chagas wird diese Fragen in Interviews, Schulen und Workshops immer wieder aufwerfen. Er ist vor einigen Jahren der Partei PSOL beigetreten und arbeitetet nun für einen Parlamentsabgeordneten. Er knüpft Netzwerke und arbeitet an sozialen Projekten mit. Dieses Wissen möchte er auch dem Fußball zur Verfügung stellen. So kann er dem Spiel wohl mehr helfen als in seiner früheren Funktion als Schiedsrichter.

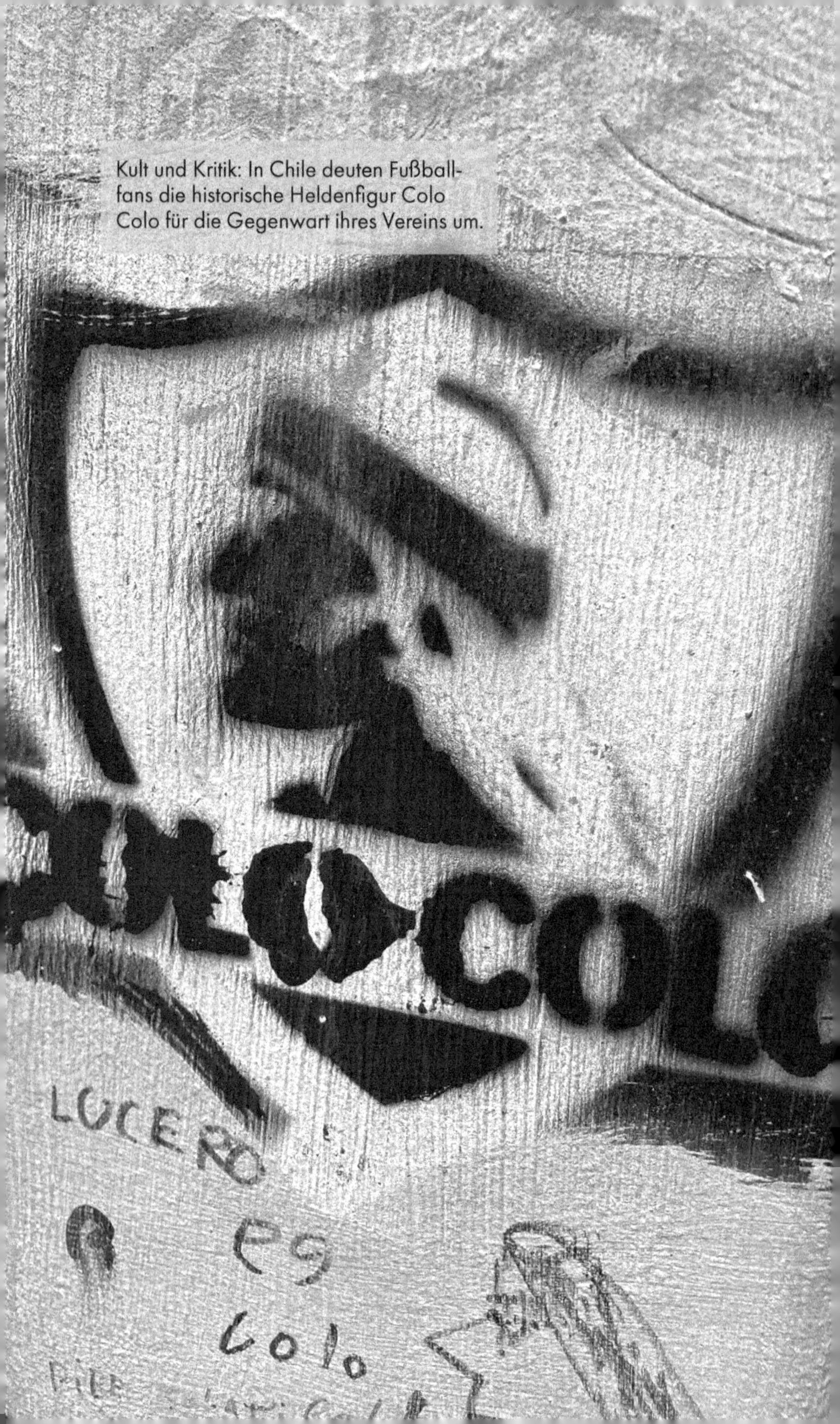

Kult und Kritik: In Chile deuten Fußballfans die historische Heldenfigur Colo Colo für die Gegenwart ihres Vereins um.

KAPITEL 8

FOLKLORE MIT FEDERSCHMUCK

In westlichen Unterhaltungsindustrien wurden Ureinwohner*innen als exotisch und kriegerisch dargestellt. Doch seit einigen Jahren führt die Diskussion um kulturelle Aneignung zu einem Bewusstseinswandel. Im Fußball ist davon noch wenig zu spüren: Vereine in Lateinamerika vereinnahmen Bruchstücke indigener Geschichte und inszenieren sich als kämpferisch. Viele Indigene betrachten diese Zerrbilder als Verharmlosung von Landraub, Ausbeutung und Rassismus. Wie könnte der Fußball zur Versöhnung beitragen? Erkundungen in Chile, wo der beliebteste Verein nach einem indigenen Anführer benannt ist.

An der Kasse hat sich eine Schlange gebildet. Tourist*innen blättern in Broschüren und verstauen ihre Rucksäcke in Schränken. Die Klimaanlage kommt unter der hohen Decke nicht gegen die trockene Sommerhitze an. Von draußen dringt der Gesang der Straßenmusiker herein. Es ist Mittagszeit im Chilenischen Museum für präkolumbische Kunst, einem der wichtigsten Kulturorte von Santiago de Chile. Das Museum versammelt Gegenstände aus Lateinamerika, die aus der Zeit vor der Ankunft der Europäer*innen stammen. Mumien, Tongefäße, Stickereien, die zum Teil mehr als 5000 Jahre alt sind.

Im Untergeschoss zeigt die Ausstellung jahrhundertealte Holzfiguren der indigenen Mapuche. Mit rund 1,5 Millionen Angehörigen stellen sie die größte Minderheit in Chile, wo insgesamt 18 Millionen Menschen leben. Ihr Name bedeutet übersetzt so viel wie: „Menschen der Erde".

Das Museum erinnert an die kulturelle Vielfalt Amerikas vor dem Kolonialismus, vor der Ankunft von Christoph Kolumbus Ende des 15.

Jahrhunderts. Doch zugleich verherrlicht das Museum den Kolonialismus auch. Das wuchtige Gebäude mit seinen Säulen, Balustraden und repräsentativen Fenstern war Anfang des 19. Jahrhunderts gebaut worden, also schon vor der Unabhängigkeit Chiles einige Jahre später. Lange galt es als Herrschaftssymbol für den europäisch geprägten Staat im äußeren Westen von Südamerika.

Claudio Alvarado Lincopi gehört zum wissenschaftlichen Team des Museums. Er ist hier einer von wenigen Mitarbeitenden indigener Herkunft. In Büchern, Aufsätzen und Interviews berichtet er seit Jahren über den strukturellen Rassismus gegen die Mapuche in Chile. In seiner Mittagspause sprechen wir in der Cafeteria des Museums über Teilhabe und Repräsentation. In Bildung, Medizin und auf dem Arbeitsmarkt sind die Mapuche seit Generationen benachteiligt. Vor allem im Süden des Landes, in der Region Araucanía, wurden sie systematisch verdrängt und enteignet. Einige von ihnen wollen sich das Land mit Gewalt zurückholen. Ein Teil der chilenischen Mehrheitsgesellschaft betrachtet die Mapuche daher als Terroristen. Kann es in dieser polarisierten Gesellschaft überhaupt Symbole der Verständigung geben?

Claudio Alvarado Lincopi nickt zuversichtlich und spricht über Fußball. Seit seiner Jugend besucht er Spiele von Colo-Colo, dem erfolgreichsten Klub Chiles, mit 33 Meisterschaften und 13 Pokalsiegen. 1991 gewann Colo-Colo die Copa Libertadores, die südamerikanische Champions League. „Unser Vereinsname gehört zu den wichtigen popkulturellen Symbolen Chiles“, sagt Lincopi. „Ein Symbol, mit dem sich viele Mapuche identifizieren können. Und solche Symbole sind selten.“ Er hat sich intensiv mit dieser Symbolik beschäftigt, mit einer Geschichte von Zugehörigkeit und Glorifizierung, aber auch mit Rassismus und kultureller Aneignung.

Eine historische Figur, die sich nicht wehren kann

Um den Ursprung von Colo-Colo zu verstehen, muss man ins frühe 20. Jahrhundert zurückgehen. Chile hatte die spanischen Kolonialherren nach einem Krieg aus dem Land vertrieben und war seit 1826 unabhängig. Viele Chilen*innen waren stolz auf ihre Souveränität, doch gerade die Eliten blickten mit Bewunderung nach Europa. Unterschiedliche Regierungen lockten Einwanderer*innen aus Italien, der

Schweiz oder Deutschland mit günstigen Grundstücken und niedrigen Steuern an. Die europäischen Siedler*innen verdrängten die Mapuche insbesondere im Süden in kleine Reservate. Dort konnten sie kaum noch ihr Auskommen sichern und verarmten.

Wie in anderen Staaten Lateinamerikas begleitete der Fußball den sozialen Aufstieg europäischer Einwanderer*innen. Menschen aus Spanien, Italien oder Deutschland veranstalteten Tanzabende und gründeten eigene Vereine, die zum Teil noch heute bestehen, in Santiago etwa Audax Italiano oder Unión Española. Für viele ihrer Mitglieder war Christoph Kolumbus der Entdecker Amerikas, nicht der Eroberer. Der Fußball war in ihren Augen von der Taktiklehre Spaniens und Italiens abhängig. Auch die vermeintliche Disziplin der „britischen Gentlemen" stand hoch im Kurs. Längst hatte sich eine soziale Hierarchie herausgebildet. Die gemeinsamen Nachfahren von Europäer*innen und Indigenen wurden von den Eliten als Mestizen bezeichnet, als „Mischlinge". „Die Leute, die damals das Sagen hatten, glaubten an die weiße Vorherrschaft", sagt die US-amerikanische Historikerin Brenda Elsey. „Mit europäischen Einflüssen wollten sie sich zu einer moderneren Nation entwickeln."

Brenda Elsey lebte für eine Weile in Chile und hat über den dortigen Fußball ein Buch geschrieben. Sie geht darin auch auf eine Gruppe von jungen Lehrern aus der Mittelschicht ein, die 1925 ihren eigenen Fußballklub gründeten. Auf der Suche nach einem Namen bedienten sie sich in der Geschichte und wählten die indigene Heldenfigur Colo Colo. Der militärische Anführer hatte die Mapuche 1553 in die Schlacht von Tucapel geführt – und sie besiegten die Spanier. Die Besatzer mussten bald darauf die Souveränität einer Mapuche-Nation anerkennen, in der Kolonialgeschichte Südamerikas war das einmalig. Erst Ende des 19. Jahrhunderts, also mehr als 300 Jahre später, mussten sich die Mapuche dem chilenischen Staat endgültig unterordnen.

Mit dem Vereinsnamen Colo-Colo wollten die Fußballer in Santiago Standhaftigkeit zum Ausdruck bringen. Sie betonten, wie sehr die Kolonialherren Colo Colo für seinen Mut und seine Weisheit respektierten. „Tatsächlich wurde damit das indigene Erbe romantisiert", sagt Elsey. Die Mannschaft reiste in den ersten Jahren ihres Bestehens auch in den Süden Chiles. Und das in einer Zeit, in der europäische Siedler*innen die Mapuche, wie es hieß, „zivilisieren" und „befrieden" wollten. Brenda Elsey sagt: „Der Verein Colo-Colo wollte auf das ganze Land ausstrahlen und wählte eine Symbolfigur aus der Vergangenheit. Eine Figur, die sich nicht mehr wehren konnte. Doch für aktuelle Probleme der Mapuche interessierte sich der Klub kaum." Das koloniale Unrecht verschwand hinter einem Mythos.

Claudio Alvarado Lincopi kann diese Argumentation nachvollziehen, doch sein Urteil zu Colo-Colo fällt milder aus. „Die moderne Stadt Santiago verleugnet das Indigene und das Schwarze", schreibt er in einem Aufsatz. „Die eigentliche Stadt, in der sich heute die wichtigsten historischen Paläste Santiagos befinden, wurde für eine privilegierte Kaste erbaut." Auch in unserem Interview beschreibt er, wie sehr Menschen indigener Herkunft von Universitäten und staatlichen Jobs ferngehalten wurden. Wenn Lincopi für Studien und Umfragen an fremde Türen klopft, wird er gemustert und beleidigt. „Viele Indigene leben mit dem Gefühl, am Rand zu stehen. Mit Colo-Colo können wir an der Spitze stehen. Vielleicht ist das eine Illusion, aber es ist eine schöne Illusion."

Colo-Colo trägt seine Heimspiele im Estadio Monumental aus, im Südosten von Santiago. Auf dem Weg zur Haupttribüne passiert man hinter der Treppe eine schwarze Büste. Es ist der Oberkörper eines Mannes, der Colo-Colo darstellen soll, obwohl aus dem 16. Jahrhundert keine gesicherten Informationen über sein Aussehen vorliegen können. Auch an den Außenwänden oder im kleinen Klubmuseum mit den Pokalvitrinen begegnet einem immer wieder das Vereinslogo. Ein vierzackiges Wappen, auf dem seitlich ein Mann mit langen schwarzen Haaren und einem weißen Stirnband abgebildet ist.

Claudio Alvarado Lincopi ist sich darüber im Klaren, dass die Mehrheit der Fußballfans wenig mit dem historischen Kontext von Colo Colo anfangen kann. Auch deshalb äußern sie wenig Widerspruch, wenn wieder einmal Karikaturen des Klublogos in sozialen Medien kursieren: Colo Colo als zorniger Junge oder schläfriger älterer Herr. Mit Federschmuck, Sonnenbrille oder Zigarre. Lincopi weiß, dass jene Zerrbilder die Wahrnehmung von indigenen Menschen prägen können. „Viele Leute reduzieren uns auf Folklore und denken noch immer, dass wir in Abgeschiedenheit leben. Doch mehr als ein Drittel der Mapuche ist in Santiago zu Hause."

Das Stadion als Folterkammer

Dieses Überlegenheitsdenken gegenüber nicht-weißen Minderheiten ist tief verwurzelt. Noch Mitte des 20. Jahrhunderts hatten staatliche Programme die „rassische Homogenität" als Grund für die politische Stabilität Chiles beschrieben, auch in Abgrenzung zu eher multiethnischen Staaten wie Bolivien und Peru. Im Fußball würdigten chilenische Zeitungen die weißen Nationalspieler ihres Landes. Und sie stellten Schwarze Spieler aus Brasilien barfuß und mit großen Lippen dar.

Die Historikerin Brenda Elsey, die den politischen Sportpodcast „Burn It All Down" mitproduziert, hat sich vor diesem Hintergrund auch die Weltmeisterschaft 1962 in Chile genauer angesehen. Das Organisationskomitee wollte in einem Magazin mit folgender Botschaft um europäische Tourist*innen werben: „Weiß, europäischer Abstammung, ohne farbige oder gemischte Bevölkerung: Die Bevölkerung Chiles ist die homogenste in ganz Amerika."

Diese Haltung förderte die Ausgrenzung. So wuchsen innerhalb der größten indigenen Gruppe Chiles Arbeitslosigkeit, Armut, Alkoholabhängigkeit. Insbesondere im Süden betrug ihr gesamter Lebensraum nur noch ein Zwanzigstel ihres einstigen Gebietes. Ab 1970 ließ der sozialistische Staatspräsident Salvador Allende rund 700.000 Hektar an die Mapuche zurückgeben. „Die Geschichte hätte eine Wende nehmen können", sagt Claudio Alvarado Lincopi. „Aber dafür blieb zu wenig Zeit."

Über die vielleicht entscheidende Zäsur in der jüngeren Geschichte Chiles kann man sich im Nationalstadion von Santiago ein Bild machen. Fotos und Infotafeln in den Katakomben erinnern an den Militärputsch gegen Allende im September 1973. In den ersten Wochen danach ließen die Generäle hunderte Oppositionelle in die weitläufige Arena sperren. Die Fotos in Schwarz und Weiß zeigen verängstigte Gesichter hinter den Zäunen am Spielfeldrand. Soldaten patrouillieren mit Gewehren im Anschlag. Im Nationalstadion wurde gefoltert und gemordet.

„Die Militärdiktatur hat viele Menschen traumatisiert", sagt Lincopi. „Die Mapuche litten besonders darunter, denn sie wurden pauschal als links abgestempelt." Diktator Augusto Pinochet machte Reformen von Salvador Allende rückgängig und entzog den Mapuche Landrechte. Hunderte Hektar Wald wurden für die Holzverarbeitung gerodet. Viele Nationalisten hatten schon seit Jahrzehnten die Eigenständigkeit der Mapuche bestritten. Sie glaubten, dass die Indigenen durch „Vermischung" in der Bevölkerung aufgegangen seien. Von Pinochet ist der Satz überliefert: „Es gibt keine Ureinwohner, wir sind alle Chilenen."

Die Militärregierung veränderte die Wirtschaft radikal, mit Privatisierungen und der Streichung von Sozialprogrammen. Indigene waren dreimal so stark von Armut betroffen wie Menschen der Mehrheitsgesellschaft. „Viele Mapuche leugneten ihre Identität und legten sich einen spanisch klingenden Nachnamen zu", berichtet Claudio Alvarado Lincopi. Bei seinem Verein Colo-Colo galt Alfonso Neculñir in den 1980er-Jahren als erster Spieler mit Mapuche-Wurzeln. Doch sicher können sich die Fans da nicht sein. Auch Colo-Colo arrangierte sich mit einem Regime, das für indigene Kulturen nichts übrighatte. Während der Diktatur zwischen 1973 und 1990 gewann der Klub fünfmal die chilenische Meisterschaft und sechsmal den Pokal.

Der Kampf der Mapuche

Nach der Rückkehr zur Demokratie verbesserte sich die Lage für die Mapuche nicht sonderlich. Weiterhin wurden zahlreiche ihrer Grundstücke von den Regierungen an private Forst- und Energiekonzerne verkauft. Dort entstanden dann Kraftwerke, Industrieanlagen und Müllhalden. Nur selten schafften es die Mapuche mit Protestaktionen in internationale Medien. Eine Ausnahme: 2015, als die Copa América zum siebten Mal in Chile stattfand.

Eines der neun Stadien für die Kontinentalmeisterschaft lag im südlichen Temuco, in der inoffiziellen Hauptstadt der Mapuche. Aktivist*innen wollten im Zentrum neben der chilenischen Flagge auch die Fahne der Mapuche aufhängen. Der Bürgermeister lehnte mit der Begründung ab, dass die Nationalflagge die ganze Gesellschaft repräsentiere. Kurz darauf gelang es einem Aktivisten, die chilenische Fahne durch jene der Mapuche zu ersetzen. Zudem blockierten Demonstrierende den Weg des peruanischen Mannschaftsbusses. Sie sagten, der Flughafen von Temuco sei auf einstigem Mapuche-Land errichtet worden, ohne angemessene Entschädigung.

Das chilenische Nationalteam gewann wenige Wochen später zum ersten Mal die Copa América, gesellschaftliche Spannungen rückten in den Hintergrund. Aber nur vorübergehend, denn die Lage eskalierte im November 2018. In der Region Araucanía erschossen Mitglieder einer Polizei-Spezialeinheit den 24-jährigen Mapuche-Aktivisten Camilo Catrillanca. Schnell verbreiteten sich Behauptungen, wonach Catrillanca vorbestraft und in einen Autodiebstahl verwickelt gewesen sei, beides war falsch. Auch ein Feuergefecht zwischen der Polizei und Catrillanca, der seit seiner Schulzeit politisch aktiv gewesen war, konnte nicht bewiesen werden.

Die Tötung löste in Chile Proteste aus. Wenige Tage später empfing das chilenische Nationalteam in Temuco Honduras zu einem Testspiel. Beide Mannschaften versammelten sich am Mittelkreis für eine Schweigeminute. Aus Solidarität trug der chilenische Spieler Jean Beausejour auf seinem Trikot den ersten Nachnamen seiner Mutter, der angesehenen Mapuche-Aktivistin Viviana Coliqueo Collipal. 2019 reichten Vertreter der Mapuche beim Internationalen Strafgerichtshof eine Petition ein. Darin warfen sie dem chilenischen Staat Völkermord und Verbrechen gegen die Menschlichkeit vor. Sebastián Piñera, zu jener Zeit zum zweiten Mal Präsident Chiles, äußerte sich dazu kaum. Für seine Regierung war die Aussöhnung mit den Indigenen nicht von großer Bedeutung.

Apropos Piñera. Der konservative Wirtschaftswissenschaftler war in den 1980er-Jahren mit der Einführung von Kreditkarten in Chile zum Milliardär aufgestiegen. Er erwarb Anteile an mehreren Firmen, an einer Fluglinie, einem Fernsehsender, auch am Fußballklub Colo-Colo. In fast hundert Jahren Vereinsgeschichte prägten weiße Männer aus der Oberschicht die Führungsgremien des Klubs, erzählt der Colo-Colo-Fan Álvaro Campos in einem Videointerview: „Auch Politik, Wirtschaft und Medien sind meist in den Händen von konservativen Männerbünden. Man will uns glauben machen, dass wir überall im Wettbewerb miteinander stehen. Es gibt keine starken Gewerkschaften, und viele Menschen fühlen sich von Parteien nicht mehr repräsentiert. Doch bei Colo-Colo können wir Teil einer Gemeinschaft sein."

Álvaro Campos hat sich in Santiago mit Büchern, Artikeln und einem Podcast über die Fanszene hinaus einen Namen gemacht. Er beschreibt Colo-Colo mit Leidenschaft und Eloquenz als einen Anziehungspunkt für Arbeitermilieus. „Santiago ist von großer sozialer Ungleichheit geprägt. Je nach Einkommen leben die Leute in unterschiedlichen Vierteln und die Kinder besuchen unterschiedliche Schulen. Aber im Stadion spielt diese Trennung keine Rolle, da liegen sich fremde Menschen beim Torjubel in den Armen." Es ist eine Idealisierung des Fußballs, die man auch in anderen Ländern wahrnehmen kann. Aber muss man dafür die Biografie eines indigenen Anführers in Stellung bringen, der sich dazu nicht mehr äußern kann? „Colo-Colo hat nie behauptet, ein Mapuche-Klub zu sein", sagt Álvaro Campos. „Aber wir sind ein Verein, in dem die Fans mit Sympathie und Neugier auf die Mapuche blicken."

Streit um Namen und Logos in den USA

Bewunderung und Verklärung, Gleichgültigkeit und Aktivismus. Diese Themen werden in anderen Ländern wesentlich lauter diskutiert, vor allem in den USA. Die University of Illinois etwa hatte mehr als acht Jahrzehnte lang einen indigenen Anführer als Maskottchen ihrer wichtigsten Sportteams. Mit Federschmuck und Gesichtsbemalung führten nicht-indigene Studierende in den Halbzeitpausen Tanzrituale auf. Viele Ureinwohner*innen sahen darin eine beleidigende Vereinfachung ihrer jahrtausendealten Kulturen. Nach Protesten und Verhandlungen gab die Universität 2007 das Maskottchen auf.

Doch der Streit ging weiter. Während der Spiele trugen etliche Zuschauer*innen Kleidung mit dem alten Logo und besangen den Häuptling „Chief Illiniwek". Jenseits der Sportstätten pflegten viele Studierende stolz, trotzig und manchmal konspirativ die „indianische" Folklore. Eine indigene Studentin beschrieb daraufhin öffentlich ihre Selbstmordgedanken, sie fühlte sich täglich aufs Neue diskriminiert. So verhärtete sich der Konflikt auch ohne offizielles Logo. „Wenn man ein Maskottchen verbietet, bedeutet das nicht, dass sich die Einstellungen der Menschen über Nacht ändern", sagt Lisa King, die sich an der University of Tennessee mit indigenen Kulturen beschäftigt. „Nach Jahrzehnten von Verletzungen und Ohnmachtsgefühlen hilft vor allem behutsame Kommunikation. Es geht hier nicht um tiefen Hass, sondern meist um Ignoranz, man sollte aufeinander zugehen."

In den USA sind Menschen indigener Herkunft erst seit den 1920er-Jahren gesetzlich anerkannte Bürger*innen, obwohl sie den Kontinent über Jahrtausende geprägt haben. Viele der rund sechs Millionen Ureinwohner*innen erleben noch immer Feindseligkeit. Bei der Verbreitung von Klischees spielen Sportsymbole seit mehr als hundert Jahren eine bemerkenswerte Rolle. In Profiligen, Universitäten, Schulen: Hunderte Teams nannten sich „Indianer", „Krieger" oder „Rote Männer".

Seit der Bürgerrechtsbewegung in den 1960er-Jahren formierten sich Proteste dagegen. Von jenen rund 2.000 Logos wurden mit der Zeit zwei Drittel abgelegt, so der National Congress of American Indians. Die University of Miami machte aus den „Rothäuten" die „Roten Falken", die University of North Dakota aus den „Kämpfenden Sioux" die „Kämpfenden Falken". Auf Druck von Sponsoren legte das American-Football-Team aus Washington 2020 seinen Namen „Redskins" ab und nennt sich inzwischen „Commanders". Doch wieder geht eine Frage unter: Wächst mit der Verdrängung einer rassistischen Marke auch die Akzeptanz indigener Amerikaner*innen?

Rebecca Nagle hat Zweifel. Die Aktivistin der indigenen Cherokee hat sich lange gegen den Namen „Redskins" stark gemacht, in Interviews, Demonstrationen und Kampagnen in sozialen Medien. „Die Klubs gehen nur auf indigene Menschen zu, wenn sie sich Profit für ihre Marke versprechen", sagt Nagle. „An einer differenzierten Aufklärung sind sie selten interessiert." Zum Beispiel über den „Tomahawk Chop", ein traditionelles Stadionritual bei Sportklubs in Florida, Atlanta oder Kansas City. Fans bewegen dabei ihren Unterarm mit geöffneter Handfläche vor und zurück, sie simulieren eine Streitaxt und wollen kampfbereit wirken. „Dabei geht es um das Skalpieren, also um den früheren Massenmord von Ureinwohnern. Solche rassistischen Rituale prägen das Bild vieler Amerikaner*innen von indigenen Menschen, denn unser Alltag wird in Medien selten dargestellt."

Wenige Partnerschaften zwischen Sportorganisationen und Ureinwohner*innen gelten in den USA als gleichberechtigt und zeitgemäß. Die Teams der Central Michigan University zum Beispiel bezeichnen sich seit bald 80 Jahren als Chippewas, in Anlehnung an eine der größten indigenen Gemeinschaften des Landes. Unter Einbindung von Indigenen trennte sich die Universität mit der Zeit von klischeehaften Symbolen und Stadionriten. Das aktuelle Logo ist ein stilisiertes C. Regelmäßig besuchen College-Athlet*innen das Infozentrum der Chippewa für Diskussionen.

Etliche Profiklubs beugten sich inzwischen dem öffentlichen Druck und änderten ihre rassistische Symbolik: Die Kansas City Chiefs im American Football, die Atlanta Braves im Baseball, die Chicago Blackhawks im Eishockey. Im kanadischen Edmonton legte das American-Football-Team seinen Namen „Eskimos" ab. Schon lange hatten die Inuit, die Ureinwohner*innen der kanadischen Arktis, daran Anstoß genommen. Alle genannten Klubs stellten ihr Sortiment an Fanartikeln um. Tatsächlich aber sind alte Trikots, Mützen und Anfeuerungsrufe in ihren Arenen noch immer präsent.

Wie kann man Fans dazu bringen, dass sie im Hinterfragen von Identifikationssymbolen keinen Verlust, sondern einen Gewinn sehen? Das „National Museum of the American Indian" in Washington lieferte ein Beispiel und zeichnete 2021 in einer Ausstellung nach, wie alte Traditionen der Ureinwohner*innen für eine „amerikanische" Identität umgedeutet wurden, für Filme, Werbeanzeigen, Profisport, auch für die „Redskins". „Wir sollten Footballfans aus Washington nicht pauschal als Feinde betrachten, das würde eine Diskussion unmöglich machen", sagt der Kurator Paul Chaat Smith. Auch er hat Verwandte und Bekannte mit Sympathien für Trump, die sich nicht stören am Vereinsnamen „Redskins". Er sagt: „Es kostet Kraft, um die lange Linie aus der Vergangenheit von Landraub und Genozid bis hin zur Gegenwart zu ziehen. Aber der Sport sollte sich diese Zeit nehmen."

Die Flaggen der Indigenen bei der WM

Oft braucht es für eine Thematisierung einen Skandal, der tagelang die Medien prägt. In Australien beispielsweise galt Adam Goodes als Ikone im Australian Rules Football, einer der wichtigsten Sportarten in Ozeanien. Doch häufig wurde der Spieler indigener Herkunft Opfer von Rassismus. Im Jahr 2013 hatte er genug: Bei einem Spiel seiner Sydney Swans deutete Goodes auf eine 13-jährige Zuschauerin, die ihn gerade als „Affen“ bezeichnet hatte. Es folgte eine Debatte über Rassismus, Identitätsdenken und indigene Lebensrealität.

Adam Goodes äußerte sich differenziert, woraufhin er 2014 zum „Australier des Jahres“ gewählt wurde. „Als indigener Australier habe ich häufig Rassismus erlebt“, sagte er in der Festrede. „Während es die meiste Zeit schwierig war, so hat es mich auch viel gelehrt. Es hat meine Werte geprägt, und das, woran ich heute glaube.“ Goodes erhielt viel Zuspruch, doch viele Australier*innen empfanden sein Selbstbewusstsein auch als Provokation.

Bald darauf wurde Goodes bei Spielen regelmäßig ausgebuht. 2015 feierte er ein Tor mit einem traditionellen Kriegstanz. Es war nicht der erste indigene Protest im australischen Sport gewesen: 1993 hatte der Footballspieler Nicky Winmar sein Trikot hochgezogen und auf seinen Schwarzen Körper gedeutet. Ein Jahr später trug die Läuferin Cathy Freeman bei den Commonwealth Games die Flagge der indigenen Aborigines. Bei den Olympischen Spielen 2000 in Sydney entzündete Freeman die Flamme, wenige Tage später gewann sie Gold über 400 Meter. Weltweit wurde dieser Sieg als Aufbruch für indigene Minderheiten gedeutet. Doch ist der Rassismus gegenüber indigenen Sportler*innen in den mehr als 20 Jahren danach tatsächlich zurückgegangen?

„Im Sport werden erfolgreiche indigene Athlet*innen von der weißen Mehrheitsgesellschaft geachtet – solange ihre indigene Herkunft im Hintergrund bleibt“, sagt die australische Anthropologin Amanda Kearney, die sich mit indigenen Kulturen beschäftigt. „Sobald diese Herkunft als wichtige Identifikation betont wird, fühlen sich viele Australier*innen herausgefordert.“ Die australische Tennisspielerin Ashleigh Barty, deren Vater von den indigenen Ngarigo stammt, gewann 2019 die French Open. Danach löschten Unbekannte aus ihrem Wikipedia-Eintrag das Wort „indigen“. Ashleigh Barty und Adam Goodes äußern sich selbstbewusst und differenziert zu ihrer Herkunft, das machen aber nur wenige Sportler*innen. „Damit bringen sie Vorurteile ins Wanken, die viele Australier*innen von indigenen Menschen haben“, sagt die Forscherin Kearney.

Etliche Medien in Australien verweisen auf Statistiken, auf die niedrigere Lebenserwartung indigener Menschen oder auf ihre Überrepräsentation in Gefängnissen. Goodes, der seine Laufbahn 2015 beendete, betonte die Ursachen: Die Ureinwohner*innen lebten mehr als 50.000 Jahre auf dem Kontinent. Doch ab dem späten 18. Jahrhundert wurden Hunderttausende von ihnen von britischen Kolonisatoren getötet und unterdrückt. Nach zwei Jahrhunderten brutaler Ausgrenzung wurden indigene Menschen in Australien erst 1967 als gleichwertige Bürger*innen anerkannt. Doch selbst zu jener Zeit entzog der Staat indigenen Familien noch häufig die Kinder, auch bekannt als die „gestohlene Generation".

Der Zugang indigener Australier*innen zu Medizin, Bildung und Arbeit besserte sich ab dem neuen Jahrtausend. Doch noch heute beschreiben Medien den Erfolg indigener Politiker*innen oder Wissenschaftler*innen oft als Sensation. So ist es auch im Sport, erzählt Lawrence Bamblett vom Australischen Zentrum für Indigene Geschichte: „Über Jahrzehnte hatte die Regierung indigene Australier*innen weggesperrt. Wir waren nicht sichtbar. Mit einer Ausnahme: Sport."

Der Kricketspieler Eddie Gilbert, der Boxer Lionel Rose, der Jockey Darby McCarthy: Lawrence Bamblett könnte die Liste indigener Sportler*innen fortführen, über die stets die gleiche Geschichte erzählte wird – über den Aufstieg aus der Armut in den Wohlstand, durch hartes Training und Disziplin. Dagegen werden Politik, Bildung und Kunst bis heute weniger mit den Indigenen verknüpft. „Ständig werden junge Menschen auf Defizite reduziert", sagt Bamblett. „Meine Eltern waren zum Glück anders: Nach jeder negativen Geschichte haben sie mir ein Dutzend positive erzählt."

Die Ursprünge für die australischen Nationalsportarten liegen im 19. Jahrhundert. Britische Kolonialherren etablierten Kricket, Rugby und Fußball. Den wenigen indigenen Spielern blieben die Umkleidekabinen versperrt. Lange wollten viele Australier*innen nicht wahrhaben, dass ihr Australian Rules Football auch Elemente von Marn Grook in sich trägt, einem uralten indigenen Ballspiel. Erst ab den 1990er-Jahren, mit neuen Gesetzen und Projekten gegen Diskriminierung, öffneten sich die Profiligen für indigene Spieler*innen.

Doch dieser Wandel hat Grenzen: In der Bevölkerung Australiens haben etwa 2,5 Prozent einen indigenen Hintergrund. Im Australian Football sind es mehr als zehn Prozent, und das schon seit gut 20

Jahren. „Auf den Spielfeldern sind indigene Menschen klar überrepräsentiert, aber in den Führungsetagen der Klubs ist das Gegenteil der Fall", sagt Barry Judd von der University of Melbourne, wissenschaftlicher Experte auf diesem Gebiet. „Mir fällt kein einziger einflussreicher Trainer ein, der einen indigenen Hintergrund hat."

Fast alle großen Vereine und Verbände beteiligen sich inzwischen am landesweiten Netzwerk für „Reconciliation", Versöhnung. Mit Kampagnen, Projekten, Spendenaufrufen. Wie viel davon ist Marketing? Die Australian Football League bezeichnet zum Beispiel Joe Johnson als den ersten Aborigine-Spieler, der sich gegen Rassismus stellte, bereits 1904. Doch damals, berichtet Barry Judd, habe Johnson seine Herkunft gar nicht zum Thema gemacht.

Auch in anderen Fällen werden indigene Kulturen positiv hervorgehoben. Viele Talentscouts suchen junge indigene Spieler. „Wir bezeichnen das als aufgeklärten Rassismus", sagt Barry Judd. „Die Scouts glauben, dass ein Volk, das mehr als 40.000 Jahre Jäger und Sammler hervorgebracht hat, heute gut geeignet ist für Australian Football. Sie denken, dass indigene Spieler schneller laufen können und eine bessere Raumorientierung haben, vielleicht sogar einen sechsten Sinn." Auf dieser Grundlage wurden etliche Spieler verpflichtet.

In den lukrativen Profiligen sind indigene Spieler*innen begehrt, im Breitensport sind sie Außenseiter*innen. Zum Beispiel die Fitzroy Stars, ein Amateurklub im Australian Football aus Melbourne, geführt und trainiert von indigenen Sportler*innen. Mehr als zehn Jahre war der Verein in keine Liga aufgenommen worden. So spielten seine Mitglieder zeitweilig in gemischten Klubs. Dort sollten sie sich in die Gesellschaft integrieren, lautete eine weitverbreitete Meinung von nicht-indigenen Spieler*innen. „Unser Klub ist für uns ein sicherer Ort", erzählt Paul Stewart, einer der Jugendtrainer der Fitzroy Stars. „Hier können wir so sein, wie wir sind, ohne Hindernisse, ohne Rassismus."

Die Fitzroy Stars haben es schwer, Sponsoren zu finden. Für indigene Vereine und Sportfeste interessieren sich Unternehmen und Nichtregierungsorganisationen mit den immer gleichen Absichten, sagt Stewart: „Es geht um Gesundheitsprävention, sauberes Wasser, häusliche Sicherheit. Als müsste man uns ständig von außen helfen." Man müsse mit einem differenzierten Konzept in die Offensive gehen, etwa mit „Affirmative Action“, meint Stewart, also mit einer vorübergehenden Bevorzugung von Indigenen. Nur durch Quoten oder Stipendien, glaubt er, können Indigene auch in Verbänden ins Management aufsteigen. Und erst danach könne aus Sichtbarkeit Normalität werden.

Der Australische Fußballverband sträubt sich noch gegen „Affirmative Action“. Aber immerhin wurde das Thema bei der Weltmeisterschaft der Frauen, die Australien 2023 zusammen mit Neuseeland austrug, breiter diskutiert. Das „Australian Indigenous Football Council“, ein Netzwerk indigener Fußballer*innen, lenkte die Aufmerksamkeit auf aktuelle Zahlen: In Australien spielen knapp eine Million Menschen organisiert Fußball. Nur 6.000 von ihnen haben indigene Wurzeln – ein Anteil von 0,6 Prozent.

Bei der WM 2023 wurden in den Stadien auch die Flaggen indigener Völker präsentiert, eine Premiere in der Geschichte der FIFA. „Der Rest Australiens muss verstehen, dass es uns gibt“, sagte Lawrence Gilbert, Gründungsmitglied des „Australian Indigenous Football Council“, dem Deutschlandfunk.

Ob es etwas bringt? Im Oktober 2023 sollten die Australier*innen in einem Referendum darüber abstimmen, ob indigene Gruppen ein größeres politisches Mitspracherecht erhalten und ob dafür ein Beratungsgremium für die Regierung geschaffen werde. Nach einer aufgeladenen Debatte, in der auch rassistische Stimmen laut wurden und Falschinformationen kursierten, lehnten die Wahlberechtigten das Referendum ab.

Eine moderne Form der Ausgrenzung

Man könnte den Eindruck gewinnen, das Thema spiele nur in früheren Kolonien wie Chile oder Australien eine Rolle, aber das wäre verkürzt. In Großbritannien hatte das Rugbyteam der Exeter Chiefs lange die Zeichnung eines indigenen Anführers mit Haarschmuck im Logo. Heimische Fans sowie Aktivist*innen in den USA unterzeichneten eine Petition dagegen. Nach langem Zögern stimmte der Klub einer Änderung zu und spielt in seinem Logo nun auf die Dumnonier an, einen keltischen Stamm, der vor mehr als 2000 Jahren im Südwesten des heutigen Britanniens gesiedelt hatte. Ihren Namen wollten die Exeter Chiefs allerdings nicht aufgeben.

Auch in der früheren Kolonialmacht Belgien lassen sich Abbilder indigener Anführer in Sportlogos finden, etwa bei der KAA Gent. Auf seiner Internetseite widmet der Fußballklub der Unterdrückung der amerikanischen Ureinwohner*innen einen eigenen Abschnitt. Darin wird auch das Logo erklärt, dessen „kultureller Kontext“ positiv sei. Die KAA Gent stehe für „Respekt, Mut und Ehre“, für Werte, die man eher den amerikanischen Ureinwohner*innen als ihren „weißen Unterdrückern“ zuschreibe. Der Klub sei sich darüber im Klaren, dass man das Logo auch negativ interpretieren könne, dennoch wolle er daran festhalten. Schließlich lenke es die Aufmerksamkeit auf „die soziale Situation, in der sich die indianische Bevölkerung heute befindet“. Die KAA Gent, heißt es, zeige sich offen für eine Zusammenarbeit mit indigenen Gruppen.

In Medien und Wissenschaft ist der Rassismus gegen indigene Gruppen ein relativ neues Thema. Meist konzentrieren sich Forschungen auf einzelne Klubs und Sportarten. Das Internetportal von CNN veröffentlichte 2021 eine breite Recherche unter dem Titel: „Das Problem des globalen Sports mit der Aneignung der indigenen Kultur.“

Darin schreibt der Autor Calum Trenaman: „Für die amerikanischen Ureinwohner*innen ist die Verwendung – und der Missbrauch – ihrer Bilder, ihres Abbilds und ihrer Kultur im Sport eine moderne Form der Ausgrenzung, die sie seit jeher erfahren haben.“ Trenaman verweist auch auf die UN-Erklärung über die Rechte indigener Völker. Darin wird die Zustimmung der Betroffenen für die Nutzung ihrer Bilder als elementar hervorgehoben.

Diese Zustimmung liegt in Lateinamerika selten vor. Einige Fußballklubs haben sich dort nach den Guaraní benannt. Angehörige dieses indigenen Volkes leben in Brasilien, Argentinien, Uruguay, Paraguay und Bolivien. Im frühen 20. Jahrhundert wurde den Guaraní ein großer Teil ihrer Ländereien geraubt. „Sie sind eine der am meisten gefährdeten indigenen Gruppen der Welt“, schreibt die brasilianische Nichtregierungsorganisation CIMI und stellt fest, dass die Mordrate bei den Guaraní viermal höher ist als im Rest der brasilianischen Gesellschaft. Beim Zweitligisten Guarani FC aus dem Bundesstaat São Paulo erfährt man darüber jedoch nichts. Und auch in Paraguay gibt es beim elfmaligen Landesmeister Club Guarani keine nennenswerte Diskussion über kulturelle Aneignung.

Calum Trenaman nennt in seinem Artikel noch ein anderes Beispiel: Chapecoense. Der brasilianische Klub wurde 2016 international bekannt, nachdem die meisten seiner Spieler und Mitarbeitenden bei einem Flugzeugabsturz ums Leben gekommen waren. Das Stadion von Chapecoense im südlichen Bundesstaat Santa Catarina trug lange den Namen Estadio Indio Condá. Doch dagegen regte sich Widerstand. Viele Indigene empfinden den Begriff „Indio" seit Jahrzehnten als rassistische Bezeichnung. Auch in Stadien nutzen Fans ihn für die Schmähung ihrer Gegner. Und Condá geht auf Vitorino Condá zurück, einen indigenen Anführer aus dem 19. Jahrhundert. Inzwischen heißt das Stadion Arena Condá. Doch das Maskottchen von Chapecoense ist geblieben: Ein indigener Mann mit traditioneller Maske und grünem Fußballtrikot.

Es ist eine Folklore, die Jahrhunderte von Gewalt, Ausbeutung und Landraub bagatellisiert. Im Süden Brasiliens bezeichnen sich die Fans von Grêmio Esportivo Brasil als Xavante. Der Klub schilderte gegenüber CNN die Entstehungsgeschichte: 1946 holte die Mannschaft gegen den Hauptrivalen Esporte Clube Pelotas einen Rückstand auf und gewann. Ihre Fans durchbrachen die Zäune, stürmten den Rasen, feierten mit Inbrunst. Ein Funktionär des unterlegenen Vereins sagte angeblich gegenüber Journalisten: „Das waren Barbaren, sie sahen aus wie die Xavante." Bei den Xavante handelt es sich um eine indigene Gruppe, die lange diskriminiert wurde. Die Anhänger von Grêmio Esportivo Brasil tragen diesen Spitznamen noch heute mit Stolz – sie möchten als mutig und kriegerisch wahrgenommen werden.

Ähnliche Argumente werden in Quito angebracht, der Hauptstadt von Ecuador. Dort gewann Sociedad Deportiva Aucas 2022 zum ersten Mal die nationale Meisterschaft. Der Verein war 1945 von einem niederländischen Manager des Ölunternehmens Shell gegründet worden. Ursprünglich wollte er den Klub nach seinem Arbeitgeber benennen, doch das lehnten die Behörden habe. Daher orientierte man sich in der Region an der indigenen Minderheit der Waorani, die häufig als „Auca" bezeichnet werden, also als Krieger oder Barbaren. Noch heute prägt ein grimmig blickender Anführer das Logo der Aucas. Die Vereinsfarben sind die Farben von Shell: gelb und rot.

Verklärende Erzählungen wie diese bestärken indigene Gruppen auch im Fußball darin, ihren eigenen Weg zu gehen. In Ecuador ging der Verein Mushuc Runa an den Start. Ein Name aus der Sprachfamilie Quechua, was so viel bedeutet wie: „Neuer Mann". In Chile trugen sechs Mannschaften die Meisterschaft der „Pueblos Originarios" aus, der „indigenen Völker". Auch in Kolumbien, Peru oder Brasilien fanden vergleichbare Turniere statt. Und das in einer Zeit, in der etliche Staaten von linken Präsident*innen regiert wurden. In Brasilien unter Lula, in Bolivien unter Evo Morales, in Chile unter Michelle Bachelet.

Politische Fankultur oder Verharmlosung der Unterdrückung?

Doch das politische Pendel kann in Lateinamerika schnell in die andere Richtung schwingen. Man kann sich davon an der Plaza Baquedano ein Bild machen, im Zentrum von Santiago de Chile. Langsam bewegt sich der Verkehr über den dreispurigen Kreisverkehr. Der heiße Sommer hat die Rasenfläche vertrocknen lassen. An den Wänden der Unterführung künden Graffitis und Schriftzüge von „Widerstand", „Demokratie", „Revolution", daneben Schmähungen gegen die Polizei. Auch die Symbolik der Mapuche, der größten indigenen Gruppe im Land, fällt ins Auge. Was fehlt, ist das Reiterstandbild des einstigen Generals Manuel Baquedano. Der Sockel in der Mitte des Platzes ist verwaist, die alte Statue wird gerade restauriert.

Im Jahr 2019 demonstrierten Hunderttausende Menschen in Chile gegen soziale Ungleichheit. Sie wollten es nicht mehr akzeptieren, dass gut die Hälfte der Bevölkerung mit einem Monatseinkommen von umgerechnet 500 Euro auskommen muss. Auslöser der Proteste war eine geplante Preiserhöhung für die U-Bahn. Doch bald standen auch steigende Kosten für Bildung, Altersvorsorge und Energie im Fokus. Etliche Demonstrierende schwenkten die Flagge der Mapuche, andere gingen in den Farben von Colo-Colo auf die Straße. Wieder musste die historisch aufgeladene Symbolik der Indigenen für politische Ziele der Gegenwart herhalten.

Die Plaza Baquedano war ein Zentrum der Proteste, einige Spuren davon sind fast vier Jahre später noch sichtbar. An einer Ampel am Rand steht die Architektin Daniela Bustamante und berichtet über die historischen Brüche ihrer Heimatstadt. Das Thema ihrer Promotion: die doppelte Kolonisierung von Santiago. Ureinwohner*innen wie die Mapuche wurden Mitte des 16. Jahrhunderts zunächst von den Inka und erst Jahrzehnte später von den Spaniern attackiert. Wie in anderen Regionen des Kontinents hatten sich hier vielfältige Kulturen entwickelt, die einigen Gesellschaften Europas zu jener Zeit womöglich voraus waren. „Es gab keinen Grund, dieses Land zu kolonisieren", sagt Bustamante. Sie empfindet es als Hohn, wenn man Europa als die alte und Südamerika als die neue Welt bezeichnet. Mit der Unabhängigkeit Chiles endete die Kolonialzeit. „Allerdings nicht für die Mapuche", sagt Bustamante. „Die brutale Verdrängung nahm weiter zu."

Daniela Bustamante, Jahrgang 1985, gehört in Chile zu einer wachsenden, aber überschaubaren Anzahl von Forschenden, die sich mit dem strukturellen Rassismus gegen die Mapuche befassen und dabei auch die eigene Biografie einbeziehen. Einige ihrer Vorfahren waren Anfang des 20. Jahrhunderts aus der Schweiz in den Süden Chiles eingewandert und trugen zur Verdrängung der Indigenen bei. „Als ich zur Schule ging, wurde über indigene Nachnamen gelacht", erzählt sie. „Als Norm galten spanisch klingende Namen. Mit dieser Wahrnehmung wuchs ich auf – heute beschämt mich das."

Im neuen Jahrtausend strahlte das chilenische Fernsehen erste Stoffe mit indigenen Charakteren aus, allerdings wurden diese noch von nicht-indigenen Schauspieler*innen dargestellt. „Indigene Namen und Traditionen spielen im Alltag zunehmend eine Rolle", sagt Daniela Bustamante. Es entstehen Ausstellungen, Schulprojekte und politische Kampagnen über die Mapuche – mitunter jedoch ohne deren Beteiligung und Unterstützung. Bustamante sagt: „Es mangelt der chilenischen Gesellschaft im Großen und Ganzen an Empathie." Dass der größte Fußballklub Chiles Bruchstücke indigener Geschichte für sich beansprucht, findet sie befremdlich. „Es geht hier nicht um eine fiktive Figur, sondern um Colo Colo, eine konkrete Person der Zeitgeschichte. Das ist ein Paradebeispiel für kulturelle Aneignung."

Während der Proteste 2019 kamen bei Auseinandersetzungen mit den Sicherheitsorganen 30 Menschen ums Leben, darunter im Januar 2020 auch ein Anhänger von Colo-Colo. Er wurde von einem Polizeitransporter überfahren. Erst mit der Corona-Pandemie und den strengen Ausgangsregeln beruhigte sich die Lage. Allerdings nur vorübergehend. Im Süden, in Araucanía, protestierten die Mapuche gegen Bauprojekte und Abholzung. Mit Straßenblockaden und Landbesetzungen wollten sie die Ansprüche auf ihre einstigen Gebiete zum Ausdruck bringen.

Eine Minderheit von ihnen ging noch weiter und verübte Brandanschläge auf Betriebe von Nachfahren europäischer Siedler*innen. 2021 verhängte der damalige Präsident Sebastián Piñera im Süden den militärischen Ausnahmezustand. Seither klagen Mapuche über willkürliche Festnahmen und Kontrollen. Laut NGOs müssen indigene Aktivistinnen und Aktivisten unverhältnismäßig lange in Untersuchungshaft bleiben.

Nach der Protestbewegung 2019 sollte eine neue Verfassung erarbeitet werden, 150 Volksvertreter*innen waren daran beteiligt. Am Ende stand ein Entwurf mit fortschrittlichen Anliegen: Geschlechterparität in Staatsorganen, das Recht auf würdigen Wohnraum und die Voraussetzungen für freiwillige Abtreibungen. Indigene Gruppen wie die Mapuche, die in der alten Verfassung aus der Pinochet-Zeit gar nicht vorkamen, sollten Sonderrechte erhalten: das Recht auf Autonomie, den Schutz für eigene Gebiete, die Förderung von indigenen Sprachen und Traditionen.

Etliche Fans von Colo-Colo machten sich für diesen Verfassungsentwurf stark. Der Klub zeigt in seinem Stadion die Flagge der Mapuche. Einige Beschilderungen sind auch auf Mapudungún niedergeschrieben, in der Sprache der Mapuche, die noch von 15 Prozent der Minderheit beherrscht wird. Immer wieder beziehen sich die Fans in Gesängen und Bannern auf die Mapuche. Eine ihrer Botschaften: „Verteidigt dieses Trikot so, wie die Mapuche ihr Land verteidigen."

Handelt es sich dabei um eine politische Fankultur? Oder werden Jahrhunderte der Unterdrückung verharmlost? Noch werden diese Fragen in Chile kaum diskutiert. Und auch der fortschrittliche Verfassungsentwurf wurde von einer klaren Mehrheit der Bevölkerung deutlich abgelehnt. Die rechtskonservativen Kräfte sind wieder im Aufwind.

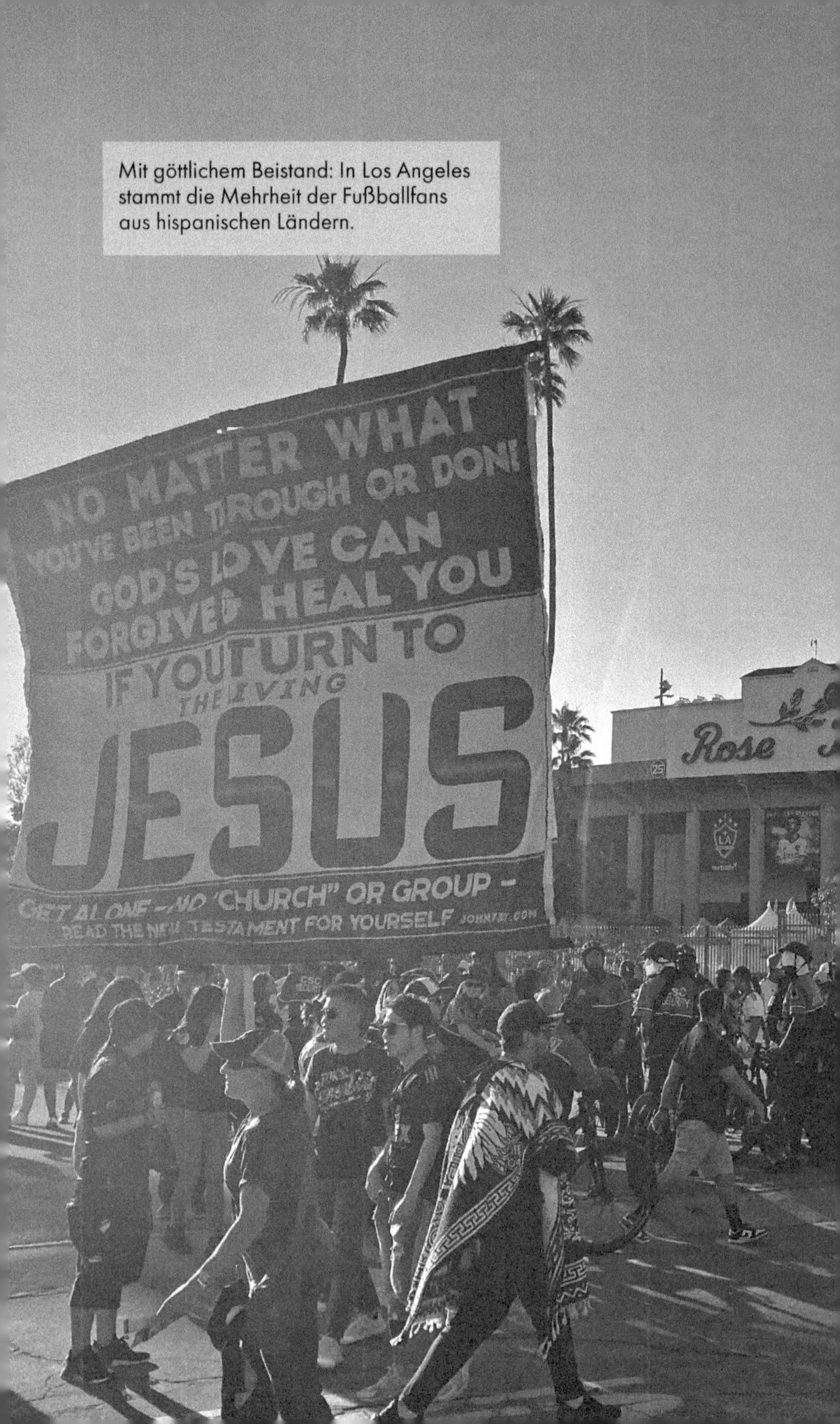

Mit göttlichem Beistand: In Los Angeles stammt die Mehrheit der Fußballfans aus hispanischen Ländern.

KAPITEL 9

VIVA LOS ANGELES

Im Jugendfußball der USA können für Vereinsgebühren und Ausrüstung mehrere Tausend Dollar im Jahr zusammenkommen. Latinos, die sich diese Kosten seltener leisten können, sind auch deshalb als Nationalspieler*innen und Führungskräfte unterrepräsentiert. Verbände, Profiklubs und Sportmedien, die lange keine Strategie für die wachsende hispanische Minderheit hatten, wollen diese nun als zahlungswillige Kundschaft gewinnen. Doch häufig unterstützen etwa Amerikaner*innen mexikanischer Herkunft die Vereine ihrer alten Heimat. Die WM 2026 in Nordamerika könnte auch eine Bühne für die Diaspora werden.

Die holprige Freifläche vor der Rose Bowl hat sich in einen Marktplatz verwandelt. Die Schlangen der Wartenden winden sich in alle Richtungen. Der Geruch von Bratfett liegt in der Luft. Beliebt sind Hotdogs, Tacos, Burritos. Hinter ihren Ständen werben die Verkäufer mit heiseren Stimmen und verschwitzten Gesichtern um Kundschaft. Die meisten von ihnen rufen auf Spanisch, einige tragen das Trikot des mexikanischen Fußballnationalteams.

Die Rose Bowl in Pasadena, einer mittelgroßen Stadt im Großraum Los Angeles, gehört zu den größten Stadien der USA. In wenigen Stunden soll hier das Derby zwischen den beiden Fußball-Erstligisten aus LA stattfinden, zwischen LA Galaxy und dem LAFC. Das Spiel ist ausverkauft, 82.000 Zuschauer*innen passen rein. Ein Rekord in der Major League Soccer (MLS). Und das am 4. Juli, dem Unabhängigkeitstag, einem der wichtigsten Feiertage in den Vereinigten Staaten.

Auf den Parkplätzen rund um das Stadion sitzen Familien an Campingtischen. Aus den Lautsprechern klingt Salsa-Musik. Tausende Fans tragen das weißblaue Trikot von LA Galaxy oder das schwarzgoldene des LAFC. Viele sind in den Farben mexikanischer Klubs erschienen, sie unterstützen América aus Mexiko-City oder Tigres aus Monterrey. Händler*innen bieten Fahnen, Hüte und Schals an, auch in den Nationalfarben von El Salvador, Guatemala und Honduras. An der Fassade der Rose Bowl präsentiert Gastgeber LA Galaxy zwei Spielerporträts: von Riqui Puig, aufgewachsen in Spanien, und von Gastón Brugman, geboren in Uruguay.

Rund 60 Millionen Menschen in den USA sind hispanischer Abstammung, also 17 Prozent der Bevölkerung, und dieser Anteil wird wachsen. Besonders prägend sind Latinos im Südwesten der USA, in den Bundesstaaten, die eine Landgrenze zu Mexiko haben, in Texas, New Mexico, Arizona und vor allem in Kalifornien. In der Metropolregion Los Angeles leben rund 18 Millionen Menschen, etwa 47 Prozent sind hispanischer Herkunft. Wenn es einen Ort gibt, an dem die Vielfalt der Latinos sichtbar und hörbar wird, dann ist es das Fußballderby von LA. „Viva Los Angeles", hallt es aus Kurve der Rose Bowl. „Vamos", auf geht's.

Man könnte die spanischen Gesänge und mexikanischen Fansymbole noch auf vielen weiteren Buchseiten beschreiben, doch damit würde man nur einen Aspekt beleuchten. Das Antidiskriminierungsnetzwerk Fare hat bis 2020 Fakten zusammengetragen, die den US-Fußball in einem anderen Licht zeigen: In den Führungsetagen, Geschäftsstellen und Trainerstäben geht die Beteiligung von Latinos kaum über einstellige Prozentpunkte hinaus.

Wir kennen ähnliche Zahlen aus Deutschland, England oder Brasilien, wo nicht-weiße Personen seltener in Entscheidungspositionen vordringen. Was in den USA einmalig ist: Auch Spieler*innen aus Minderheiten stoßen auf Widerstände. In den Nationalteams von Männern und Frauen sowie in etlichen Profiklubs ist die wachsende Gemeinschaft der Latinos unterrepräsentiert. Insbesondere im leistungsorientierten Nachwuchs gilt Fußball noch immer als Sport der weißen Mittelschicht. Was sind die Ursachen für den strukturellen Rassismus? Welche Projekte gehen dagegen vor? Es wird Zeit, sich genauer mit dem Gastgeber der Männer-WM 2026 zu befassen, außer in Kanada und Mexiko sollen die meisten Spiele in den USA stattfinden.

International ist Los Angeles für seine wohlhabenden Viertel im Westen bekannt, für Beverly Hills, Bel Air, Hollywood, auch für seine

Strände Santa Monica oder Venice. Unterhaltungsgrößen leben hier in Villen mit hohen Mauern, Sicherheitsdiensten und Überwachungskameras. Doch der Alltag der großen Mehrheit hat mit diesem Reichtum wenig zu tun. Stattdessen verbringe ich während meiner Recherchen viel Zeit in Downtown. Die Innenstadt beherbergt gläserne Wolkenkratzer, Firmenzentralen und spektakuläre Kulturbauten wie das Museum The Broad oder die Walt Disney Concert Hall.

Aber es gibt dort auch Gegenden, in denen Armut so sichtbar wird wie sonst selten in den USA. In Tunneln, unter Brücken, auf Parkplätzen: An vielen Orten reihen sich Zelte und Holzverschläge aneinander, in denen Menschen übernachten. Im Finanzdistrikt kommt es vor, dass Bankangestellte auf dem Bürgersteig über Schlafsäcke springen. Hinter der Zentralbibliothek setzen sich Drogenabhängige die nächste Spritze. Immer wieder heulen Polizeisirenen auf. An den Metrostationen riecht es nach Urin. Rund 70.000 wohnungslose Menschen kämpfen in Los Angeles ums Überleben, mehr als die Hälfte von ihnen in Downtown. Nach Freiflächen, Parkbänken und Toiletten muss man lange suchen, und so ziehen viele mit ihren vollgepackten Einkaufswagen von einer Straße zur nächsten.

Eine Frage des Geldes

Jimena Torres ist in Downtown aufgewachsen, genauer gesagt: im Viertel Pico-Union. Nicht weit entfernt von der Wohnung ihrer Eltern steht sie auf einem Kunstrasenplatz und begrüßt ihre Spielerinnen. Torres ist ehrenamtliche Trainerin im Downtown LA Soccer Club, gegründet 2007. Fast 450 Mädchen und Jungen sind im Verein eingeschrieben, mehr als 90 Prozent sind Latinos. Der Andrang ist so groß, dass sich an jedem Abend mehrere Teams das Spielfeld teilen müssen. Torres und ihre Spielerinnen üben Pässe, Beinarbeit, Dribblings. Was wie ein gewöhnliches Training aussieht, ist trotzdem besonders. „Fußball ist in den USA eine Frage des Geldes“, sagt Torres. „Aber bei uns darf jeder mitspielen. Wir möchten niemanden wegen seiner sozialen Stellung ausschließen.“

Dass sich das Wohlstandsgefälle im Fußball so deutlich zeigt, hat historische Gründe. Seit den 1970er-Jahren wurden in den USA mehrfach Profiligen für Männer und Frauen gegründet, die sich finanziell nicht lange halten konnten. Die USA blieben im Aufbau einer Infrastruktur für Talente gegenüber europäischen Ligen im Rückstand. Die wenigen Jugendvereine konnten für ihre begehrten Mitgliedschaften stattliche Preise aufrufen. Reisekosten, Übernachtung, Ausrüstung: Da können für Eltern tausende Dollar pro Jahr zusammenkommen. So etablierte sich „Pay to Play". Zahlen, um zu spielen. Und um sich für eines der Uni-Stipendien zu empfehlen.

Rassismus, Kaufkraft und gesellschaftliche Teilhabe sind auch in den USA eng verbunden. Laut dem Census Bureau, einer Bundesbehörde, lag das durchschnittliche Haushaltseinkommen von Weißen im Jahr 2021 bei 74.262 Dollar, bei Latinos nur bei 57.981 Dollar. Zudem ermittelten der Journalist Roger Bennett und der Wirtschaftswissenschaftler Greg Kaplan, dass US-Fußballnationalspieler in den vergangenen zwei Jahrzehnten eher aus einkommensstarken und mehrheitlich weißen Gemeinden stammten. Das mittlere Einkommen in ihren Heimatstädten lag bei 68.266 Dollar und damit deutlich über dem US-Durchschnitt jener Jahre von 52.762 Dollar. Zum Vergleich: In den Heimatstädten der besten Basketballer aus der NBA lag das durchschnittliche Einkommen bei 52.701 Dollar.

Ein solches Einkommen schien auch für die talentierte Fußballerin Jimena Torres unerreichbar zu sein. Sie war mit ihren Eltern und drei Geschwistern aus Mexiko in die USA eingewandert, damals war sie fünf Jahre alt. Ihre Familie erhoffte sich eine bessere Schulbildung für ihre Kinder, aber sie konnte es sich nicht leisten, sie in gute Sportvereine zu schicken. Torres hatte Glück und wurde mit 13 Jahren bei einem Übungsspiel von einem Verein aus Pasadena gescoutet.

Ein Sponsor bezahlte ihre Trainingskleidung und fuhr sie zu den Spielen, erzählt sie: „Ich war die einzige Hispanic-Spielerin im Team, und das hat man mich auch spüren lassen." Torres konnte sich nicht an Gesprächen über Markenklamotten, Laptops oder teure Urlaube beteiligen. „Die weißen Spielerinnen haben sich erst für mich interessiert, als ich Tore geschossen habe. Ich bin in diesem Klub nicht lange geblieben."

Mit der Zeit verlor Jimena Torres das Interesse am Spitzenfußball, denn auch in den US-Nationalteams gab es kaum jemanden, der so aussah wie sie. Stattdessen nahm sie als Erste in der Familie ein Studium auf, wurde Lehrerin, engagierte sich bald auch in der Gewerkschaft. In ihrer Freizeit bringt sie sich beim Downtown LA Soccer Club ein. „Ich möchte mein Privileg als gut ausgebildete Person mit einem Netzwerk nutzen, um meiner Community zu helfen." Torres erklärt ihren jungen Spielerinnen Angriffe und Freistoßvarianten. Aber als Trainerin in Downtown muss sie über mehr Themen sprechen als nur über Sport.

Im Großraum LA leben schätzungsweise 800.000 Menschen ohne Aufenthaltspapiere. Viele Eltern lateinamerikanischer Herkunft wollen ihre Kinder nicht bei Vereinen anmelden und dort ihre Daten hinterlegen. Torres berichtet von Bekannten, bei denen früh morgens Einwanderungsbeamte an die Tür klopften, die Eltern mitnahmen und später aus dem Land wiesen. Etliche Spieler und Spielerinnen im Downtown LA Soccer Club sind mit ihren Eltern schon mehrfach umgezogen, damit man sie nicht findet. „Wir möchten ihnen einen sicheren Ort bieten", sagt Torres. „Hier können sie positive Erfahrungen sammeln."

Jimena Torres trägt während unseres Interviews ein weißes Trikot der LA Dodgers, des wichtigsten Baseballteams in der Stadt. Der Vereinsname ist in Regenbogenfarben gehalten. Trotz der ökonomischen Ungleichheit kann sich Torres mit Los Angeles identifizieren. Sie glaubt daran, dass man es hier mit Fleiß und Kreativität zu Bildung und Unabhängigkeit bringen kann. Deswegen ärgert sie sich auch, wenn sie abends mal wieder nur mit fünf oder sechs Spielerinnen auf dem Trainingsplatz steht, weil die anderen länger auf ihre Geschwister aufpassen oder Einkäufe für die gestressten Eltern erledigen müssen.

Um ihren Hals trägt Torres eine goldene Kette mit dem Namen „Xmucane". In der Mythologie der Maya sind damit die weisen Großeltern gemeint. Torres hat sich intensiv Gedanken über den Wissenstransfer von einer Generation zur nächsten gemacht: „Manche Eltern, die in die USA eingewandert sind, üben großen Druck auf die nächste Generation aus. Sie wünschen sich, dass es ihre Kinder besser haben als sie selbst. Und dass sie sich durch Bildung vor Rassismus schützen können. Doch dieser Druck kann Kinder auch einschüchtern und hemmen." Torres möchte nicht, dass Kinder beim Fußball zusätzlichen Druck empfinden. Sie nimmt sich Spielerinnen zur Seite, fragt nach ihren Sorgen und bittet übermotivierte Eltern, sich am Spielfeldrand zurückzuhalten.

Dieser Ansatz mag auf dem heimischen Platz funktionieren, aber auswärts ist ihr Einfluss begrenzt. Die Teams des Downtown LA Soccer Clubs sind für Turniere in Südkalifornien unterwegs, häufig in einkommensstärkeren Gemeinden. Wenn Spieler*innen gegnerischer Klubs in großen Autos zur Sportanlage gebracht werden und ihre neuesten Schuhmodelle aus dem Kofferraum holen, kann das auf Kinder aus Downtown einschüchternd wirken. Schmerzhafter wird es, wenn weiße Eltern Parolen rufen wie: „Geht zurück nach Mexiko!" Oder: „In Downtown möchte ich nicht mal begraben werden."

In Südkalifornien bieten rund 600 Vereine leistungsorientierten Jugendfußball an. Ein Modell der Gemeinnützigkeit mit günstigen Mitgliedsbeiträgen wie in Deutschland gibt es in den USA nicht. Dass der Downtown LA Soccer Club etliche Spieler*innen kostenfrei aufgenommen hat, liegt also nicht am System, sondern an einzelnen Förderern.

Eliteklubs in einkommensstarken Gegenden

Der wichtigste von ihnen wohnt in einer ruhigen Seitenstraße im Westen von LA, in der Nähe des LACMA, des größten Kunstmuseums an der Westküste. Mick Muhlfriedel lässt sich in seinem Arbeitszimmer in ein tiefes Sofa fallen. Um ihn herum stehen Gitarren und ein Elektroklavier. An den Wänden hängen gerahmte Schallplatten und Fotos von Konzerten. Muhlfriedel, der mit seiner Familie als Kleinkind aus Deutschland in die USA gekommen ist, hat eine beachtliche Karriere als Musiker hinter sich. Er komponierte für Filme, Bands, Werbespots. Nun, mit Anfang 70, muss er sich um die Altersvorsorge keine Sorgen mehr machen.

Als Vater eines begeisterten Kickers ist Muhlfriedel eher zufällig im Fußball gelandet. Und aus Mangel an Unterstützern ist er später beim Downtown LA Soccer Club als Trainer und dann auch als Vereinspräsident eingestiegen. Zu Beginn hat er viel Zeit mit Recherchen verbracht. Er wollte erfahren, welche Initiativen US Soccer, der Dachverband für Fußball in den USA, für Spieler*innen aus Minderheiten bereithält. „Ich war überrascht, wie wenig es gab", sagt er.

Mick Muhlfriedel ließ seine Kontakte spielen, er suchte Sponsoren, Investoren, Ausrüster. Die „Los Angeles Times“, die wichtigste Zeitung an der Westküste, druckte einen ganzseitigen Artikel über den Downtown LA Soccer Club. Bald darauf meldeten sich Reporter von lokalen Fernsehsendern. Sie filmten Muhlfriedel dabei, wie er in seinem roten Sportwagen stundenlang durch Los Angeles fuhr und junge Spielerinnen zum Training brachte. Der Verein wuchs auf 30 Teams an.

Doch die organisatorische Arbeit geht über das Sportliche hinaus. Muhlfriedel hört sich die Probleme seiner Mitglieder an: unbezahlte Rechnungen der Eltern, gepfändete Autos, Konflikte mit der Einwanderungsbehörde. Einmal besichtigte er mit Spielerinnen das Stadion eines der großen Männer-Profiklubs. Die Marketing-Abteilung des Vereins drehte ein emotionales Video über den Besuch und stellte die MLS als multikulturelle Liga dar. Muhlfriedel bedankte sich in einem Schreiben beim Geschäftsführer des Klubs und fragte, ob er an einer Zusammenarbeit mit dem Downtown LA Soccer Club interessiert sei. Der Geschäftsführer lehnte höflich ab und verwies auf Partnerschaften mit anderen Nachwuchsklubs. „Diese Partnervereine liegen alle in wohlhabenden, mehrheitlich weißen Gegenden“, sagt Mick Muhlfriedel. „Es geht den Profiklubs und Verbänden vor allem um Geld.“

In den Sommerferien bieten die MLS-Vereine für Kinder und Jugendliche Trainingszeiten an. Für ein fünftägiges „Elite Camp“, an dem zehn- bis 16-jährige Spieler*innen teilnehmen können, verlangt LA Galaxy für einen Platz 600 Dollar. Der Los Angeles FC ruft für Anfänger*innen 425 Dollar auf. Die Klubs stellen professionelle Trainer, T-Shirts in den Vereinsfarben und Touren durchs eigene Stadion in Aussicht.

Wenn Jugendliche später für die Nachwuchsakademien der Klubs rekrutiert werden, steigen die Gebühren weiter, mitunter auf 5.000 bis 18.000 Dollar pro Saison. Für nicht-weiße Familien ist dieses System wirtschaftlich und auch geografisch kaum erreichbar. Die Website Yahoo Sports analysierte bereits 2010 die Standorte von 161 Eliteklubs, die in der Nachwuchsarbeit mit dem Dachverband US Soccer zusammenarbeiten. Damals lag das durchschnittliche Haushaltseinkommen in den Gemeinden der 161 Vereine bei 80.950 Dollar und damit mehr als 30.000 Dollar über dem landesweiten Durchschnitt.

Immer mal wieder ist diese Klassengesellschaft in US-Medien ein Thema. Zum Beispiel, wenn die Nationalmannschaft der Männer ihr Potenzial nicht ausschöpft und die WM verpasst, so wie 2018 in Russland. Die Klubs reagieren auf Kritik, indem sie mehr Stipendien ausschreiben oder spanischsprechende Scouts beauftragen. Doch in der Regel ebbt die Debatte wieder ab. Die Arbeitsgruppe für Diversität bei US Soccer wurde aufgelöst. Ohnehin hatten sich ihre ehrenamtlichen Mitglieder unregelmäßig getroffen. Und noch immer sind in den Spitzengremien von US Soccer Latinos und Afroamerikaner*innen unterrepräsentiert.

Während meiner Recherchen für dieses Buch wird schnell klar, dass aktivistische Gruppen von ihrem Dachverband US Soccer wenig erwarten. Da ist zum Beispiel „Alianza de Futbol“, ein Netzwerk, das in den USA Turniere für junge Latinos organisiert. Bei diesen Turnieren suchen Scouts des Mexikanischen Fußballverbandes für ihre Nationalteams nach Talenten mit doppelter Staatsbürgerschaft, doch Scouts von US Soccer interessieren sich offenbar weniger für „Alianza de Futbol“.

Laut US Soccer spielen in den USA 3,7 Millionen Menschen in registrierten Ligen Fußball. Laut „Alianza de Futbol“ sind dreimal so viele, rund zwölf Millionen, jenseits dieser Strukturen aktiv. Allein in Kalifornien sollen 500.000 Jugendliche an keinen Verband angebunden sein.

Ein Synonym für die Probleme der USA

Wie das System außerhalb des Systems aussieht, möchte ich in Watts erfahren, im Süden von Los Angeles, auch bekannt als „South Central“, 30 Kilometer Luftlinie entfernt von den Luxusboutiquen in Beverly Hills. Auf einer überschaubaren Fläche von fünf Quadratkilometern leben in Watts 35.000 Menschen. 62 Prozent sind Latinos, 37 Prozent Afroamerikaner*innen. Das Durchschnittseinkommen liegt bei 25.000 Dollar, der landesweite Schnitt ist mehr als doppelt so hoch. Das durchschnittliche Alter beträgt 21 Jahre, wenige Viertel in den USA sind jünger. Watts zählt zu den Stadtteilen mit der höchsten Kriminalitätsrate in LA und gilt für viele als Synonym für die Probleme der USA. Als ich in Watts einen Busfahrer nach der Richtung frage, schaut er verdutzt und sagt: „Sind Sie sicher, dass Sie hier richtig sind?“

Luca Marton möchte Watts nicht auf Probleme reduzieren. Er parkt sein Auto gegenüber dem „Empowerment Center“, einer Jugendeinrichtung mit Sportplätzen und Musikräumen. In der Umgebung reiht sich ein Flachbau an den nächsten. Fenster mit Gittern, bröckelnder Putz, Läden und Cafés sind weit und breit nicht zu sehen. Aus der Nebenstraße dröhnt Rapmusik. Der Fahrer eines Sportwagens lässt den Motor kurz aufheulen. Eine Gruppe von jungen Männern hockt auf dem Asphalt und wirkt gelangweilt. Ein Junge balanciert sein BMX-Rad an der Bordsteinkante entlang.

Der Bolzplatz des Empowerment Centers gilt als einer der wenigen Orte in Watts, in dem sich Latinos und Schwarze ohne Vorbehalte begegnen. Luca Marton, T-Shirt, Basecap, Tattoos an Armen und Beinen, hat seinen Anteil daran. Zweimal in der Woche lädt der Mitarbeiter der NGO „Street Soccer USA“ Kinder und Jugendliche zum Kicken ein.

An diesem Nachmittag stellt er Kisten mit Wasserflaschen auf einer kleinen Holztribüne ab. Einige Jugendliche aus der Nachbarschaft warten schon auf ihn, andere trudeln später ein. Marton verteilt Trainingshemden, es wird kurz laut in der Gruppe, zwei Spieler streiten sich um einen Ball. Marton lächelt und sagt mit fester Stimme: „Keine Sorge, wir haben genug Bälle für alle.“ Der Streit ist schnell beigelegt. Marton und seine Kollegen von „Street Soccer USA“ genießen in Watts Respekt. „Das ist nicht über Nacht geschehen“, sagt er. „Es hat Jahre gedauert, um diese Stellung zu erreichen.“

Luca Marton, der als Sohn eines renommierten Pädagogen in New York aufwuchs, kam 2018 nach Los Angeles. Als er zum ersten Mal mit Bällen nach Watts fuhr, stand der Bolzplatz leer. Niemand wollte spielen, aus Angst vor Rassismus und Konflikten zwischen Gangs. Marton klopfte an Türen, besuchte Gemeinschaftstreffen. Er blickte in skeptische Gesichter, erhielt Absagen, stieß auf Ablehnung. Wieder so ein Besserwisser, der schnell verschwindet, das dachten sich viele. Aber Marton blieb und kehrte zurück. Seine Fußballgruppe wuchs. „Am Anfang gab es Prügeleien auf dem Platz. Aber das legte sich. Wir haben die Vorurteile ausgeräumt.“

In unserem Interview plädiert Luca Marton dafür, auf den größeren Kontext zu blicken und nicht nur auf die Symptome. Wie konnten in so vielen Städten der USA vermeintliche No-Go-Gegenden entstehen? In Watts beispielsweise hatten in den 1920er-Jahren noch mehrheitlich Weiße gelebt. Bald darauf verschärften ländliche Südstaaten wie Alabama und Louisiana ihre Gesetze gegen Afroamerikaner*innen. In den Jahren danach zogen sechs Millionen Schwarze Menschen in die Ballungsgebiete an den Küsten, die „Great Migration", viele von ihnen hatten selbst noch die Sklaverei erlebt.

Die Stadtverwaltungen wollten sich nicht wirklich auf die neuen Einwohner*innen einlassen. In Los Angeles wurden schnell und günstig Sozialsiedlungen am Stadtrand gebaut, vor allem in „South Central", aber es fehlten Schulen, Krankenhäuser, Freizeiteinrichtungen. Arbeitslosigkeit und Armut gehörten zum Alltag. Und in der Bevölkerung war die Haltung verbreitet, dass die überwiegend weißen Polizisten brutal gegen Schwarze vorgingen. Im August 1965 eskalierte die Lage in Watts. Bewohner setzten Geschäfte in Brand, die Polizei schritt ein. Innerhalb von sechs Tagen starben 34 Menschen, 31 von ihnen waren Zivilisten.

Als Reaktion gründete die Polizei eine Spezialeinheit, doch Arbeitsplätze, Bibliotheken oder Sportplätze entstanden in Watts kaum. Ab 1967 ließ der republikanische Gouverneur Ronald Reagan in Kalifornien Sozialprogramme kürzen. Später, in den 1980er-Jahren, tat er als US-Präsident wenig dagegen, um den Schmuggel von Kokain in die USA zu bremsen. Hunderttausende Menschen, vor allem in einkommensschwachen Gemeinden, wurden abhängig von Crack. Viele starben an einer Überdosis oder brachten kranke Babys zur Welt. Gewalt und Kriminalität wuchsen, überproportional viele Schwarze mussten ins Gefängnis.

Die Konsequenzen von starker Repression und schwacher Prävention lassen sich heute im Süden von Los Angeles beobachten. Fast die Hälfte der Erwachsenen ist ohne Krankenversicherung. Luca Marton öffnet den Kofferraum seines Autos und sucht zwischen Trikots, Bällen und Wasserflaschen nach passenden Fußballschuhen. Vor ihm tippeln zwei Spieler ungeduldig auf dem Bürgersteig und hoffen, dass ihre Schuhgrößen mit dabei sind. „Von konservativen Politikern höre ich, dass ich die Entwicklung dieser Jungs angeblich bremsen würde, weil ich sie mit Sozialgeld bewerfe", erzählt Marton. „Das kann nur von

Leuten kommen, die selbst viel Geld haben, und noch nie in Watts gewesen sind."

Das Netzwerk von Street Soccer USA, gegründet 2009, umfasst 14 Städte mit unterschiedlichen Herausforderungen im ganzen Land. Als eine der größten Städte wird Los Angeles von mehrspurigen Schnellstraßen geprägt. In Watts allein existieren vier soziale Wohnkomplexe, auch „Projects" genannt, aber der starke Autoverkehr erschwert Begegnungen. Luca Marton begleitet einige Kinder nach dem Training zur Haustür. Er möchte sorgenvollen Eltern den Eindruck vermitteln, dass Fußball zur Sicherheit im Viertel beitragen kann. „Wenn die Jungs heute miteinander spielen, ist es unwahrscheinlich, dass sie sich morgen auf der Straße angreifen."

Aber die Skepsis sitzt tief. Mit dem Anstieg der Lebenshaltungskosten waren seit den 1980er-Jahren vermehrt afroamerikanische Familien in günstigere Gegenden gezogen. Zugleich wollten Hunderttausende in Mexiko und Mittelamerika unwürdige Lebensbedingungen und korrupte Regime hinter sich lassen. Viele wuchsen in Staaten auf, in denen sich US-Regierungen seit langem einmischen und sogar Putsche unterstützten, in El Salvador, Guatemala oder Nicaragua.

Tausende dieser Migrant*innen ließen sich auch in Watts nieder. Spannungen zwischen den Bevölkerungsgruppen wuchsen, und die Polizei ging weiterhin aggressiv gegen Schwarze vor. Im April 1992 wurden vier Polizisten, die im Jahr zuvor den Afroamerikaner Rodney King bei einer Kontrolle mit Schlägen malträtiert hatten, von einem Gericht freigesprochen. In den Tagen danach eskalierte die Gewalt im Süden von LA. 63 Menschen starben, mehr als 2300 wurden verletzt.

Mehr als 30 Jahre später strukturiert Rassismus noch immer die Stadtgesellschaft von Los Angeles, obgleich auch in Watts scheinbar nicht viele über die Ursachen sprechen wollen. „Ich frage die Jugendlichen nicht ständig, ob wir über Rassismus diskutieren wollen", sagt Luca Marton. „Das würde unsere Kommunikation erschweren. Aber wenn es zu Gewalt zwischen Gangs kommt, müssen wir einen Weg finden, um darüber zu reden."

Luca Marton hat an der Columbia University in New York Kindheitsentwicklung studiert, aber akademische Titel wie Sozialarbeiter, Doktor oder Professor lösen in Watts eher Unbehagen aus. Die Jugendlichen nennen ihn Coach, und das mit Bewunderung. Als sich die Covid-Pandemie auch in LA ausbreitete, verteilte Marton Lebensmittel und Wasserflaschen. In der Impfkampagne hielt er sich zurück, denn viele Familien haben wenig Vertrauen in den Staat. Einmal fragte er die Jugendlichen, ob sie Polizisten bei einem gemeinsamen Fußballspiel kennenlernen wollen. Die Latinos waren offen für die Idee, die Schwarzen lehnten sie strikt ab.

Einige Wände neben dem Bolzplatz sind mit Malereien verziert. Darauf zu sehen ist eine Abbildung der „Watts Towers“. Der italienische Künstler Sabato Rodia hatte die skurril wirkenden Türme Mitte des vergangenen Jahrhunderts auf der anderen Seite des Viertels gebaut, mit Schrott, Müll, Beton. Die Menschen in Watts nennen die Türme als Beispiel dafür, dass in ihrem Viertel auch Kreatives entstehen kann. Wenn man sie lässt und nicht als schwer erziehbare Stiefkinder behandelt.

Und so ähnlich ist es auch bei Street Soccer USA. Das Niveau der Spieler ist beachtlich. Dennoch sind ihre Chancen auf ein Probetraining bei einem Profiklub wohl aussichtlos. „Wenn die Verbände ihren Job auch in unterversorgten Gemeinden ernst nehmen würden, dann müsste es unsere NGO nicht geben“, sagt Luca Marton. Seine Spieler lernen früh, wie sie ohne Eltern improvisieren und Widerstände aushalten müssen.

Am Ende der Trainingseinheit wischt Luca Marton den Staub von seinem T-Shirt. Er klopft einem Spieler auf die Schuler und fragt, ob sich dessen Schulleistungen gebessert haben. Marton hat Kinder in seinem Projekt zu Jugendlichen heranwachsen sehen, einige sind nun selbst als Trainer aktiv. Er hatte auch schon mal professionelle Trainer in Watts zu Gast, aber eine längere Zusammenarbeit kam nicht zustande. „Trainerzertifikate spielen hier keine große Rolle“, sagt er. „Wichtig sind Empathie und Konfliktschlichtung. Und wichtig ist ein aufrichtiges Interesse für die Menschen und ihre Geschichte.“

Der Verein als Brücke in die alte Heimat

Die Menschen und ihre Geschichte. Wer sich mit der Einwanderungsgesellschaft der USA beschäftigt, sollte diesen Satz lange wirken lassen. Es gehört in Nordamerika nicht wirklich zum Allgemeinwissen, dass die erste Ankunft von Spaniern auf dem Festland wohl mehr ein halbes Jahrtausend zurückliegt. Im Jahr 1513 erreichte der Seefahrer Juan Ponce de León die Ostküste und nannte sie La Florida. Spanien kolonisierte große Gebiete des Südwestens, später unter anderem bekannt als Kalifornien, Texas, New Mexico und Nevada. Hauptsitz des Vizekönigreichs Neuspanien war Mexico City.

Nach der Unabhängigkeit von Spanien 1821 gehörte auch Kalifornien für einige Jahrzehnte zu Mexiko. Zugleich wollten die Vereinigten Staaten durch Verträge und Diplomatie ihr Staatsgebiet bis in den Südwesten ausdehnen. Aber erst nach dem dreijährigen Krieg gegen die USA musste Mexiko 1848 knapp die Hälfte seines Territoriums an den nördlichen Nachbarn abtreten. Sieben der 50 US-Bundesstaaten haben also eine mexikanische Vergangenheit.

In Los Angeles lässt sich die Geschichte in „El Pueblo“ veranschaulichen, dem ältesten Viertel der Stadt. Tourist*innen schieben sich über die enge Olvera Street, vorbei an Imbissständen und Souvenirläden in mexikanischen Farben. Am zentralen Platz erinnert eine Plakette an die 44 hispanischen Siedler*innen, die LA im späten 18. Jahrhundert gegründet haben. Für ein halbes Jahrhundert lebten in der Gemeinde nur wenige hundert Menschen. Erst mit dem „Goldrausch“ ab Mitte des 19. Jahrhunderts kamen Hunderttausende nach Kalifornien. Fabriken und Farmen warben Mexikaner*innen als günstige Arbeitskräfte an.

Doch der Aufstieg der Region brachte auch Konkurrenzdenken, Verdrängung und Rassismus mit sich. Während der Weltwirtschaftskrise in den 1930er-Jahren hetzten viele US-Amerikaner*innen, die ihren Besitz verloren hatten, gegen Latinos. Am 26. Februar 1931 kreisten Einwanderungsbeamte rund 400 Latinos auf dem Platz des Viertels „El Pueblo“ ein und kontrollierten deren Papiere. Einschüchterungen wie diese wiederholten sich in anderen Städten. Bis 1939 wiesen die USA eine Million Menschen mexikanischer Herkunft aus, etwa die Hälfte von ihnen besaß eine US-Staatsbürgerschaft. Ein klarer Verstoß gegen die Verfassung.

Seit jener Zeit verfestigte sich für Mexikaner*innen und ihre Nachfahren die diskriminierende Bezeichnung „Chicanos“. Erst in der Bürgerrechtsbewegung der 1960er-Jahre deuteten Studierende und Arbeiter*innen mexikanischer Abstammung diesen Begriff um und nutzten ihn als Selbstbeschreibung für ihren Stolz. Die Einwanderungsgesetze von 1965 unter Präsident Lyndon B. Johnson erleichterten die Migration aus dem Süden. Fortan kamen Hunderttausende Mexikaner*innen in die USA. Sie brachten ihre Religion, ihre Traditionen, ihre Hobbys mit. Zum Beispiel Fußball. 1970 fand die WM erstmals in Nordamerika statt, in Mexiko.

Wer den Fußball als Medium mexikanisch-amerikanischer Beziehungen ergründen will, sollte sich mit dem Soziologen José Alamillo unterhalten. Ich treffe ihn in der ehrwürdigen Huntington-Bibliothek in San Marino, nordöstlich von Los Angeles gelegen und eröffnet 1928. Mit fast 400.000 Büchern und sechs Millionen Manuskripten gilt die Bibliothek als eine der bedeutendsten Privatsammlungen der Welt. Monatelang hat José Alamillo hier Zeitungen, Vereinschroniken und Biografien studiert. 2020 erschien dann sein Buch „Deportes", Sport: über „die Entstehung einer sportlichen mexikanischen Diaspora".

Zunächst hatte Alamillo den Plan gehabt, über die mexikanische Arbeiterbewegung in den USA zu schreiben. Doch seine Interviewpartner*innen lenkten die Gespräche immer wieder auf Sport. „Viele mexikanische Amerikaner verknüpften mit Arbeit etwas Negatives, aber im Sport konnten sie sich heimisch fühlen", sagt Alamillo. „Im Sport konnten sie Kontakte knüpfen und über ihre alte Heimat sprechen."

Der Fußball war bereits in den 1880er-Jahren von englischen, schottischen und irischen Einwanderern ins Land gebracht worden. Bei der WM 1930 in Uruguay belegte die ausnahmslos weiße US-Mannschaft den dritten Platz. Auf Jahre hinaus prägten nordeuropäische Einwanderer den Fußball. Latinos, die nicht willkommen waren, gründeten ab den 1950er-Jahren eigene kleine Fußballligen, auch in Los Angeles.

Auch der aufkommende Profifußball interessierte sich wenig für Latinos. Die Los Angeles Wolves, 1968 Gründungsmitglied der North American Soccer League (NASL), setzten sich überwiegend aus britischen Spielern zusammen. Die Wolves stießen in Südkalifornien auf geringes Interesse und wurden nach einer Saison aufgelöst.

Fünf Jahre später, 1974, ging die NASL auf hispanische Milieus zu und gründete die Los Angeles Aztecs, in Anlehnung an die Hochkultur der Azteken im vorkolonialen Mexiko. Die Aztecs gewannen gleich in ihrer ersten Saison die Meisterschaft und waren bei Latinos populär, erinnert Alamillo. Doch auf der anderen Seite vermarktete die Liga den Fußball als europäischen Sport, um weiße Fans nicht zu verlieren. 1976 präsentierten die Aztecs die nordirische Ikone George Best als neuen Spieler. Zudem holten sie aus den Niederlanden Trainer Rinus Michels und Spielmacher Johan Cruyff. Die Kosten stiegen, aber der Erfolg blieb aus, und die Zuschauerzahlen gingen zurück. Die Aztecs stellten ihren Betrieb 1981 ein, die NASL vier Jahre später.

Aufstieg in die Mittelschicht

„Das Werben um Latinos im Fußball war nicht durchdacht“, sagt José Alamillo und verweist auf die Jahre nach der erfolgreichen WM 1994, die in den USA im Durchschnitt fast 70.000 Zuschauer*innen pro Spiel angelockt hatte. 1996 ging die MLS an den Start, in Los Angeles anfangs mit LA Galaxy, später auch mit Chivas USA, einem Tochterunternehmen des mexikanischen Traditionsvereins Deportivo Guadalajara.

Der mexikanische Unternehmer Jorge Vergara wollte Chivas als Eigentümer in Los Angeles zu einem „echten Team für die Hispanics in Südkalifornien“ formen. Aber bei der Verpflichtung von Spielern und im Umgang zwischen Mitarbeitenden drangen Konflikte an die Öffentlichkeit. Zudem musste Chivas seine Heimspiele im Stadion von Galaxy in der Vorstadt Carson bestreiten. Chivas konnte die Erwartungen sportlich und kommerziell nicht erfüllen, 2014 war Schluss.

Früher Aztecs und Chivas, heute Galaxy und LAFC. Die Fußballklubs in Los Angeles stehen vor ähnlichen Herausforderungen wie andere Wirtschaftszweige in Kalifornien. Sie wollen Jahrzehnte, die von Rassismus und strategischen Fehlern geprägt waren, hinter sich lassen und Latinos als zahlungswillige Kundschaft gewinnen. Laut einer Studie der Stanford University von 2018 wuchs das Einkommen von Latinos seit der Jahrtausendwende stärker als das jeder anderen großen Bevölkerungsgruppe. 45 Prozent der Latinos, die in Armut aufgewachsen sind, stiegen in die Mittelschicht auf. Im selben Zeitraum sank die Zahl der Schulabbrüche deutlich. Insgesamt sind in den USA 60 Prozent der Latinos jünger als 35.

Es ist eine Entwicklung, die wir auch aus europäischen Gesellschaften kennen. Nach dem harten Ringen der ersten Einwanderungsgeneration haben es die zweite und dritte Generation in der Regel leichter. Zwar liegen Latinos in vielen Statistiken noch immer weit hinter weißen Amerikaner*innen, aber diese Zahlen dürften sich in den kommenden Jahrzehnten angleichen. Bis 2050 soll der hispanische Anteil der US-Bevölkerung von heute knapp 17 auf mehr als 30 Prozent steigen.

Natürlich handelt es sich dabei nicht um eine homogene Gruppe. Zwischen den mexikanischen Amerikaner*innen in Kalifornien, den aus Puerto Rico Eingewanderten in New York oder den Exilant*innen aus Kuba in Florida bestehen politische und kulturelle Unterschiede. Die großen Medien, Theaterbetriebe oder Filmstudios in den USA, die traditionell von weißen Männern beherrscht wurden, taten sich lange schwer mit dieser Komplexität und vermittelten mitunter selbst rassistische Stereotype.

In seinem Buch „Latinx" über „die neue Kraft in der amerikanischen Politik und Kultur" arbeitet der Journalist Ed Morales heraus, wie sich der mediale Blick in den USA gewandelt hat. Über Jahrzehnte porträtierten Kinofilme und Fernsehserien Latinos häufig als kriminell, ungebildet oder sexuell hyperaktiv. Noch 2013, schreibt Morales, wurde in den zehn beliebtesten Filmen oder Serien keine Hauptrolle mit einer hispanischen Person besetzt.

Zeitgleich zeichnete sich mit dem Aufstieg des reaktionären Flügels innerhalb der Republikanischen Partei eine andere Entwicklung ab. Rechte Sender und Denkfabriken umgarnten die wachsende Latino-Wählerschaft als familienorientierte und bibeltreue Patriot*innen. Und sie rückten konservative US-Senatoren kubanischer Herkunft wie Ted Cruz oder Marco Rubio in den Fokus. Diese Stereotype, schreibt Ed Morales, färbten auf liberalere Redaktionen ab. Medien wie die „New York Times" und NBC legten erst spät spanischsprachige Angebote für Latinos auf. Aber aus Mangel an Interesse und Werbeerlösen mussten sie diese wieder reduzieren.

In Kalifornien haben fast 40 Prozent der Bevölkerung Wurzeln in spanischsprachigen Ländern. Obwohl die allermeisten von ihnen auch Englisch beherrschen, wird in drei von vier Latino-Haushalten überwiegend Spanisch gesprochen. In Ballungszentren wie Los Angeles schalten Latinos für Nachrichten, Unterhaltung und Fußballübertragungen gern mexikanische Sender ein. Und sie sichten die Spielergebnisse ihrer Lieblingsklubs auf mexikanischen Internetseiten. Lange Zeit waren es in den USA nicht die MLS oder die englische Premier League, die hohe Einschaltquoten und Klickzahlen erzielten, sondern die mexikanische Profiliga MX.

Freundliche Grüße an die Diaspora

Die US-Medien müssen im Wettbewerb um Publikum, Werbespots und Anzeigen eine Strategie entwickeln, wenn sie mehr Latinos an sich binden wollen. Ob der Fußball dabei helfen kann, möchte ich in der Rose Bowl erfahren, beim großen Stadtderby.

Die Medientribüne liegt in der riesigen Arena fast unterm Dach und ist komplett verglast. Am Eingang hängt ein Sitzplan für die akkreditierten Journalist*innen aus. Mehr als die Hälfte von ihnen berichtet für spanischsprachige Medien. Einige kommen aus dem Ausland, etwa die Zeitung „Diario Líbero“ aus Peru oder die Nachrichtenagentur EFE aus Spanien. Die Mehrheit aber hat ihren Sitz in den USA und richtet sich an Amerikaner*innen mit Einwanderungsgeschichte: die Fernsehsender Telemundo und Univision. Oder auch „La Opiníon“, die landesweit größte spanischsprachige Zeitung mit Sitz in Los Angeles, gegründet 1926.

In der langen Akkreditierungsliste muss man ein bisschen suchen, um das wohl bekannteste Medium Kaliforniens zu finden. Die „Los Angeles Times“ ist in der Rose Bowl mit vier Reportern vertreten, zwei berichten auf English und zwei auf Spanisch. „Unserer Zeitung wurde lange vorgeworfen, dass sie zu wenige Themen über Latinos aufgreift“, sagt Eduard Gauich, der seit 2004 für die „LA Times“ arbeitet. „Das lag auch daran, dass in der Redaktion nur wenige Latinos mitbestimmen konnten.“ Viele Geschichten, Biografien und Perspektiven mit hispanischen Bezügen wurden in Los Angeles nicht gehört, nicht recherchiert, nicht erzählt.

Gauich, der als Kleinkind mit seiner Familie aus Mexiko nach Kalifornien gekommen war und in Los Angeles Journalismus studiert hat, möchte mit Hilfe des Sports konstruktiv und verständlich über Migration berichten. Für die Website der „Times“ schreibt er auf Spanisch Reportagen und Porträts über Fußballer und Boxer, die aus Mexiko und Mittelamerika eingewandert sind und sich in LA ein neues Leben aufgebaut haben. „Unsere Leser sollen sich in diesen Biografien wiederfinden", sagt er. „Wir haben eine positive Grundhaltung, ohne negative Nachrichten zu verharmlosen." Auch der spanischsprachige Newsletter der „LA Times" will die Vielfalt der Latinos abbilden. Und wenn es nach Eduard Gauich, könnte das Angebot noch weiter wachsen.

Eine mehrsprachige Kommunikation gehört in den USA seit Jahrhunderten zum Alltag. Doch der rechte Flügel der Republikaner legt es US-Bürger*innen mexikanischer Herkunft als Integrationsverweigerung aus, wenn sie sich nicht auf Englisch, sondern lieber auf Spanisch informieren wollen. Donald Trump und seine Gefolgschaft stellen Latinos als Mörder, Vergewaltiger und Gangmitglieder dar, und sie beschreiben Weiße als Unterdrückte einer multikulturellen Gesellschaft. Eine Konsequenz: Laut einer Studie der Rutgers University haben 22 Prozent der hispanischen Arbeitnehmer*innen Diskriminierung im Job erlebt, unter Weißen waren es sechs Prozent.

Der Fußball scheint ein Feld zu sein, auf dem Latinos ihr Selbstbewusstsein und ihre Identität zum Ausdruck bringen können. Ab den 1970er-Jahren trafen die Nationalteams der USA und Mexikos immer wieder in Los Angeles in der Rose Bowl oder im Coliseum aufeinander. Unter den mehr als 80.000 Zuschauenden bejubelte die große Mehrheit meist die mexikanische Auswahl. „Die wachsende Beliebtheit des Fußballs in den USA ist auch für Mexiko in mehrfacher Hinsicht lukrativ", sagt der Journalist Mike Woitalla von „Soccer America". Seit Langem bestreitet das mexikanische Nationalteam Freundschaftsspiele in den USA gegen Gegner aus aller Welt, häufig in ausverkauften Stadien. „Mithilfe des Fußballs können mexikanische Amerikaner ihre Herkunft feiern", sagt Woitalla. Der Verband kann in den USA viel höhere Ticketpreise verlangen. Anteile daran fließen dann aber auch an den US-Fußballverband und an die Austragungsorte.

Der konservative Radiomoderator John Ziegler wertete Spiele wie diese als Zeichen dafür, dass sich viele mexikanische Amerikaner*innen nicht mit den USA identifizieren würden. Um mehr Unterstützung für die eigene Mannschaft zu erhalten, verlegte der Verband US Soccer wichtige Qualifikations-Heimspiele gegen Mexiko in Städte, wo vergleichsweise wenige Latinos leben, meist nach Columbus im nordöstlichen Bundesstaat Ohio, 2400 Kilometer von der mexikanischen Grenze entfernt.

In diesem Zusammenhang liefert eine dreiteilige Dokumentation auf Amazon Prime wichtige Erkenntnisse. In „Good Rivals“ spürt der aus Nicaragua stammende Regisseur Gabriel Serra der Rivalität zwischen Mexiko und den USA nach. Er zeigt, wie sich beim Fußball Ressentiments entladen können, aber auch, wie Verständigung möglich ist: 2016 stellten sich beide Mannschaften vor ihrem WM-Qualifikationsspiel in Columbus zu einem Foto auf. Drei Tage zuvor war Donald Trump zum US-Präsidenten gewählt worden.

Seither wird das Thema Migration in den USA kontroverser diskutiert, auch im Fußball scheint Differenzierung schwer möglich zu sein. Ein Beispiel: Die USA verpassten die WM 2018 in Russland. Kurz vor dem Turnier trat der langjährige US-Nationalspieler Landon Donovan, der in Südkalifornien aufgewachsen ist, in einer Werbekampagne für eine amerikanische Bank auf. Darin hielt er einen grünen Schal hoch, verbunden mit der Botschaft: „Lasst uns den Fußball anfeuern. Mein anderes Team ist Mexiko.“ Viele seiner Landsleute liefen in sozialen Medien Sturm gegen Donovan. Und zahlreiche Latinos legten ihm das als Heuchelei aus. Sie wünschten sich vielmehr deutlichere Worte gegen Trump.

Drei Jahre später begegneten sich die USA und Mexiko in der WM-Qualifikation in Cincinnati, Ohio. Mexikos Torhüter Guillermo Ochoa sagte vor dem Spiel in einem Interview, dass seine Mannschaft der Spiegel sei, „in dem sich die Vereinigten Staaten sehen wollen“. Einen Tag später gewannen die USA 2:0. Torschütze Christian Pulisic zog sein Trikot hoch und präsentierte eine Antwort: „Man in the Mirrow“, Mann im Spiegel. Es folgten emotionale Debatten in sozialen Medien, auch mit rassistischen Untertönen.

Mexikanische Influencer auf der Tribüne

Wie kann sich das Verhältnis beruhigen? Bei der heimischen Weltmeisterschaft 1994 standen noch fünf Latinos im Kader der USA. Fast 30 Jahre später, bei der WM 2022 in Katar, waren es nur drei: Jesús Ferreira, geboren in Kolumbien. Cristian Roldan, dessen Eltern aus El Salvador und Guatemala stammen. Und Giovanni Reyna, dessen

Großvater Argentinier ist. Drei weitere Spieler, die ebenfalls Chancen auf eine Nominierung hatten, entschieden sich für eine Laufbahn im mexikanischen Nationalteam. Einer von ihnen, Efraín Álvarez, aufgewachsen in Los Angeles, beschrieb in Interviews, wie sehr ihn Talentscouts aus den USA und Mexiko bedrängt hätten. Mitunter beginnt der Wettbewerb um Talente mit doppelter Staatsbürgerschaft bereits in der Jugend. Eine, wie Efraín Álvarez sagte, „traumatisierende Erfahrung".

Seit den polarisierenden Jahren unter Trump werden mexikanisch-amerikanische Spieler offenbar noch härter kritisiert, wenn sie sich für die Nationalmannschaft auf der anderen Seite der Grenze entscheiden. Während meiner Recherchen in Los Angeles habe ich etliche Latinos getroffen, die sich weder mit den Vereinigten Staaten noch mit dem Geburtsland ihrer Vorfahren eng verbunden fühlen. In jüngerer Vergangenheit hat sich für dieses Gefühl ein Begriff etabliert: Latinidad. Können Fußballklubs mit ihren Emotionen und ihrem Rivalitätsdenken überhaupt die Identifikation ihrer Fans für mehrere Themen gleichermaßen stärken? Für die Gegenwart in LA, aber auch für die Wurzeln in Mexiko?

Nicole Moreno glaubt, dass das möglich ist. Ich bin mit ihr am BMO Stadium verabredet, benannt nach einer Bank. Der große Campus der University of Southern California, der USC, ist ganz in der Nähe, das Naturkundemuseum ebenfalls. Auf den Grünflächen am Stadion spielen Kinder, dahinter reihen sich Verkaufsstände aneinander. Vegetarisches Essen, Limonade, Merchandising, daneben eine Hüpfburg. Von allen Seiten eilen Fans in schwarzen Trikots herbei, darunter viele Familien mit Kindern. Das BMO Stadium ist Spielstätte von Angel City FC, dem führenden Frauenverein der Region, seit 2022 Mitglied der National Women's Soccer League (NWSL).

Bei Angel City hat Nicole Moreno das Outreach-Programm mit aufgebaut, also Maßnahmen, um das Interesse im ganzen Stadtgebiet zu wecken und nicht nur dort, wo man sich Tickets und Trikots ohnehin leisten kann. „Wenn man als neuer Klubs Vertrauen in den Communitys aufbauen will, dann muss man vor Ort sein", sagt sie. „Es reicht nicht, nur anzurufen oder Rundmails zu versenden. Die Leute merken schnell, ob man es ernst meint oder nicht."

Nicole Moreno ist in einer Familie groß geworden, in der man es offenbar sehr ernst meinte. Ihr Vater war ein angesehener Menschenrechtsanwalt mexikanischer Herkunft. Im Osten von Los Angeles setzte er sich für mexikanische Migrant*innen ein. Und er förderte seine Kinder. Nicole Moreno wollte in ihrer Jugend unbedingt Fußball spielen. Gute Vereine mit Mädchenteams gab es in der Nähe allerdings nicht, und so fuhr sie eine Stunde zum Training und wieder eine Stunde zurück. „Viele junge Latinas kommen wegen der Kosten heute gar nicht auf den Gedanken, sich mit Fußball zu befassen", sagt sie. „Wir wollen das Spiel in ihre Umgebung bringen."

Zum Beispiel auf die Mariachi Plaza im Osten von LA, wo viele Latinos leben. Seit den 1950er-Jahren hatten sich dort Mariachi-Musiker aufgehalten, die auf der Suche nach Arbeit waren. Jahrzehnte später organisierte Angel City auf diesem Platz sein erstes großes Community-Event, Dutzende weitere sollten folgen. Es geht dabei nicht nur um Spaß und Spiel, sondern auch um die Vermittlung von Informationen. Wie können sich lokale Klubs Steuervorteile sichern und Minispielfelder anmieten? Wo finden sie Trainer*innen-Kurse auf Spanisch und Uni-Stipendien für ihre Talente? „Der Frauenfußball muss aufholen, auch unser Team spiegelt auf dem Rasen nicht die Vielfalt von LA wider", sagt Moreno und verweist auch auf das Nationalteam. 2019 wurden die USA in Frankreich ohne eine einzige Latina Weltmeisterinnen, 2023 in Australien und Neuseeland standen immerhin zwei in der Auswahl: Ashley Sanchez und Sofia Huerta.

Es geht um Talente, und es geht um Sponsoren und Kundschaft. Neben den Männerklubs Galaxy und LAFC ist Angel City der dritte und jüngste Profiklub, der in Los Angeles um Aufmerksamkeit wirbt. Zu den prominenten Gründerinnen von Angel City gehört die Schauspielerin Natalie Portman. Als Investorin mit dabei sind auch die Tennisspielerin Serena Williams und viele Schauspielerinnen, beispielsweise Eva Longoria und America Ferrera, deren Eltern aus Mexiko beziehungsweise Honduras stammen.

Zudem hat Angel City eine Partnerschaft mit dem Mexikanischen Fußballverband abgeschlossen. 2022 traf der Klub in Los Angeles auf das mexikanische Nationalteam, zur Austragung der „Copa Angelina". „Die Begeisterung bei diesem Spiel war riesig", sagt Nicole Moreno. „Wir haben mexikanische Influencer*innen eingeladen, damit sich unsere Botschaft verbreitet.“ Wenn es nach ihr geht, sollen diese Spiele regelmäßig stattfinden. Auch als Botschaft nach innen, denn die Belegschaft von Angel City ist überwiegend weiß.

Das Gleiche gilt für die Profiligen, die NWSL bei den Frauen und die MLS bei den Männern. „Vielfalt, Gleichberechtigung und Integration als organisatorische Ziele haben in den Fußballinstitutionen keine Priorität“, schreibt die NGO Fare in ihrem Report 2020. „Jeder Fußballverband, jede Liga und jeder Verein sollte eine unabhängige und umfassende Untersuchung der Kultur und der Praxis in Bezug auf Vielfalt und Integration in Auftrag geben.“

Anti-asiatischer Rassismus in den USA

Mit dem vorherigen Absatz hätte das Kapitel enden können. Doch wer sich länger in Kalifornien aufhält, stellt sich vermutlich noch eine andere Frage. Rund 15 Prozent der Bevölkerung in diesem Bundesstaat sind asiatischer Herkunft, sie stammen unter anderem von den Philippinen, aus Korea, China oder Japan. Auch in Los Angeles sind süd- und ostasiatische Einflüsse fast überall präsent. Warum aber spielen asiatischstämmige Menschen im US-Fußball so gut wie keine Rolle? Und warum wird dieses Thema in Medien und Wissenschaft kaum diskutiert?

Ein guter Ausgangspunkt für die Recherchen ist erneut El Pueblo, das älteste Viertel in LA in der Nähe von Downtown. Am südlichen Rand des zentralen Platzes ist in einem Backsteinbau das Chinesisch-Amerikanische Museum untergebracht. Auf einer Zeittafel erfährt man, dass bereits in den 1850er-Jahren rund 20.000 Menschen aus China in Kalifornien lebten. Viele von ihnen sollten als günstige Arbeitskräfte den Bau des Schienennetzes beschleunigen, andere schürften nach Gold.

Doch schon bald betrachteten weiße und hispanische Amerikaner*innen die Chines*innen als Konkurrenz und Bedrohung. 1871 stürmte ein wütender Mob in LA das heutige Chinatown, 19 Menschen wurden getötet. 1882, mitten in einer Wirtschaftskrise, untersagte der US-Kongress mit einem Gesetz die weitere Zuwanderung aus China, ein bis dahin einmaliger Vorgang. Das Chinesisch-Amerikanische Museum dokumentiert viele weitere Beispiele von institutionellem Rassismus gegen Chines*innen in den USA, bis in die jüngere Vergangenheit.

Von diesem Museum sind es gut 15 Minuten Fußweg bis Little Tokyo, einem Viertel mit 30.000 Eiwohnenden, mit Sushi-Bars, japanischen Läden, Grünflächen. Das Japanisch-Amerikanische Nationalmuseum klärt darüber auf, wie in den 1860er-Jahre die ersten japanischen Arbeiter auf Hawaii ankamen und wie sie sich mit den schlechtesten Unterkünften und geringsten Löhnen begnügen mussten. Auch Japaner*innen erlebten früh Rassismus: 1920 wurde es ihnen untersagt, in Kalifornien Land zu kaufen.

Am Rand der Ausstellung ist eine enge Baracke nachgebaut, daneben läuft ein Film mit Zeitzeugen. Dieser Bereich erinnert an eines der traurigsten Kapitel der amerikanischen Demokratie: Während des Zweiten Weltkriegs bombardierte das japanische Militär 1941 den US-Stützpunkt Pearl Harbour. Darauf erklärten die USA Japan den Krieg. Und im eigenen Land wurden Menschen japanischer Herkunft pauschal als Spione und Verräter verdächtigt. Mehr als 110.000 von ihnen wurden inhaftiert und in dünn besiedelten Bundesstaaten wie Wyoming in Baracken gefangen gehalten. Zwei Drittel hatten die amerikanische Staatsbürgerschaft.

„Das war mir in diesem Ausmaß nicht bekannt", sagt Kellyn Acosta und wirkt immer noch ein bisschen schockiert. „In unserem Schulunterricht waren die Internierungslager kein Thema." Acosta ist einer der Führungsspieler des LAFC, des zweiten großen Männerklubs in Los Angeles neben Galaxy. An einem warmen Sommerabend gibt er in einer Bar im schicken „Arts District" eine Autogrammstunde. Fans lassen sich Trikots, Bücher und Plakate signieren. Anschließend verfolgen sie bei Cocktail und Bier eines der Sportereignisse auf der Leinwand. Zwischendurch nimmt sich Acosta etwas Zeit, um meine Fragen zu beantworten.

Kellyn Acosta hat eine Biografie, die nicht ungewöhnlich ist in Los Angeles. Seine Mutter ist Schwarz und stammt aus Puerto Rico, sein Vater aus Japan. Acosta wuchs in der texanischen Stadt Plano auf, in einem mehrheitlich weißen Viertel. Er merkte früh, dass ihn die Leute verwundert ansahen, daher vermied er es, ausführlich über seine japanischen Wurzeln zu sprechen. „Viele hielten mich mit meinem Aussehen für eine wandelnde Anomalie", sagt er. „Aber ich kann Ihnen versichern: Ich bin so normal wie jeder andere. Ich möchte als Fußballer meine Bekanntheit nutzen, um entspannt über Diversität zu sprechen."

Acosta ist noch keine 30 Jahre alt, doch er ist bereits einer der gesellschaftlich einflussreichsten Spieler in LA. Ein Kurzfilm seines Vereins zeigt ihn, wie er mit seiner japanischen Großmutter und seinem Vater das Japanisch-Amerikanische Nationalmuseum besuchte. Wie er in rot-weißer Jacke, den Farben der japanischen Flagge, auf historische Fotos schaute und mit einem Museumsmitarbeiter diskutierte. „Es macht mich stolz, wenn sich asiatische Amerikaner von mir repräsentiert fühlen", sagt Acosta, der die USA als erster Nationalspieler asiatischer Abstammung 2022 bei einer Weltmeisterschaft vertrat.

Es waren positive Schlagzeilen in einem feindseligen Klima. Seit Ausbruch der Pandemie waren Diskriminierungen, Drohungen und Gewalt gegen als asiatisch wahrgenommene Menschen in etlichen Ländern stark gestiegen. In den USA verbreiteten sich Videos von älteren Frauen, die aus dem Hinterhalt attackiert wurden. Zahlreiche Angreifer fühlten sich offenbar durch den US-Präsidenten in ihren Taten legitimiert. Donald Trump hatte Covid mehrfach verächtlich als „China-Virus" und „Kung flu" bezeichnet. Am 16. März 2021 tötete ein Amokläufer in Atlanta acht Menschen, darunter sechs Frauen asiatischer Abstammung.

„Seit Covid trauen sich mehr Leute, ihre Vorurteile offener auszuleben", sagt der Aktivist Martin Hyun. „Aber anti-asiatischer Rassismus war schon lange vor der Pandemie in den Gesellschaften verankert." Hyun, der es als erster Spieler koreanischer Herkunft in die Deutsche Eishockey-Liga (DEL) geschafft hatte, erforscht den anti-asiatischen Rassismus. In unserem Zoom-Interview geht Hyun in seiner Analyse bis in die Kolonialzeit zurück: „Händler und Missionare haben asiatische Reiseziele als bedrohlich und exotisch beschrieben. Viele von ihnen erklärten asiatische Frauen zu Sexobjekten." Es sind Stereotype, die bis heute nachwirken.

In den USA wurden Sportler*innen asiatischer Herkunft früh mit Rassismus konfrontiert. In den 1940er-Jahren legte die Wasserspringeringerin Victoria Draves aus Sorge vor Übergriffen den Nachnamen ihres philippinischen Vaters ab. Bei den Sommerspielen 1948 in London gewann sie zweimal Gold, als erste asiatische Amerikanerin überhaupt. Ebenfalls erfolgreich in London: Teamkollege Sammy Lee. Zuhause in Los Angeles durfte Lee, dessen Eltern aus Korea eingewandert waren, nur mittwochs das örtliche Schwimmband benutzen, am Tag vor der wöchentlichen Reinigung.

Martin Hyun nennt noch einen anderen Begriff: „Model minority", Vorzeige-Minderheit. Seit der Bürgerrechtsbewegung in den 1960er-Jahren wurden Einwanderer*innen asiatischer Abstammung in den USA immer wieder gegen Afroamerikaner*innen in Stellung gebracht. In Politik und Medien galten Menschen aus Korea, Japan oder China pauschal als fleißig, karrierebewusst, leise. „Weiße haben Asiatinnen und Asiaten oft benutzt, um Rassismus gegen Schwarze aufrechtzuhalten", sagt die kanadische Forscherin Courtney Szto, die sich seit langem mit dem Thema befasst: „Der Mythos der vorbildlichen Minderheit soll unterstreichen, dass asiatischstämmige Menschen nur ein Gehirn und keinen Körper haben. Bei Schwarzen ist es angeblich andersherum."

Auch der Sport offenbart diesen verdeckten Rassismus. 2012 erzielte der Basketballer Jeremy Lin in seinen ersten fünf Spielen in der Startaufstellung für die New York Knicks 136 Punkte, ein Rekord in der NBA. Lin, Sohn von Einwanderer*innen aus Taiwan und aufgewachsen in Kalifornien, löste Euphorie aus. Medien berichteten über die „Linsanity", angelehnt an das Wort Insanity, Wahnsinn. Sie beschrieben eine amerikanische Aufstiegsgeschichte, ermöglicht durch Disziplin, Integrität, Kampfgeist. Im Madison Square Garden, der Spielstätte der Knicks, wurde Lins Kopf in das Foto von einem Glückskeks montiert, dazu der Kommentar: „Das Glück der Knicks".

Die Euphorie flaute wieder ab und Jeremy Lin konnte nicht mehr an den Erfolg anknüpfen. Später sagte er in einem Interview, dass die USA noch nicht ganz bereit waren, asiatische Amerikaner im Spitzensport zu akzeptieren. Er ging auch auf Stereotype ein, mit denen er etwa im Vergleich zum Schwarzen Ligakollegen John Wall beschrieben worden sei. „Er war athletisch und ich war trügerisch athletisch", sagte Lin. „Ich galt mein ganzes Leben lang als trügerisch athletisch."

Im europäischen Fußball zog derweil Park Ji-sung Aufmerksamkeit auf sich. Der südkoreanische Nationalspieler gewann Anfang des Jahrtausends mit Manchester United viermal die englische Meisterschaft und 2008 die Champions League. Wegen seiner Ausdauer erhielt Park Ji-sung die Spitznamen „Drei-Lungen-Park" und „Duracell-Hase". In einem Artikel für die japanische Website Nikkei kommentierte der südkoreanische Sportreporter Yoo Jee-ho die Klischees wie folgt: „Diese Wahrnehmungen von asiatischen Spielern, dass sie hart arbeiten und energisch sind, scheinen auch zu implizieren, dass sie keine anderen erkennbaren Fähigkeiten haben und dass sie keine andere Wahl haben, als hart zu arbeiten und energisch zu sein, nur um auf dem Feld zu bleiben."

Die „Tigers" feiern ihren Klub und Koreatown

Die größte Ansiedlung von Koreaner*innen außerhalb der koreanischen Halbinsel liegt in Los Angeles. Und in keinem Viertel wird das so deutlich wie in Koreatown, im Zentrum der Stadt. An einem meiner letzten Recherchetage laufe ich hier die Western Avenue entlang. Asiatische Märkte, Läden mit christlicher Literatur, Restaurants für koreanisches Barbecue, die eine oder andere Karaoke-Bar. Eine Häuserwand ist mit dem knallroten Filmmotiv von „Beef" verziert. Die Netflix-Serie des koreanischen Filmemachers Lee Sung Jin wurde 2023 auch deswegen gefeiert, weil sie koreanisch-amerikanische Charaktere ins Zentrum stellt und nicht auf Klischees reduziert.

„Außerhalb von Korea ist Los Angeles wahrscheinlich der Ort, an dem wir uns am heimischsten fühlen." Während Sam Ko diesen Satz sagt, lächelt er und wirkt ganz bei sich. Ich treffe ihn am BiergartenLA, einer beliebten Kneipe im Norden von Koreatown. Drinnen läuft Musik mit wummerndem Bass, draußen versammeln sich Fans des LAFC. Sam Ko trägt Bart, Basecap und ein schwarzes T-Shirt mit dem Schriftzug „Tigers". Es ist der Name der Fangruppe, die er als Vorsitzender maßgeblich prägt. „In der koreanischen Kultur ist der Tiger ein Symbol für Stärke und Kühnheit", sagt Ko. „Ich finde, dass das auch ganz gut zum Fußball passt."

Fußball bringt Menschen zusammen. Dieser Satz, tausendfach gesagt, tausendfach geschrieben, wirkt abgedroschen. Sam Ko muss etwas ausholen, um zu zeigen, dass er aber sehr wohl noch bedeutsam sein kann. Es waren seine Eltern, die in den 1970er-Jahren nach Kalifornien eingewandert sind. Der Vater verkaufte Schuhe und gründete eine Firma, die Mutter kümmerte sich um die drei Kinder, beide arbeiteten hart. Die Familie knüpfte vor allem Kontakte zu anderen aus Korea Eingewanderten, erzählt Sam Ko: „LA ist eine Stadt, in der man auch ohne perfektes Englisch durchkommen kann. Viele Communitys leben eher nebeneinander und nicht miteinander."

Sam Ko hat seine Leidenschaft für den Fußball 2002 entdeckt, da war er 16, in jenem Jahr, als in Japan und Südkorea die WM stattfand. Die koreanische Mannschaft schaffte es bis ins Halbfinale. Und auf der anderen Seite der Erde, im Staples Center von LA, versammelten sich Tausende koreanische Amerikaner*innen mitten in der Nacht zum Public Viewing. Jahre später trafen sie sich in Kneipen, um die Spiele von Manchester United und die Auftritte von Park Ji-sung zu verfolgen.

Bis zu diesem Zeitpunkt stellte der Fußball für Sam Ko eine Verbindung zur koreanischen Kultur her. Bis zu diesem Zeitpunkt wusste er nicht, was es mit der Ultra-Bewegung auf sich hatte. Das änderte sich 2017, kurz vor dem Eintritt des Los Angeles FC in die MLS. In Chatgruppen schlossen sich koreanischstämmige Fans zusammen und gründeten die „Tigers". Anfangs trafen sie sich vor Heimspielen zum Grillen, später auch unter der Woche in Parkhäusern, um Stadionbanner zu gestalten und Gesänge einzustudieren. „Wir sind nicht nur leise und diszipliniert, wie man es den Koreanern nachsagt. Wir können auch 90 Minuten lang brüllen und feiern."

Die „Tigers" wuchsen auf mehr als 150 Mitglieder an. Die Gruppe repräsentiert zwar immer noch das Koreanische, aber eben auch Koreatown, und etwa die Hälfte der Bevölkerung im Viertel sind Latinos. Einige von ihnen lerne ich im BiergartenLA kennen, wo sich ein Teil der Gruppe die Auswärtsspiele des LAFC anschaut. „Unser Leben lang waren wir Nachbarn in dieser Stadt und liefen aneinander vorbei", sagt Sam Ko. „Aber durch den Fußball können wir uns endlich besser kennenlernen." Sein Vater schaute ihn irritiert an, wenn er nicht-koreanische Freunde mit nach Hause brachte. „Aber von Generation zu Generation ändert sich das Bewusstsein."

Sam Ko sagt, dass das Pay-to-Play-System, also die teuren Vereinsgebühren, auch asiatischstämmige Amerikaner*innen vom Fußball fernhalte. Und dass Einwanderer*innen aus Ostasien nicht auf Spitzensport, sondern auf einen traditionellen Bildungsweg setzen, um zu Wohlstand zu kommen. Die „Tigers" aber wollen zumindest neben dem Spielfeld auf den Tribünen Akzente setzen. Und sie engagieren sich auch außerhalb des Stadions. In Koreatown sammeln sie Spenden für Wohnungslose, verschenken Truthähne vor Thanksgiving, klären in Vorträgen über rassistische Symbole auf. Zum Beispiel über die Flagge der aufgehenden Sonne, die einige Fangruppen in den USA in ihrer Kurve geschwenkt haben. Vermutlich ohne zu wissen, dass diese Flagge ein Symbol des japanischen Imperialismus im Zweiten Weltkrieg war. Auch die koreanische Halbinsel war von Japan besetzt gewesen.

Zum Abschied frage ich Sam Ko, was es mit dem Schriftzug auf seiner Mütze auf sich hat, „El pinche trofeo". Diese Worte stammen von Carlos Vela, einem der wichtigsten Spieler des Los Angeles FC, aufgewachsen in Mexiko, und sie bedeuten: „diese verdammte Trophäe". 2022 gewann der LAFC erstmals die Meisterschaft. Nach dem Finalsieg im Elfmeterschießen gegen Philadelphia hallten Gesänge in mehreren Sprachen durch das Stadion, auf Englisch, auf Spanisch, auf Koreanisch. Sam Ko freut sich schon jetzt auf das nächste Spiel seines LAFC gegen Galaxy. Das Derby trägt auch den Namen „El Tráfico", eine Anspielung auf den berüchtigten Verkehr in LA und auf „El Clásico" zwischen Real Madrid und Barcelona.

Außerhalb von Mexiko leben in keiner Stadt so viele Mexikaner*innen wie in Los Angeles. Die Weltmeisterschaft 2026 in den USA könnte auch für diese Diaspora eine große Bühne bieten. Zuletzt aber gehörte die Aufmerksamkeit vor allem Lionel Messi, der im Sommer 2023 zu Inter Miami gewechselt war. Hunderttausende wollten ihn live erleben. Und so stiegen auch in LA die Ticketpreise für Messis Gastspiel auf teils mehrere Tausend Dollar. Es waren vor allem Latinos, die den Wechsel Messis nach Amerika gefeiert hatten, aber viele von ihnen konnten sich ein Ticket dann noch nicht leisten.

AUSBLICK

DECOLONIZE FOOTBALL

Victor Osimhen trifft und trifft und trifft. Auch wegen seiner Tore kann sich die SSC Neapel 2023 die erste Meisterschaft nach 33 Jahren sichern. Die Fans im Süden Italiens beklatschen, besingen, bewundern ihn. Während des Karnevals wollen Kinder in die Rolle des nigerianischen Stürmers schlüpfen. Sie tragen das himmelblaue Trikot mit der Nummer neun, sie blondieren ihre kurzen Haare und bedecken ihre Gesichter mit dicker, schwarzer Schminke. Eine Maskerade, die man auch Blackfacing nennt.

Die neapolitanische Schriftstellerin Sabrina Efionayi, die wie Osimhen nigerianischer Herkunft ist, kritisiert diese Praktik und verweist auf ihren rassistischen Ursprung: Ab dem 17. Jahrhundert hatten weiße Theaterschauspieler in Großbritannien und später in den USA ihre Gesichter dunkel geschminkt. In einer Zeit, in der Schwarze Menschen nicht auf Bühnen stehen durften, sondern als Sklaven verschleppt wurden. Bis in die jüngere Vergangenheit wurde Blackfacing kaum hinterfragt. Die Gefühle von Schwarzen Menschen spielten offenbar keine Rolle.

Den Kindern in Neapel, die ihren Helden Victor Osimhen feiern wollen, ist diese Geschichte sicherlich nicht bekannt. Aber von prominenten Fußballvertretern mit großen Beraterteams darf man mehr Sensibilität verlangen. „Wo manche Rassismus sehen, sehe ich nur Wunder", schreibt Roberto Mancini, damals Italiens Nationaltrainer, auf Instagram. „Sport ist Inklusion und ihr Kinder seid Riesen."

Auch Italien, das während der Kolonialzeit unter anderem Libyen, Äthiopien und Eritrea besetzt hatte, blickt auf eine lange Geschichte von Rassismus im Fußball. Seit Jahren werden Schwarze Spieler wie der langjährige Nationalspieler Mario Balotelli immer wieder mit Affenlauten erniedrigt. 2019 will die Serie A mit einer Kampagne dagegen angehen. Dazu gehört ein Kunstwerk, das ausgerechnet drei Affen zeigt. Ligachef Luigi de Siervo kommentiert: „Wahre Kunst ist Provokation." Die Idee dahinter: „Wer rassistische Gesänge herausbrüllt, kehrt zu einem primitiven Affenstatus zurück." Nach Kritik in den Medien entschuldigt sich de Siervo. Ob er tatsächlich einsieht, dass auch gute Absichten rassistisch sein können und Menschen womöglich verletzen, ist nicht überliefert.

Dieser beispielhafte Blick nach Italien legt nahe, dass die bisherigen Maßnahmen der Fußballinstitutionen gegen Rassismus nicht weit genug gehen. In unregelmäßigen Abständen verlesen Teamkapitäne vor wichtigen Spielen Botschaften für Respekt und gegen Hass. Verbände werben in sozialen Medien für Vielfalt. Ihre Wortwahl ist vage und allgemein, wirkt pflichtschuldig und uninspiriert. Als wollten sie auch Wähler*innen von rechten Parteien als Fans und Kunden nicht allzu sehr abschrecken.

In Deutschland sollten sich der DFB, die Deutsche Fußball-Liga (DFL) und die großen Klubs ein Beispiel an der Basis nehmen. Seit den 1990er-Jahren engagieren sich Fangruppen und Ehrenamtliche auf Amateurebene sehr konkret gegen Menschenfeindlichkeit. Häufig wurden sie von Rechtsextremen bedroht und angegriffen. Häufig warteten sie vergeblich auf Unterstützung der Profiebene. Eine gemeinsame, ganzheitliche Strategie, die Repression und Prävention verknüpft, existiert bis heute nicht.

Dabei sind Instrumente für eine solche Strategie vorhanden, zumindest in der Theorie. Zum Beispiel der Dreistufenplan der FIFA: Bei rassistischen Vorfällen im Stadion sollen nach einer ersten Warnung durch den Stadionsprecher im zweiten Schritt eine Spielunterbrechung und im dritten Schritt das vorzeitige Ende erfolgen. Doch Schiedsrichter sträuben sich offenbar vor einem Abbruch der lukrativen Wettbewerbe. Fürchten sie den Druck von Zuschauern, Sponsoren und TV-Rechteinhabern?

Claudio Gavillucci war 2018 der erste Schiedsrichter in der italienischen Serie A, der ein Spiel nach rassistischen Rufen von den Rängen unterbrach. Er erhielt viel Kritik von Fans. Einige Wochen später verlor er seine Einsatzerlaubnis für die höchste Klasse, offiziell wegen seiner „technischen Leistungen". Ein Jahr später riefen Fans von Dynamo Kiew in einem ukrainischen Ligaspiel Affenlaute gegen den brasilianischen Spieler Taison von Schachtar Donezk. Taison zeigte den Tätern den

Mittelfinger und schoss den Ball auf die Tribüne. Der Schiedsrichter unterbrach das Spiel und zeigte Taison die rote Karte.

Im April 2021 wurde Mouctar Diakhaby vom FC Valencia von einem Gegenspieler des FC Cádiz diskriminiert. Aus Protest zog sich die Mannschaft des FC Valencia in die Kabine zurück. Weil ihr Offizielle der spanischen Liga offenbar mit einer Niederlage drohten, kehrte sie zurück und setzte das Spiel fort.

Im Dezember 2021 wurde in Deutschland schließlich das Drittligaspiel zwischen dem MSV Duisburg und dem VfL Osnabrück abgebrochen. Der Grund: Rassistische Rufe gegen den Osnabrücker Spieler Aaron Opoku. In den Länderspielen und Spitzenligen Europas konnten sich Schiedsrichter aber noch nicht zu einem solchen Schritt durchringen. Und so müssen sich Betroffene von Rassismus fragen, ob sie auf dem Rasen geschützt sind. FIFA, UEFA und Nationalverbände wie der DFB sollten auf die konsequente Umsetzung des Dreistufenplans drängen.

Wichtig ist zudem eine systematische Erfassung und Analyse von Diskriminierungsfällen in den oberen und unteren Ligen, nur so lassen sich Erkenntnisse für Prävention gewinnen. In Nordrhein-Westfalen gilt „Medif“, die „Meldestelle für Diskriminierung im Fußball in NRW“, als vielversprechendes Projekt. Ob die Landesregierung von Nordrhein-Westfalen diese Datenbank langfristig fördert, ist ungewiss. DFL und DFB sollten eine bundesweite Beschwerdestelle mit einer unabhängigen wissenschaftlichen Aufsicht auf den Weg bringen. Noch immer wissen Opfer von Diskriminierung oft nicht, an welche Adresse sie sich wenden sollen.

Die Prävention hat kein stabiles Fundament. Viele der mehr als 70 Fanprojekte in Deutschland wollen Jugendliche gegen Menschenfeindlichkeit sensibilisieren. Doch die hohe Arbeitsbelastung und die befristete Finanzierung erschweren den Alltag der Sozialarbeiter*innen. Auch die Profiklubs legen Projekte auf. Gemessen an den Möglichkeiten des deutschen Profifußballs, der 2021/22 fast 4,5 Milliarden Euro umgesetzt hat, sind diese jedoch nicht mehr als ein Alibi. Und wenn hochrangige Funktionäre wie der langjährige Schalker Aufsichtsratschef Clemens Tönnies sich rassistisch äußern, dann ist von Spitzenvertretern keine substanzielle Kritik zu hören.

Es reicht nicht mehr, dass gemeinnützige Stiftungen mit kleinen Budgets außerhalb der Profivereine die Stimme gegen Rassismus erheben. Es wird Zeit, dass der Profifußball die Antidiskriminierung als Querschnittsthema in seinen Strukturen verankert. Auch mit einem Fokus auf Antisemitismus, Homophobie und andere menschenfeindliche Einstellungen. Eine Hierarchie der Themen darf es nicht geben. Dafür könnten Bundesligisten Expert*innen einstellen, die auf Augenhöhe mit Marketing und Pressestelle agieren. Die DFL als Dachverband sollte bei ihren Klubs eine „Abteilung Menschenrechte" zur Bedingung für eine Spiellizenz verankern. Wer diese Bedingung nicht erfüllt, könnte sanktioniert werden. Wer in seinem Engagement darüber hinausgeht, könnte einen Bonus erhalten.

Die Profiklubs sollten über Symbolpolitik hinausdenken und das eigene System kritisch hinterfragen. Warum sind Menschen mit Einwanderungsgeschichte als Spieler*innen häufig überrepräsentiert, aber als Trainer*innen und Führungskräfte klar unterrepräsentiert? Warum spiegeln die Fankurven in Köln, Frankfurt oder Stuttgart, wo mehr als ein Drittel der dort lebenden Menschen einen Migrationshintergrund hat, die Diversität der Stadtgesellschaften nicht mal im Ansatz wider? Welche Traditionen und Mechanismen des Fußballs führen dazu, dass sich nicht-weiße Menschen oft nicht willkommen und nicht verstanden fühlen?

In etlichen Ländern hat der Fußball bewiesen, dass er sich allein nicht reformieren kann. Entscheidungsträger rekrutieren Mitarbeitende, die ihnen ähnlich sind, in der Regel weiße Männer. Deshalb sollte „Affirmative Action", die Bevorzugung von Minderheiten, die in den USA oder Großbritannien seit Jahrzehnten diskutiert wird, auch im deutschen Fußball eine Rolle spielen. Klubs und Verbände könnten mit Stipendien, Quoten, Mentoren-Programmen gezielt auf Menschen mit Einwanderungsbiografie zugehen. Studien aus der Wirtschaft zeigen, dass eine wachsende Vielfalt der internen Kommunikation und Ideenfindung zugutekommen kann.

Auch im Amateurfußball tun sich Funktionäre mit Verpflichtungen schwer und setzen auf die Freiwilligkeit ihrer Mitglieder. Aber dieses Prinzip hat die Zahl rassistischer Vorfälle auf und neben den Plätzen nicht spürbar sinken lassen. Stattdessen sollten Spieler*innen, Trainer*innen und Schiedsrichter*innen ausführlicher mit Antidiskriminierung vertraut gemacht werden – als Bedingung für ihre Teilnahme am Spielbetrieb. Das können klassische Fortbildungen sein, aber auch Begegnungsfeste, Kinoabende oder E-Sport-Events. Zudem sollten sich Präsidien, Ausschüsse und Schiedsgerichte Diversitäts-Quoten auferlegen, damit die Zeit der weißen Herrenbünde bald der Geschichte angehört.

Wie lässt sich der Fußball dekolonisieren? In diesem Prozess sollten wir einen Teil der Geschichtsschreibung neu deuten. Englische Händler und Soldaten wollten im späten 19. und frühen 20. Jahrhundert ihre Kolonien ausbeuten. Dass sie dabei den Fußball verbreiteten, ist keine Heldengeschichte. Französische oder deutsche Sportfunktionäre nutzten Begriffe wie „Völkerverständigung" als Beschönigung für ihre Machtfantasien. Stattdessen waren es „Untertanen" in den Kolonien, die den Fußball in Indien oder Ägypten für den Unabhängigkeitskampf umdeuteten. Dieser revolutionären Kraft sollten die Chroniken und Museen des europäischen Fußballs mehr Raum geben.

In Deutschland haben Wissenschaftler*innen Biografien von jüdischen Fußballern erforscht, die von den Nazis verfolgt worden waren. Fans verlegen Stolpersteine, planen Gedenkveranstaltungen, tauschen sich seit mehr als 20 Jahren im Netzwerk „Nie Wieder" aus. Es gibt darüber hinaus andere historische Leerstellen: Bereits in den 1920er-Jahren mussten sich Schwarze Trainer wie Heinz Kerz, der in der Nähe von Mainz lebte, um ihre Sicherheit sorgen. Später in der DDR wurden Vertragsarbeiter aus Mosambik oder Vietnam in die Isolation gedrängt, im Spielbetrieb waren sie nicht willkommen. Die Aufarbeitung darüber steht erst am Anfang.

In der jüngeren Vergangenheit haben Aktivist*innen in deutschen Städten postkoloniale Gruppen und „Decolonize"-Vereine gegründet. Sie machen in Rundgängen, Workshops und Ausstellungen auf koloniale Spuren im öffentlichen Raum aufmerksam. Sie erinnern an Widerstandskämpfer*innen und werben für die Umbenennung von Straßen, die nach Kolonialisten benannt sind. Der Fußball mit seiner kolonialen, aber auch mit seiner antikolonialen Geschichte könnte einen Beitrag leisten, etwa für den Jugendaustausch in Städtepartnerschaften wie jener zwischen Berlin und der namibischen Hauptstadt Windhoek.

Seit 2021 ist die Aufarbeitung des Kolonialismus auch im Koalitionsvertrag der Bundesregierung festgeschrieben. Im Zentrum der öffentlichen Debatte steht die Rückgabe geraubter Kulturgüter. Doch wir sollten auch über die kolonialen Ursachen für unseren heutigen Wohlstand nachdenken. Der Fußball bietet dafür einen verständlichen Rahmen: In der einstigen Kolonie Brasilien existieren dutzende Vereine zu dem Zweck, Talente für die lukrativen Ligen Europas zu entwickeln. In der einstigen Kolonie Pakistan werden Millionen Bälle unter menschenunwürdigen Bedingungen produziert, die in Europa teuer verkauft werden. In der einstigen Kolonie Südafrika schreiben die WM-Stadien von 2010 Verluste, während Schulen und Krankenhäuser sparen müssen.

In Ländern wie China, Katar oder Saudi-Arabien, wo Menschen ausgebeutet und unterdrückt werden, verdienen deutsche Architekturbüros, Autokonzerne und Sportartikelhersteller gutes Geld. Diese Globalisierung, die auch im Kolonialismus ihren Ursprung hat, wird sich nicht zurückdrehen lassen. Aber Schwergewichte wie der FC Bayern München und Borussia Dortmund könnten Lieferketten und Partnerschaften mit Sponsoren intensiver prüfen und transparenter kommunizieren.

Die FIFA, die auf Expansionskurs ist, hat daran offenbar kein Interesse. Verbandschef Gianni Infantino verweist stolz auf „Entwicklungshilfe" für kleinere Nationalverbände in Afrika. Die FIFA baut Bolzplätze und finanziert Verbandsgebäude, entsendet Trainer*innen und technisches Personal. Infantino präsentiert sich als Förderer der Kleinen im Fußball, paktiert aber mit den Superreichen in Russland, Katar, Saudi-Arabien. Er braucht die Kleinen, die Messi und Ronaldo bewundern, und die den Fußball erst zu einer globalen Industrie machen. Doch nur wenige machen dabei Profit. Und so bleibt koloniales Denken in der Struktur des Fußballs festgeschrieben.

Literatur

Alamillo, José M. (2020): The Making of a Sporting Mexican Diaspora. New Brunswick: Rutgers University Press.

Al-Arian, Abdullah (2022): Football in the Middle East: State, Society, and the Beautiful Game. Oxford: Oxford University Press.

Almeida, Pedro (2012): Football, Race and National Identity in Portugal. In: Soccer & Society, Vol. 23, Nr. 1, 75-88.

Bandyopadhyay, Kausik (2016). Scoring Off the Field. Football Culture in Bengal 1911-80. Kolkata: Routledge India.

Barnes, John (2021): The Uncomfortable Truth About Racism. London: Headline.

Bose, Mihir (2022): Dreaming the Impossible. The Battle to Create a Non-racial Sports World. Edinburgh: Arena Sport.

Bouandel, Youcef; Amara, Mahfoud (2019): Moments and Memories: Football and State Narratives in Algeria. In: Soccer & Society, Vol. 20, Nr. 7-8, 1084-1094-88.

Blecking, Diethelm; Dembowski, Gerd (Hrsg.) (2010): Der Ball ist bunt: Fußball, Migration und die Vielfalt der Identitäten in Deutschland. Frankfurt am Main: Brandes & Apsel.

Bradbury, Steven; Van Sterkenburg, Jacco; Mignon, Patrick (2014): The Glass Ceiling in European football. London: Fare.

Busse, Jan; Wildangel, René (Hrsg.) (2022): Das rebellische Spiel. Die Macht des Fußballs im Nahen Osten und die Katar-WM. Bielefeld: Verlag Die Werkstatt.

Cardão, Marcos (2018): A Star is Born: Eusébio, Football, and Ideology in the Late Portuguese Empire. In: The International Journal of the History of Sport, Vol. 35, Nr. 4, 374-388.

Carrington, Ben (2010): Race, Sport and Politics: The Sporting Black Diaspora. London: Sage.

Curi, Martin (2009): Friedenreich: Das vergessene Fußballgenie. Göttingen: Verlag Die Werkstatt.

Curi, Martin (2013): Brasilien. Land des Fußballs. Göttingen: Verlag Die Werkstatt.

Davis, Mike (2018): City of Quartz. Excavating the Future in Los Angeles. London: Verso.

Dilger, Gerhard; Fatheuer, Thomas; Russau, Christian; Thimmel, Stefan (Hrsg.) (2014) Fußball in Brasilien: Widerstand und Utopie. Von Mythen und Helden, von Massenkultur und Protest. Berlin: Rosa-Luxemburg-Stiftung.

Domingos, Nuno (2017): Football and Colonialism. Body and Popular Culture in Urban Mozambique. Athens: Ohio University Press.

Elsey, Brenda (2011): Citizens and Sportsmen: Fútbol and Politics in Twentieth-Century Chile. Austin: University of Texas Press.

Elsey, Brenda; Scott, Jermaine (2020): The Representation of Black and Latinx Communities and Women in U.S. Soccer. New York: Fare.

Evans, Gavin (2020): Skin Deep. Dispelling the Science of Race. London: Oneworld Publications.

Filho, Mario (2010): O Negro no Futebol Brasileiro. Mauad X: Rio de Janeiro.

Franzen, Niklas (2022): Brasilien über alles. Bolsonaro und die rechte Revolte. Berlin: Assoziation A.

Frenkiel, Stanislas (2021): Le football des immigrés. France-Algérie, l'histoire en partage. Arras: Artois Presses Université.

Frohwein, Tim (2023): Probetraining. Eine Reise an die deutsche Fußball-Basis. München: Bayerischen Landeszentrale für politische Bildungsarbeit.

Goldblatt, David (2007): The Ball is Round. A Global History of Football. London: Penguin.

Goldblatt, David (2014): Futebol Nation. A Footballing History of Brazil. London: Penguin.

Grill, Bartholomäus (2021): Wir Herrenmenschen. Unser rassistisches Erbe: Eine Reise in die deutsche Kolonialgeschichte. München: Pantheon.

Harris, Harry (2021): Red Card to Racism. The Fight For Equality in Football. London: Ad Lib Publishers.

Hasters, Alice (2020): Was weiße Menschen nicht über Rassismus hören wollen, aber wissen sollten. München: Hanser.

Heflik, Alexander (2021): Erwin Kostedde: Deutschlands erster schwarzer Nationalspieler. Bielefeld: Verlag Die Werkstatt.

Herzog, Markwart (Hrsg.) (2016): Die „Gleichschaltung" des Fußballsports im nationalsozialistischen Deutschland. Stuttgart: Kohlhammer.

Hickson-Lovence, Ashley (2022): Your Show. London: Faber & Faber.

Holding, Michael (2021): Why We Kneel, How We Rise. London: Simon & Schuster.

Jacobs, Calum (2022): A New Formation. How Black Footballers Shaped the Modern Game. London: Penguin.

Kambaekua, Carlos (2022). The Untold History of Namibian Football. Windhoek.

Kelly, Natasha A (2021): Rassismus. Strukturelle Probleme brauchen strukturelle Lösungen! Zürich: Atrium.

Krais, Jakob (2021): Spielball der Scheichs: Der arabische Fußball und die WM in Katar. Bielefeld: Verlag Die Werkstatt.

Miescher, Giorgio; Henrichsen, Dag (2012): Visualizing African Football in Apartheid Namibia: Photography, Posters and Constructions of Consumers and Nationalism. In: Soccer & Society, Vol. 13, Nr. 2, 277-293.

Mokhtefi, Elaine (2020): Algiers. Third World Capital. Freedom Fighters, Revolutionaries, Black Panthers. London: Verso.

Morales, Ed (2019): Latinx. The New Force in American Politics and Culture. London: Verso.

Onuora, Emy (2015): Pitch Black. The Story of Black British Footballers. London: Biteback.

Rey, Javi; Galic, Bertrand; Kris (2021): Ein Match für Algerien. Wien: Bahoe Books.

Roy, Gautam (2021): East Bengal 100. Kolkata: Allsport.

Sanghera, Sathnam (2021): Empireland. How Imperialism Has Shaped Modern Britain. London: Penguin.

Sen, Ronojoy (2015): Nation at Play. A History of Sport in India. New York: Columbia University Press.

Thuram, Lilian (2022): Das weiße Denken. Hamburg: Nautilus.

Tonini, Marcel Diego (2016): Dentro e fora de outros gramados: Histórias orais de vida de futebolistas brasileiros negros no continente europeu. Dissertation: Universidade de São Paulo.

Zick, Andreas; Küpper, Beate; Mokros, Nico (2023): Die distanzierte Mitte. Rechtsextreme und demokratiegefährdende Einstellungen in Deutschland 2022/23. Bonn: Verlag J.H.W. Dietz.